ACTION BTS

1re année

Management des entreprises

Jean-Bernard Ducrou
Agrégé d'économie et gestion
Professeur au lycée Jacques-Prévert, Taverny

Lucie Liversain
Agrégée d'économie et gestion
Professeur au lycée Gustave-Flaubert, Rouen

Laure Manoury
Certifiée d'économie et gestion
Professeur au lycée Van-Gogh, Ermont

Jordan Trombetta
Agrégé d'économie et gestion
Professeur au lycée Jean-Zay, Aulnay-sous-Bois

hachette
TECHNIQUE

Crédits iconographiques

Couverture : Istockphoto/petinovs, Istockphoto, Istockphoto/Xavier Arnau, Istockphoto/franckreporter.

Pages : 7 : © Declic et destrucs ; **8 :** © Meat me ; **10 :** Gettyimages/Bettmann ; **13 :** Maxppp/PhotoPqr/Le Dauphiné/Marie-Noëlle Cacherat ; **14 :** © VINCI ENERGIES /Kalaapa ; **19 :** Istockphoto/roman023 ; **21 :** © Wavestone ; **24 :** © Alteractive ; **25 :** Istockphoto/Elbert Bader ; **26 :** Istockphoto/Jaka Azman ; **31 :** © Infotrafic ; **32 :** Réa/Ludovic, Andia/Flament ; **33 :** Gettyimages/Lee Celano ; **34 :** © CMA CGM ; **36 :** Istockphoto/lenta ; **37 :** AFP/DPA/Peter Endig ; **38 :** Réa/Tavernier/Rollet ; **41 :** Réa/Pascal Sittler ; **43 :** Istockphoto/aptx4869 ; **44 :** © Brisebras ; **45 :** © Poult ; **47 :** Réa/Xavier Popy ; **48 :** Réa/Didier Maillac ; **49 :** © A.M.I., Réa/Gilles Rolle ; **55 :** Istockphoto/zefart ; **56 :** © Icade Management ; **57 :** © Sodexo ; **58 :** Réa/Richard Damoret ; **59 :** AFP/Lionel Bonaventure ; **61 :** CNP Assurances ; **69 :** Istockphoto/Rusak ; **70 :** © Nestlé ; **71 :** Réa/Xavier Popy ; **72 :** © Amer Sports France ; **74 :** Istockphoto/Michael Luhrenberg ; **75 :** Réa/Pascal Sittler, Les Echos ; **76 :** Cit'Images/Eric Notarianni ; **77 :** Istockphoto/Alessandro Colle ; **81 :** Réa/Haytham/Milan Szypura ; **84 :** Réa/ES-Reporters/Deleu ; **85 :** AFP/DPA/Sebastian Gollnow ; **93 :** © Worverk France ; **94 :** Andia/Gisselbrecht ; **95 :** Istockphoto/Silanti ; **96 :** Réa/Marta Nascimento ; **97 :** © Manager-Go ; **98 :** © Biocoop ; **102 :** Istockphoto/Lucky Business ; **106 :** © Renault Marketing 3D-Commerce ; **108 :** Idix ; **109 :** Istockphoto/photogearch ; **110 :** Istockphoto/Jen Graham ; **113 :** Réa/RGA ; **115 :** Réa/Gilles Rolle ; **116 :** Réa/Reportes/Merlin Meuris ; **118 :** © Michel et Augustin ; **119 :** Réa/Xinhua/None ; **123/124 :** © AccorHotels ; **125 :** Réa/Denis Allard ; **127 :** Photononstop/Nicolas Thibault ; **128 :** Istockphoto/Topp_Ymgrimm ; **149 :** © Ministère de l'Environnement, de l'Energie et de la Mer ; **150 :** © AXXENS-RH.

Couverture : Ellen Gögler
Maquette intérieure : Rodolphe Roquand (PAOistes)
Réalisation : Médiamax
Iconographie : Marie-Christine Petit

PAPIER À BASE DE FIBRES CERTIFIÉES

hachette s'engage pour l'environnement en réduisant l'empreinte carbone de ses livres. Celle de cet exemplaire est de :
1,100 kg éq. CO
Rendez-vous sur www.hachette-durable.fr

www.hachette-education.com

ISBN : 978-2-01-399926-7

Sommaire

Thème 1 Entreprendre et diriger

1.1 Entreprendre et gérer

Chapitre 1 La logique entrepreneuriale et la logique managériale ... 7

1.2 Finaliser, mobiliser et évaluer

Chapitre 2 Finalité de l'entreprise et responsabilité sociétale ... 19

Chapitre 3 Management de l'entreprise et performance ... 31

1.3 Diriger et décider

Chapitre 4 Styles de direction et processus de décision ... 43

Chapitre 5 Parties prenantes et contre-pouvoirs ... 55

Entraînement BTS
Cas de synthèse : Le cas Kyobio ... 65

Thème 2 Élaborer une stratégie

2.1 Définir une démarche stratégique

Chapitre 6 La stratégie et la démarche stratégique ... 69

2.2 Établir un diagnostic stratégique

Chapitre 7 Environnement global et forces concurrentielles ... 81

Chapitre 8 Ressources et compétences de l'entreprise ... 93

2.3 Effectuer des choix stratégiques

Chapitre 9 Choix stratégiques et stratégies globales ... 105

Chapitre 10 Choix stratégiques et stratégie de domaine d'activité ... 115

Chapitre 11 Développement stratégique et modalités de croissance ... 125

Entraînement BTS
Cas de synthèse : Le cas STG ... 135

Prépa Exam

Présentation de l'épreuve ... 139

Sujet : le cas Marchegay ... 141

Fiches méthode

1. **Comprendre les verbes de compétences**
2. **Analyser un texte**
3. **Analyser un tableau**
4. **Exploiter un graphique**
5. **Analyser un schéma**

Fiches mémo personnalisables

Présentation de l'ouvrage

Ouverture

L'annonce des compétences du référentiel

Les mots clés à mobiliser

Le plan du cours

Cours

Un ensemble documentaire varié comprenant des documents concrets et des documents notionnels

Des questions BTS

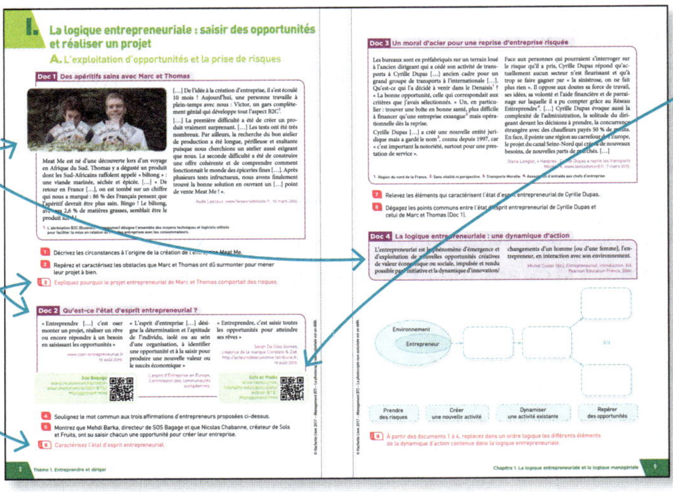

Des vidéos pour aller plus loin

À la fin de chaque cours, on pourra trouver une page **Activités** pour faire le bilan de ses acquis de façon ludique et une **synthèse schématique**.

Entraînez-vous !

Un entraînement à partir d'un cas d'entreprise avec des aides « Démarche BTS »

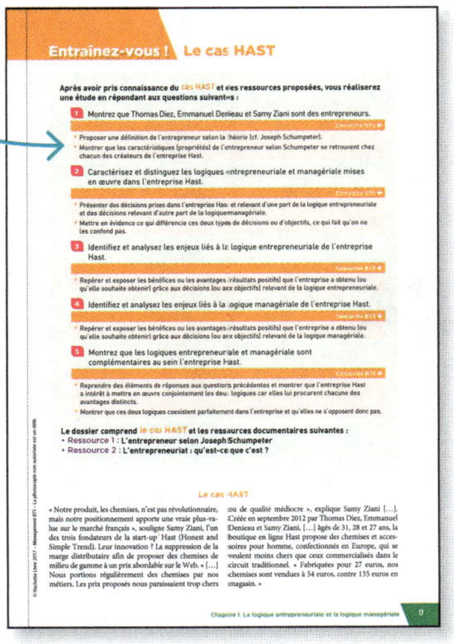

En fin de thème

Un cas de synthèse pour clore chaque thème avec des aides « Démarche BTS »

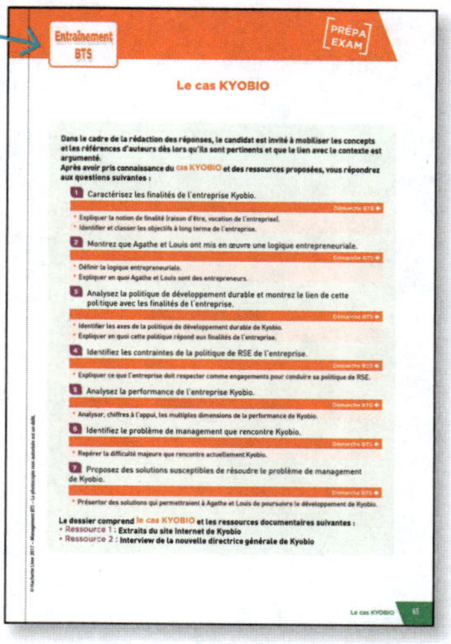

En fin d'ouvrage

• Prépa Exam

Une présentation de l'épreuve de management

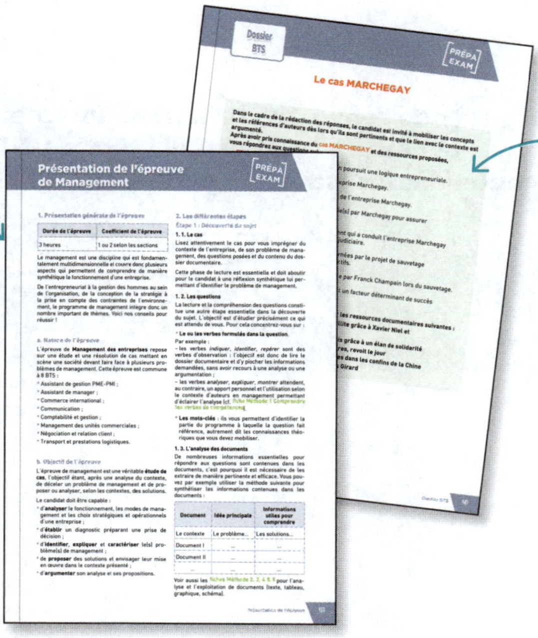

Un cas de synthèse dans les mêmes conditions que l'épreuve, portant sur l'ensemble du programme

• Les fiches

Des fiches mémo cartonnées détachables personnalisables pour faire sa propre synthèse de chaque chapitre

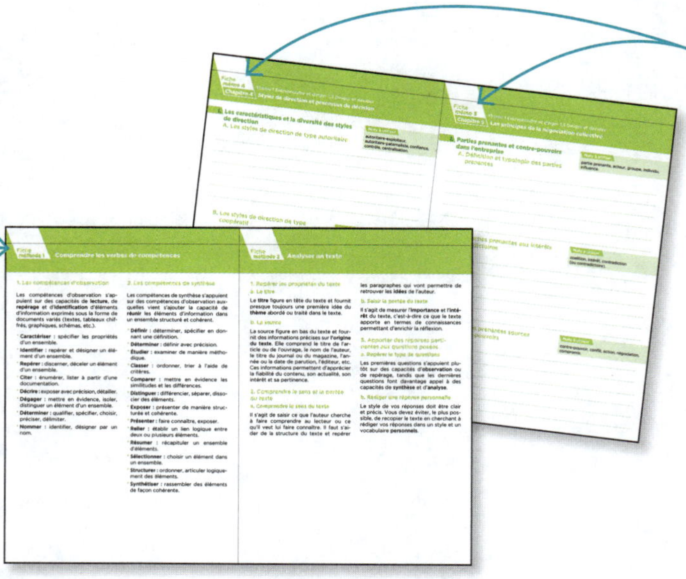

Des fiches méthode cartonnées détachables

Ce QR code renvoie vers la page Internet Hachette
www.ressources.hachette-education.com/Action-BTS/Management.html
contenant les vidéos figurant dans les chapitres.

1 La logique entrepreneuriale et la logique managériale

Compétences

- Caractériser et distinguer les logiques entrepreneuriale et managériale mises en œuvre dans les entreprises.
- Identifier et analyser les enjeux liés à chacune de ces logiques.
- Montrer en quoi elles peuvent être complémentaires.

Notions

- Logique entrepreneuriale, entrepreneuriat, processus entrepreneurial, logique managériale.

Plan du cours

I. La logique entrepreneuriale : saisir des opportunités et réaliser un projet

II. La logique managériale : gérer les activités et optimiser les ressources

III. La coexistence des logiques entrepreneuriale et managériale dans l'entreprise

→ Auteur Joseph Schumpeter

Ces jeunes qui décident d'entreprendre

À 23 ans, à peine sortie des études, Héloïse Pierre a décidé de créer sa propre entreprise…

Entreprendre quand on est jeune
www.ressources.hachette-education.com/Action-BTS/Management.html

www.declicetdestrucs.fr.

1 Pourquoi Héloïse Pierre a-t-elle créé l'entreprise Déclic et des Trucs ?

2 Quelles compétences a-t-elle développées pour concrétiser son projet ?

3 Héloïse Pierre aurait-elle pu mener seule son projet ?

I. La logique entrepreneuriale : saisir des opportunités et réaliser un projet

A. L'exploitation d'opportunités et la prise de risques

Doc 1 Des apéritifs sains avec Marc et Thomas

Meat Me est né d'une découverte lors d'un voyage en Afrique du Sud. Thomas y a dégusté un produit dont les Sud-Africains raffolent appelé « biltong » : une viande marinée, séchée et épicée. […] « De retour en France […], on est tombé sur un chiffre qui nous a marqué : 86 % des Français pensent que l'apéritif devrait être plus sain. Bingo ! Le biltong, avec ses 2,6 % de matières grasses, semblait être le produit idéal !

[…] De l'idée à la création d'entreprise, il s'est écoulé 10 mois ! Aujourd'hui, une personne travaille à plein-temps avec nous : Victor, un gars complètement génial qui développe tout l'aspect B2C[1].

[…] La première difficulté a été de créer un produit vraiment surprenant. […] Les tests ont été très nombreux. Par ailleurs, la recherche du bon atelier de production a été longue, périlleuse et exaltante puisque nous cherchions un atelier aussi exigeant que nous. La seconde difficulté a été de construire une offre cohérente et de comprendre comment fonctionnait le monde des épiceries fines […]. Après plusieurs tests infructueux, nous avons finalement trouvé la bonne solution en ouvrant un […] point de vente Meat Me ! ».

Aude Lascaux, www.faiseursdeboite.fr, 10 mars 2016.

1. L'abréviation B2C (Business to consumer) désigne l'ensemble des moyens techniques et logiciels utilisés pour faciliter la mise en relation directe des entreprises avec les consommateurs.

1 Décrivez les circonstances à l'origine de la création de l'entreprise Meat Me.

2 Repérez et caractérisez les obstacles que Marc et Thomas ont dû surmonter pour mener leur projet à bien.

BTS **3** Expliquez pourquoi le projet entrepreneurial de Marc et Thomas comportait des risques.

Doc 2 Qu'est-ce l'état d'esprit entrepreneurial ?

« Entreprendre […] c'est oser monter un projet, réaliser un rêve ou encore répondre à un besoin en saisissant les opportunités »

www.ozer-entrepreneuriat.fr
19 août 2016.

« L'esprit d'entreprise […] désigne la détermination et l'aptitude de l'individu, isolé ou au sein d'une organisation, à identifier une opportunité et à la saisir pour produire une nouvelle valeur ou le succès économique »

L'esprit d'Entreprise en Europe, Commission des communautés européennes.

« Entreprendre, c'est saisir toutes les opportunités pour atteindre ses rêves »

Sarah Da Silva Gomes, créatrice de la marque Constant & Zoé, http://acteursdeleconomie.latribune.fr, 19 août 2016.

Sos Bagage www.ressources.hachette-education.com/Action-BTS/Management.html

Sols et Fruits www.ressources.hachette-education.com/Action-BTS/Management.html

4 Soulignez le mot commun aux trois affirmations d'entrepreneurs proposées ci-dessus.

5 Montrez que Mehdi Barka, directeur de SOS Bagage et que Nicolas Chabanne, créateur de Sols et Fruits, ont su saisir chacun une opportunité pour créer leur entreprise.

BTS **6** Caractérisez l'état d'esprit entrepreneurial.

Doc 3 Un moral d'acier pour une reprise d'entreprise risquée

Les bureaux sont en préfabriqués sur un terrain loué à l'ancien dirigeant qui a cédé son activité de transports à Cyrille Dupas […] ancien cadre pour un grand groupe de transports à l'internationale […]. Qu'est-ce qui l'a décidé à venir dans le Denaisis[1] ? « La bonne opportunité, celle qui correspondait aux critères que j'avais sélectionnés. » Un, en particulier : trouver une boîte en bonne santé, plus difficile à financer qu'une entreprise exsangue[2] mais opérationnelle dès la reprise.

Cyrille Dupas […] a créé une nouvelle entité juridique mais a gardé le nom[3], connu depuis 1997, car « c'est important la notoriété, surtout pour une prestation de service ».

Face aux personnes qui pourraient s'interroger sur le risque qu'il a pris, Cyrille Dupas répond qu'actuellement aucun secteur n'est fleurissant et qu'à trop se faire gagner par « la sinistrose, on ne fait plus rien ». Il oppose aux doutes sa force de travail, ses idées, sa volonté et l'aide financière et de parrainage sur laquelle il a pu compter grâce au Réseau Entreprendre[4]. […] Cyrille Dupas évoque aussi la complexité de l'administration, la solitude du dirigeant devant les décisions à prendre, la concurrence étrangère avec des chauffeurs payés 50 % de moins. En face, il pointe une région au carrefour de l'Europe, le projet du canal Seine-Nord qui créera de nouveaux besoins, de nouvelles parts de marchés. […]

Diane Lenglet, « Haspres : Cyrille Dupas a repris les transports Morelle », www.lavoixdunord.fr, 7 mars 2015.

1. Région du nord de la France. **2.** Sans vitalité ni perspective. **3.** Transports Morelle. **4.** Association d'entraide aux chefs d'entreprise.

7 Relevez les éléments qui caractérisent l'état d'esprit entrepreneurial de Cyrille Dupas.

8 Dégagez les points communs entre l'état d'esprit entrepreneurial de Cyrille Dupas et celui de Marc et Thomas (Doc 1).

Doc 4 La logique entrepreneuriale : une dynamique d'action

L'entrepreneuriat est le phénomène d'émergence et d'exploitation de nouvelles opportunités créatives de valeur économique ou sociale, impulsée et rendu possible par l'initiative et la dynamique d'innovation/changements d'un homme [ou d'une femme], l'entrepreneur, en interaction avec son environnement.

Michel Coster (dir.), *Entrepreneuriat*, Introduction, XIX, Pearson Education France, 2009.

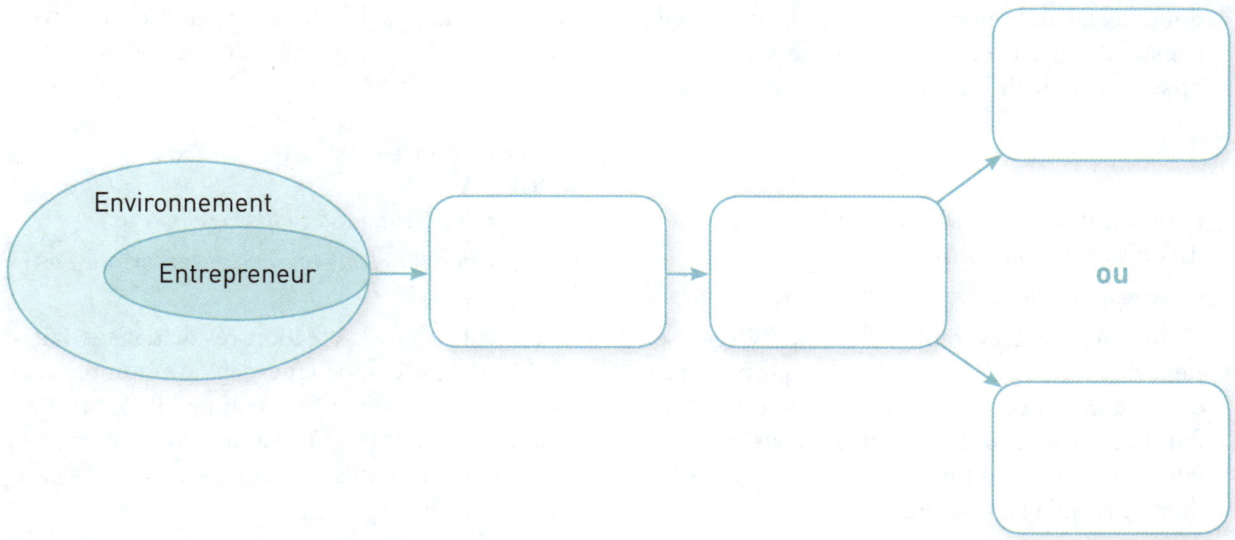

Prendre des risques	Créer une nouvelle activité	Dynamiser une activité existante	Repérer des opportunités

BTS 9 À partir des documents 1 à 4, replacez dans un ordre logique les différents éléments de la dynamique d'action contenue dans la logique entrepreneuriale.

B. Des compétences et des qualités personnelles pour réaliser un projet

Doc 5 L'entrepreneur selon Joseph Schumpeter

Nous appelons « entrepreneurs », les agents économiques dont la fonction est d'exécuter de nouvelles combinaisons [productives] :

1° Fabrication d'un bien nouveau […],

2° Introduction d'une méthode de production nouvelle […],

3° Ouverture d'un débouché nouveau, c'est-à-dire d'un marché […],

4° Conquête d'une source nouvelle de matières premières […],

5° Réalisation d'une nouvelle organisation. […]

L'entrepreneur typique crée sans répit […]. Il ne vit pas pour jouir voluptueusement de ce qu'il a acquis. […] Notre entrepreneur a un excédent de force, […] il apporte des modifications à l'économie, il y fait des tentatives hasardeuses en vue de ces modifications et précisément à raison de ces difficultés. […] Pour le succès tout dépend du « coup d'œil », de la capacité de voir les choses d'une manière que l'expérience confirme ensuite.

Joseph Schumpeter (1883-1950), *Théorie de l'évolution économique*, Dalloz, 1935.

Joseph Aloïs Schumpeter (1883-1950)

économiste et juriste autrichien, professeur à Harvard.

Doc 6 Quelques témoignages d'entrepreneurs

Catherine Liberatore – CARDINAL L'Atelier
Conseil en Marketing et Communication

Quelles sont les qualités nécessaires pour être un bon entrepreneur ?

Tout d'abord être organisé et savoir s'adapter pour pouvoir fournir un effort sur la durée. Combiner optimisme, prise de risque et sens des responsabilités. Aimer son métier et le pratiquer de façon honnête et éthique. Être en éveil constant afin d'avoir une vision de son entreprise pour prévoir les étapes d'après.

Raphaèle Rombi – AIDE CONCEPT
Aide à la gestion des entreprises

Comment définiriez-vous un bon entrepreneur ?

Optimiste, Persévérant, Réactif, Organisé, Réfléchi… […]. Il se projette en permanence dans l'avenir pour développer son chiffre d'affaires et prévenir d'une éventuelle baisse d'activité, il s'entoure de professionnels […] dans les domaines qu'il ne maîtrise pas.

Nathalie Fargier – Les Pies Curieuses
Épicerie Gourmande – Produits régionaux

Quelles sont les principales qualités à avoir lorsque l'on crée son entreprise ?

Tout d'abord il faut un vrai désir d'entreprendre […]. Il est primordial d'être réactif afin de s'adapter aux différents aléas rencontrés tant dans la phase de création que dans l'exploitation ; il ne faut pas hésiter à se remettre en question et à s'adapter à la réalité du marché.

Hélène Hummel – DÉCLARATION GOURMANDE
Créateur de pâtisseries et confiseries

Quelles difficultés peut-on rencontrer lorsque l'on lance son activité ?

La difficulté dans la création réside dans le fait de devoir être compétente dans de nombreux domaines : commercial, comptabilité, droit, expertise produit […]. Il faut pouvoir se former lorsque c'est essentiel pour l'activité et s'entourer de spécialistes.

http://www.cce13.fr, 20 août 2016.

10 À partir des documents 5 et 6, listez et classez dans un tableau l'ensemble des compétences et des qualités personnelles de l'entrepreneur.

BTS **11** Dégagez les compétences et les qualités personnelles indispensables à la mise en œuvre d'une logique entrepreneuriale.

II. La logique managériale : gérer les activités et optimiser les ressources

A. La gestion des activités et l'optimisation des ressources

Doc 7 Bureau Vallée s'organise pour faire face au rush

Ça fourmille dans le bâtiment du Boulevard Sully[1]. Les clients se frayent un chemin entre les monticules de cahiers, les armées de stylos. « Cette semaine et la suivante, on est au pic de fréquentation », souffle Alexandre Brunelle, responsable du magasin de fournitures scolaires Bureau Vallée. [...] « On attend près de 500 clients par jour durant cette quinzaine. » L'affluence est doublée. Elle s'est amorcée depuis le 15 août, et court jusqu'au 5 septembre. Elle fléchira au milieu du mois.

En attendant, l'effectif du magasin est doublé. « On passe à dix vendeurs par jour. » Ouverture non-stop, du matin au soir. Alexandre Brunelle a préparé ce boum depuis un bail. « On reçoit les agendas scolaires et la maroquinerie à partir de mi-mai. Début juin, on installe toute la rentrée, les gros volumes de marchandises. » Les premiers clients arrivent à ce moment. Leur liste de fournitures en main, ils arpentent les allées « plus sereinement, selon le responsable. Ils sont plus au calme, sûrs de tout trouver. » [...]

Aujourd'hui, des enseignes proposent de commander en mode drive, via leur site internet. « Ce type de commande est traité en deux heures chez nous, promet le responsable de Bureau Vallée. Les clients peuvent aussi nous déposer leur liste en main propre. On prend le temps de l'étudier avec eux. » Trois gammes de produits sont proposées : premier prix, intermédiaire et qualité supérieure, « en fonction du budget, du goût de l'enfant... » 48 heures plus tard, tout est prêt et emballé.

www.ouest-france.fr, 24 août 2016.

1. La Roche-sur-Yon (Région des Pays de la Loire).

12 Identifiez les ressources exploitées par Alexandre Brunelle pour assurer la continuité de ses activités.

13 Dégagez les enjeux liés à la gestion efficace des ressources de Bureau Vallée.

Doc 8 E. Leclerc maîtrise son développement en changeant d'organisation

Avec 88 employés affectés à la ligne de caisses, à l'accueil et aux différents services et entités périphériques E. Leclerc, Stéphane Lluis, responsable caisses automatise la production des emplois du temps de son équipe en horaires variables [...].

Au cœur de ce centre commercial, l'activité fluctue énormément au cours de l'année et le magasin doit avoir recours à des saisonniers, notamment pendant la période estivale [...] et durant les vacances de Noël. Le centre commercial ne ferme jamais. « Planexa®[1] nous permet aujourd'hui de planifier, plusieurs semaines à l'avance, les emplois du temps de nos collaborateurs tout en répondant à nos besoins de planification à court terme pour faire face aux imprévus (absences, flux d'activité, etc.) » explique M. Lluis. « En effet, grâce à notre organisation actuelle nous pouvons désormais mieux maîtriser et fractionner les horaires de travail de nos collaborateurs pour répondre à des flux clients fluctuants », ajoute-t-il. [...] « Nous sommes maintenant en mesure de répondre concrètement aux attentes de la direction en ce qui concerne le recours aux heures complémentaires et aux heures de récupération », continue M. Lluis.

www.myrhline.com, 21 janvier 2016.

1. Logiciel de planification des RH et d'optimisation des horaires de travail.

14 Expliquez comment Stéphane Lluis automatise la production des emplois du temps de son équipe.

15 Identifiez les enjeux liés à l'optimisation de la gestion des ressources des magasins E. Leclerc.

BTS **16** À partir des documents 7 et 8, proposez une définition de la logique managériale.

B. Les compétences spécifiques du manager

Doc 9 La RATP recrute un ou une manager d'exploitation ferroviaire

La RATP recrute, pour les réseaux Métro et RER, des managers d'exploitation ferroviaire F/H.

Au sein d'une de nos lignes de Métro ou de RER, vous organisez et coordonnez l'activité d'une équipe d'une trentaine de personnes (des conducteurs ou des agents commerciaux). Vous contribuez à la réalisation des objectifs en matière de sécurité, d'offre de transport et de satisfaction client.

POSTE ET MISSIONS	PROFIL RECHERCHÉ
Vos principales missions consistent à : – Être le garant de la sécurité ferroviaire et de la sécurité des espaces. – Manager au quotidien votre équipe (suivi et accompagnement, formation, entretien annuel). – Veiller en permanence à la qualité de service offerte à nos clients (régularité, accueil, information en temps réel, gestion des espaces et des équipements). – Intervenir en temps réel lors des incidents d'exploitation et mettre en place les mesures correctives pour un retour rapide à la normale.	[…] Vous justifiez d'une expérience dans le domaine du management d'équipe avec prise de responsabilités. Vous savez faire preuve d'autonomie, de rigueur. Vous possédez des qualités relationnelles, le sens des responsabilités, l'aptitude à travailler en équipe ; toutes ces compétences vous seront indispensables à la réussite de votre mission.

www.ratp.fr.

Doc 10 Manon, responsable des Ressources Humaines chez Koezio

Diplômée depuis 6 ans, Manon Gravet est arrivée il y a 4 mois chez Koezio, en tant que responsable des Ressources Humaines. […]

Quelles sont les qualités indispensables pour exercer cette profession ?

Aimer le terrain et aimer être au contact des collaborateurs. Il faut savoir les écouter, faire preuve d'empathie, mais aussi d'esprit d'analyse. Prendre du recul pour trier les informations que l'on reçoit, et faire en sorte d'améliorer les politiques de l'entreprise […].

Avez-vous une méthode particulière en tant que manager ?

Comme un coach, on donne le niveau de motivation. Il ne faut pas avoir peur de mettre la main à la pâte. […] Le manager est un coordinateur, il doit utiliser les outils qui sont à sa disposition pour conduire ses équipes aux objectifs et pas seulement donner des ordres.

www.l4m.fr, 22 août 2016.

17 À partir des documents 9 et 10, reproduisez et complétez le tableau ci-dessous.

	Compétences professionnelles			Qualités personnelles
	Techniques	Organisationnelles	Relationnelles	
Doc 9				
Doc 10				

BTS 18 Distinguez les compétences relevant de la logique managériale de celles appartenant à la logique entrepreneuriale.

III. La coexistence des logiques entrepreneuriale et managériale dans l'entreprise

A. Des logiques distinctes mais indissociables

Doc 11 Espace Loggia optimise son savoir-faire français

Le fabricant de meubles modulables [Espace Loggia] a repensé son usine de production aux Herbiers.

Son concept ? Proposer des solutions d'aménagements modulables pour lieux exigus. Sa patte ? Le « made in France ». Sa force ? « Réactivité et souplesse », résume Paul Malignac, jeune dirigeant de 38 ans. Avec un chiffre d'affaires en croissance de 7 % par an, l'entreprise poursuit son ascension. […] Espace Loggia a senti la nécessité d'optimiser sa chaîne de fabrication. « Il a fallu tout repenser sans pour autant arrêter la production », analyse Paul Malignac.

[…] Le flux industriel a été sérieusement modifié, de l'entrée des matières premières (pin des landes et chêne français), en passant par les différentes étapes de production, jusqu'à l'expédition. Un nouveau procédé a permis de baisser la quantité de rebuts et de diminuer le recyclage. L'accent a été mis également sur la formation de la vingtaine d'opérateurs.

Espace Loggia renforce ainsi sa réactivité, ses délais courts et « des coûts raisonnables ». Il peut faire valoir son « fabriqué en France ». Un atout contre lequel la concurrence d'Europe de l'Est et asiatique « ne peut rivaliser ». […]

« Les besoins évoluent, explique le chef d'entreprise. Il faut proposer des solutions innovantes d'aménagement dans des espaces toujours plus restreints. » […] Le spécialiste du meuble modulaire a signé un partenariat avec les meubles Ligne Roset. […]

Dès la rentrée, les deux fabricants proposeront le fruit d'un projet commun : un lit escamotable. Ligne Roset apporte son design, Espace Loggia sa technologie et sa fabrication.

Lionel Piva, www.entreprises.ouest-france.fr, avril 2015.

19 Distinguez les logiques entrepreneuriale et managériale mises en œuvre chez Espace Loggia.

20 Dégagez leurs enjeux respectifs et montrez en quoi ces deux logiques sont ici complémentaires.

Doc 12 Nateva grandit, s'étend et se diversifie

Voici dix ans que Nateva creuse son sillon dans le secteur de l'extraction des plantes aromatiques, médicinales et autres.

« La lavande est un produit d'appel. On a développé d'autres marchés autour du bleuet, de la rose… », indique Thierry Bizouard[1]. Après les huiles essentielles il y a trois ans, Nateva s'est orientée sur la production d'huiles végétales « rares », investissant 25 000 euros dans une presse à huile. […]

Travaillant pour les industries cosmétique, pharmaceutique et agroalimentaire, Nateva connaît un développement exponentiel. « En 2015, notre croissance a été de 40 %. Le secteur des plantes aromatiques et médicinales se développe bien et je pense avoir pris des parts de marché à d'autres extracteurs. »

Le site historique de Sainte-Croix devenu exigu, Nateva a construit à Die. Le bâtiment est déjà trop petit. Un autre a été acheté […], qui a « permis de développer le stockage. » Des travaux sont actuellement entrepris pour agrandir les bureaux et donner plus d'espace aux laboratoires. Et déjà Thierry Bizouard lorgne du côté de l'extension de la zone artisanale du Ponet. « On est passé de 500 m² à 4 500 m². Et c'est déjà trop petit. Le stockage de notre matière première prend de la place. »

Marie-Noëlle Cacherat, ledauphine.com, 25 juin 2016.

1. Dirigeant-fondateur de Nateva.

21 Distinguez les logiques entrepreneuriale et managériale mises en œuvre chez Nateva.

22 Montrez en quoi ces deux logiques sont complémentaires chez Nateva.

BTS 23 Expliquez pourquoi, en règle générale, les logiques entrepreneuriale et managériale sont complémentaires dans l'entreprise.

B. L'articulation des compétences entrepreneuriales et managériales

Doc 13 Comprendre le métier de chef d'entreprise chez VINCI Énergies

www.vinci.com, Vinci Énergies/Kalaapa.

Être chef d'entreprise chez VINCI Énergies
www.ressources.hachette-education.com/Action-BTS/Management.html

24 À partir du document 13 et de la vidéo, distinguez les compétences entrepreneuriales et les compétences managériales du chef d'entreprise chez Vinci Énergies.

25 Montrez comment ces compétences s'articulent logiquement dans l'exercice du métier de chef d'entreprise chez Vinci Énergies.

Activités La logique entrepreneuriale et la logique managériale

A Testez vos connaissances

Indiquez si chacune des affirmations suivantes est vraie ou fausse en justifiant votre réponse.

	Vrai	Faux
1. L'état d'esprit entrepreneurial s'appuie sur la recherche d'opportunités et la prise de risques.	☐	☐
2. Identifier une opportunité d'affaires consiste toujours à repérer une entreprise en difficultés.	☐	☐
3. Dynamiser une activité existante relève de la logique entrepreneuriale.	☐	☐
4. La logique entrepreneuriale obéit à des objectifs de performance et d'efficacité.	☐	☐
5. La logique managériale est une logique de recherche et d'exploitation de nouveautés.	☐	☐
6. Pour Joseph Schumpeter, l'entrepreneur est un novateur.	☐	☐
7. Selon Joseph Schumpeter, l'entrepreneur n'est pas un visionnaire mais un gestionnaire.	☐	☐
8. Gérer de manière optimale des ressources est une compétence managériale.	☐	☐
9. Faire fructifier des capitaux est une compétence entrepreneuriale.	☐	☐
10. Un chef d'entreprise doit posséder exclusivement des compétences entrepreneuriales.	☐	☐

B Les mots du management

Reliez les logiques entrepreneuriale et managériales aux compétences et qualités correspondantes.

Logique entrepreneuriale •

Logique managériale •

- Développer les compétences des collaborateurs
- Bâtir un projet stratégique pour l'entreprise
- Animer et motiver une équipe au quotidien
- Percevoir et apprécier les risques liés à un projet collectif
- Convaincre de la viabilité d'un projet collectif
- Planifier des activités ou des tâches dans l'entreprise
- Mettre en place une veille stratégique
- Faire preuve d'autonomie et de rigueur dans ses activités

C Stratégies d'écriture

Choisissez l'une des entreprises vues dans le chapitre, et rédigez un court paragraphe sur ce que vous avez compris de ses enjeux entrepreneurial et managérial.

→ Aide à la rédaction

- En introduction, présentez brièvement les caractéristiques de l'entreprise choisie.
- En une ou deux phrases, rappelez la situation économique dans laquelle se trouve l'entreprise.
- Mettez en évidence les objectifs poursuivis par l'entreprise compte tenu de sa situation actuelle.
- Dans un dernier paragraphe, dégagez les enjeux des logiques entrepreneuriale et managériale (gains attendus par l'entreprise).

Synthèse La logique entrepreneuriale et la logique managériale

I La logique entrepreneuriale : saisir des opportunités et réaliser un projet

- **Les caractéristiques de la logique entrepreneuriale**
  - Dynamique d'action.
    - Repérer des opportunités de développement.
    - Estimer et prendre des risques.
    - Créer une activité nouvelle ou dynamiser une activité existante.
  - Engagement dans un projet collectif.
    - Mettre en œuvre un projet entrepreneurial cohérent articulant contraintes, compétences et ressources.

- **Les compétences principales de l'entrepreneur**
  - Capacités d'anticiper, de se projeter, d'innover.
  - Capacités d'analyser, de s'adapter, de prendre du recul.
  - Capacités de s'engager, de persévérer, de convaincre.

II La logique managériale : gérer les activités et optimiser les ressources

- **Les caractéristiques de la logique managériale**
  - Continuité de l'exploitation.
    - Réaliser des objectifs stratégiques.
    - Coordonner et gérer les activités.
  - Optimisation des ressources.
    - Exploiter efficacement des ressources.
    - Maximiser l'utilisation des ressources.

- **Les compétences principales du manager**
  - Capacités d'animer, de motiver et de fédérer des individus.
  - Capacités de coordonner et d'organiser des ressources.
  - Capacités d'écouter et d'expliquer les objectifs stratégiques.

III La coexistence des logiques entrepreneuriale et managériale dans l'entreprise

- **La logique entrepreneuriale** → Recherche d'opportunités. Innovation et développement. → Complémentaires dans l'entreprise.
- **La logique managériale** → Continuité de l'exploitation. Optimisation et rentabilité des ressources. → Complémentaires dans l'entreprise.

Complémentaires dans l'entreprise. → Performance, développement et pérennité de l'entreprise.

Entraînez-vous ! Le cas HAST

Après avoir pris connaissance du cas HAST et des ressources proposées, vous réaliserez une étude en répondant aux questions suivantes :

1 Montrez que Thomas Diez, Emmanuel Denieau et Samy Ziani sont des entrepreneurs.

Démarche BTS
- Proposer une définition de l'entrepreneur selon la théorie (cf. Joseph Schumpeter).
- Montrer que les caractéristiques (propriétés) de l'entrepreneur selon Schumpeter se retrouvent chez chacun des créateurs de l'entreprise Hast.

2 Caractérisez et distinguez les logiques entrepreneuriale et managériale mises en œuvre dans l'entreprise Hast.

Démarche BTS
- Présenter des décisions prises dans l'entreprise Hast et relevant d'une part de la logique entrepreneuriale et des décisions relevant d'autre part de la logique managériale.
- Mettre en évidence ce qui différencie ces deux types de décisions ou d'objectifs, ce qui fait qu'on ne les confond pas.

3 Identifiez et analysez les enjeux liés à la logique entrepreneuriale de l'entreprise Hast.

Démarche BTS
- Repérer et exposer les bénéfices ou les avantages (résultats positifs) que l'entreprise a obtenu (ou qu'elle souhaite obtenir) grâce aux décisions (ou aux objectifs) relevant de la logique entrepreneuriale.

4 Identifiez et analysez les enjeux liés à la logique managériale de l'entreprise Hast.

Démarche BTS
- Repérer et exposer les bénéfices ou les avantages (résultats positifs) que l'entreprise a obtenu (ou qu'elle souhaite obtenir) grâce aux décisions (ou aux objectifs) relevant de la logique managériale.

5 Montrez que les logiques entrepreneuriale et managériale sont complémentaires au sein l'entreprise Hast.

Démarche BTS
- Reprendre des éléments de réponses aux questions précédentes et montrer que l'entreprise Hast a intérêt à mettre en œuvre conjointement les deux logiques car elles lui procurent chacune des avantages distincts.
- Montrer que ces deux logiques coexistent parfaitement dans l'entreprise et qu'elles ne s'opposent donc pas.

Le dossier comprend le cas HAST et les ressources documentaires suivantes :
- **Ressource 1 : L'entrepreneur selon Joseph Schumpeter**
- **Ressource 2 : L'entrepreneuriat : qu'est-ce que c'est ?**

Le cas HAST

« Notre produit, les chemises, n'est pas révolutionnaire, mais notre positionnement apporte une vraie plus-value sur le marché français », souligne Samy Ziani, l'un des trois fondateurs de la start-up[1] Hast (Honest and Simple Trend). Leur innovation ? La suppression de la marge distributaire afin de proposer des chemises de milieu de gamme à un prix abordable sur le Web. « [...] Nous portions régulièrement des chemises par nos métiers. Les prix proposés nous paraissaient trop chers ou de qualité médiocre », explique Samy Ziani [...]. Créée en septembre 2012 par Thomas Diez, Emmanuel Denieau et Samy Ziani, [...] âgés de 31, 28 et 27 ans, la boutique en ligne Hast propose des chemises et accessoires pour homme, confectionnés en Europe, qui se veulent moins chers que ceux commercialisés dans le circuit traditionnel. « Fabriquées pour 27 euros, nos chemises sont vendues à 54 euros, contre 135 euros en magasin. »

Changer les codes [et] retirer tous les freins à l'achat

Dans un marché saturé et standardisé, le défi est de taille mais n'a pas paru impossible aux trois fondateurs. « […] Nous avons voulu apporter de l'innovation en changeant les codes. Un site marchand offre en plus la possibilité de distribuer partout en France et dans le monde, sans avoir de boutique physique », souligne Samy Ziani. Les trois entrepreneurs engagent alors un webmaster pour la création de leur site et choisissent PrestaShop pour leur plateforme e-commerce, sur ses conseils. […]

Pour produire leur premier stock de chemises, les trois hommes investissent 30 000 euros et collaborent avec des stylistes de grandes maisons de couture. Les trois créateurs se répartissent les tâches en fonction de leurs affinités. Thomas Diez s'occupe de la production, de la comptabilité et du suivi, Emmanuel Denieau de la logistique et du développement commercial et Samy Ziani gère la communication et le marketing. […] Après deux ans d'activité, les trois hommes investissent dans la communication et le marketing. « Nous travaillons aujourd'hui avec l'agence de presse Publicis, car nous n'avions plus le temps de nous en occuper. » […]

Convaincre les fournisseurs

Pour autant, tout n'a pas été facile pour les trois entrepreneurs. Le sourcing[2] des produits a été un long travail au préalable du lancement de la marque « C'est assez paradoxal, car vous êtes clients mais vous devez convaincre les fournisseurs de travailler pour vous, note Samy Ziani. Pour nous qu'importe le pays, seule la qualité prime. » Leurs fournisseurs sont ainsi Européens sauf un situé au Japon pour leurs collections éphémères. […] Pour leur logistique, ils ont fait confiance à Bourgogne Direct Logistics qui débutait comme eux. […]

Au démarrage, la boutique en ligne proposait 11 chemises, aujourd'hui ce sont plus de 200 références. La marque s'est diversifiée avec des cravates et chaussettes. « Au fur et à mesure des demandes, nous étalons notre offre. Mais nos meilleures ventes restent les chemises blanches et bleues. » Leur gamme principale tourne autour de 54-59 euros, mais depuis février, ils ont lancé une offre premium de chemises vendues à 80-90 euros calquée sur le même positionnement. Le site recense 10 000 clients, des hommes actifs âgés entre 25 et 40 ans, situés à 50 % en région parisienne, 45 % en Province et 5 % dans les pays limitrophes. « Nous voulons d'abord conquérir notre pays avant d'aller à l'étranger », avance Samy Ziani. En 2014, la boutique en ligne, qui compte six employés, revendique un chiffre d'affaires de 600 000 euros et ambitionne près d'un million d'euros cette année.

Parmi les grands chantiers en cours, Hast prévoit le lancement de chemises pour femme avant la fin de l'année. « Ce n'est pas une pièce aussi indispensable que pour les hommes mais nous avons une vraie demande de clientes potentielles. » Autre objectif en 2016, une gamme de produits encore plus étoffée notamment avec des pantalons et des ceintures. Les trois hommes ont également en projet à moyen terme d'ouvrir un magasin physique sans relever leurs marges. « Le Web reste notre axe de développement, la boutique représentera notre vitrine et nous permettra d'acquérir une nouvelle clientèle ».

Dalila Bouaziz, « Hast, les chemises qui cassent le circuit traditionnel », www.chefdentreprise.com, 1er octobre 2015.

1. Jeune entreprise innovante avec un potentiel de croissance, traduit en français par « jeune pousse ».
2. Processus d'identification des fournisseurs potentiels, la conduite à des négociations, et puis le passage aux contrats d'approvisionnement avec ces fournisseurs.

Ressource 1 L'entrepreneur selon Joseph Schumpeter

Le rôle de l'entrepreneur consiste à réformer ou à révolutionner la routine de production en exploitant une invention ou, plus généralement, une possibilité technique inédite (production d'une marchandise nouvelle, ou nouvelle méthode de production d'une marchandise ancienne, ou exploitation d'une nouvelle source de matières premières ou d'un nouveau débouché, ou réorganisation d'une branche industrielle, et ainsi de suite).

Joseph Schumpeter, *Capitalisme, socialisme et démocratie*, trad. Gaël Fain, Petite bibliothèque Payot, 1942.

Ressource 2 L'entrepreneuriat : qu'est-ce que c'est ?

L'entrepreneuriat peut se définir comme une activité impliquant la découverte, l'évaluation et l'exploitation d'opportunités, dans le but d'introduire de nouveaux biens et services, de nouvelles structures d'organisation, de nouveaux marchés, processus, et matériaux, par des moyens qui, éventuellement, n'existaient pas auparavant. […] Les entrepreneurs sont considérés comme des individus capables de construire une activité au regard des changements de la société en trouvant des manières d'exploiter économiquement les opportunités.

Yvon Pesqueux, « De l'entrepreneur et de l'entrepreneuriat », 29 novembre 2015, https://halshs.archives-ouvertes.fr.

2 Finalité de l'entreprise et responsabilité sociétale

Compétences

- Caractériser la finalité d'une entreprise donnée.
- Montrer la cohérence entre finalité et objectifs.
- Repérer les dispositifs liés à la RSE et leur cohérence avec la finalité de l'entreprise.

Plan du cours

I. La finalité de l'entreprise
II. La responsabilité sociétale de l'entreprise

Notions

- Finalité, pérennité de l'activité, maximisation du profit, responsabilité sociale, éthique et environnementale, responsabilité sociétale.

Comprendre la finalité d'une entreprise

Fort de plusieurs décennies d'implantation et d'expérience, le groupe BGO & SECAM s'impose aujourd'hui comme le leader du marché local du béton et granulats prêts à l'emploi. [...] Grâce à notre structure de taille humaine et à une organisation de type familiale, la circulation de l'information est accrue. C'est grâce à ces atouts que la force de vente et l'équipe marketing entretiennent une dynamique de progrès : nouveaux marchés, nouveaux produits, nouveaux services, nouveaux *process* [...]. Notre plus grande richesse : nos salariés. Le groupe porte une attention particulière aux hommes et aux femmes qui œuvrent dans cette grande aventure. Un comité d'entreprise dynamique et à l'écoute, un climat social favorable, des manifestations sportives en équipe, la considération des anciens et l'intégration des nouveaux ; chez BGO & SECAM chaque individu trouve sa place et donne le meilleur de lui-même.

De nos jours, une entreprise n'est plus qu'un simple agent économique. En effet, il est acteur à part entière de ce qu'est, et sera la société. Chez BGO & SECAM, ce rôle est pris au sérieux depuis bon nombre d'années, si bien que le développement durable et l'intégration de nos activités dans le paysage local constituent plus que nos politiques d'entreprise : nos véritables valeurs distinctives.

www.beton-granulat.com.

Le chantier Colas, Labarthe-sur-Lèze
www.ressources.hachette-education.com/Action-BTS/Management.html

1 Quelles sont les finalités de l'entreprise BGO & SECAM ?

2 Caractérisez les finalités de BGO & SECAM : finalité commerciale, financière, sociétale ou environnementale.

3 Comment l'entreprise BGO & SECAM fait-elle en sorte d'atteindre ses finalités ?

I. La finalité de l'entreprise

A. Définir la finalité d'une entreprise

Doc 1 Le point de vue de Bruno Tesson, directeur général de Réseau Entreprendre

Comment en sommes-nous venus à penser aussi communément que la finalité de l'entreprise c'est de faire du profit ? Sa véritable finalité est de créer des richesses ; des produits et des services qui améliorent, simplifient et sécurisent la vie ; de créer des emplois, pour qu'au-delà des entrepreneurs, ceux qui les rejoignent trouvent, à leurs côtés, de bonnes conditions de subsistance et d'épanouissement. [...] Mais la place du profit dans tout cela ? Il est, non pas finalité, mais nécessité pour permettre à l'entreprise d'investir et de se développer, de rémunérer les capitaux mobilisés et de faire des réserves pour les temps difficiles. Il est aussi un indicateur de mesure de l'efficacité économique, première responsabilité de l'entrepreneur.

www.chefdentreprise.com.

1 Identifiez les définitions de la finalité exprimées par Bruno Tesson.

2 Repérez dans ce texte les parties prenantes qui sont responsables de l'entreprise.

Doc 2 Savoir définir les notions de but, finalité, mission et objectifs

	BUT	FINALITÉ	OBJECTIF
Dictionnaire	Fin que l'on se propose, intention animant un acte ou motivant une démarche	Caractère de ce qui a un but	But, cible que l'on doit atteindre
Explication	Intention lucrative (pour les actionnaires) ou non	Raison d'être de l'organisation, ce pour quoi elle a été créée	Résultats attendus en termes qualitatif et/ou quantitatif

3 Expliquez pourquoi il est essentiel de connaître et de comprendre la finalité d'une entreprise.

4 Proposez votre point de vue sur la ou les finalités essentielles d'une entreprise.

Doc 3 Interview de Thierry Petit et Daniel Dayan, fondateurs de Showroomprivé

Acteur du e-commerce innovant spécialisé dans la mode, cofondé par Thierry Petit et David Dayan en 2006, Showroomprivé propose des ventes événementielles dans un univers web conçu pour plaire à son cœur de cible, la « *digital woman* ». Avec plus de 1 500 marques nationales et internationales, 25 millions de membres, 5,5 millions d'acheteurs cumulés, 31,3 millions d'articles vendus et 443 millions d'euros de CA net, Showroomprivé s'est imposé comme un acteur majeur en faisant de l'innovation l'élément moteur de sa stratégie. Depuis 10 ans, l'entreprise connaît une croissance rapide, autofinancée et rentable. [...] « Depuis le début, nous accordons une importance singulière à la profitabilité. Nous n'avions pas le choix car nous nous sommes lancés sans fonds, nous devions donc avoir une entreprise rentable. Nous avons toujours souhaité avoir un business sain qui ne dépende pas des financiers et fait en sorte de gérer notre activité en maintenant une rentabilité très forte. [...] Une société a pour finalité de se développer, de faire du chiffre d'affaires, de gagner de l'argent, d'investir, de recruter et de développer de nouveaux marchés. Nous ne croyons pas à un modèle de société qui perd en permanence de l'argent et qui lève des fonds successivement dans une sorte de fuite en avant. À un moment, un business doit avoir une réalité économique. »

www.entreprendre.fr.

5 Expliquez ce que signifient une croissance autofinancée et une levée de fonds.

BTS **6** Analysez pourquoi, selon les fondateurs de Showroomprivé, la rentabilité est la finalité prioritaire d'une entreprise.

B. Définir des objectifs en cohérence avec la finalité de l'entreprise

Doc 4 Les ambitions stratégiques de Wavestone (cabinet de conseil en transformation digitale)

Wavestone a réalisé au premier semestre, clos fin septembre, un résultat net part du groupe de 7,7 millions d'euros, en progression de 47 %. La marge opérationnelle courante du cabinet de conseil est ressortie à 9,8 %, contre 10,3 % au 1er semestre 2015/16. […]

Wavestone a par ailleurs dressé ses ambitions stratégiques à l'horizon 2021. Elles se déclinent en 4 objectifs : atteindre 500 millions d'euros de chiffre d'affaires pour une marge opérationnelle courante de 15 % ; porter le chiffre d'affaires international à 100 millions d'euros ; faire de la marque Wavestone la marque conseil n° 1 en France en matière de transformation digitale ; et inscrire tous les ans, d'ici à 2021, Wavestone dans le top 3 de sa catégorie en matière de RSE.

www.wavestone.com.

7 Repérez et justifiez la finalité de l'entreprise Wavestone.

BTS **8** Identifiez les objectifs stratégiques de Wavestone.

Doc 5 En 2030, les sacs Gucci et Saint Laurent (groupe Kering) seront écolo

Kering, la maison-mère de 16 marques de luxe parmi les plus célèbres du monde, de Gucci à Saint Laurent, a trouvé un moyen d'augmenter ses profits tout en misant sur la mode durable. Dans 10 à 15 ans, vous pourriez porter des chaussures ou des sacs en « cuir du futur », non pas faits de peaux d'animaux cruellement dépecés, mais conçus en laboratoire, grâce aux biotechnologies. […] Le groupe s'enthousiasme d'autant plus que, ce faisant, il a néanmoins doublé sa valeur boursière. De quoi prouver aux compagnies moins vertueuses que l'éthique ne nuit pas à la croissance économique […]. Son engagement écologique, François Henri Pinault (PDG du groupe Kering) l'explique […] par une motivation très personnelle. « J'ai toujours entendu mon père […] me dire que quelle que soit sa taille, une entreprise doit se donner une mission qui dépasse les objectifs de résultats financiers. Il s'agit de faire partie ou non de la société dans laquelle vous souhaitez faire des affaires. »

http://bfmbusiness.bfmtv.com, 29 décembre 2016.

9 Identifiez la stratégie développée par le groupe Kering pour ses marques Gucci et Saint Laurent.

BTS **10** Analysez la cohérence de cette stratégie avec les finalités de l'entreprise.

C. Construire la finalité de l'entreprise

Doc 6 Les aspirations et les valeurs des dirigeants et actionnaires

À l'approche de la retraite, Eric Belile, chef d'entreprise de 56 ans, aurait pu choisir de vendre son entreprise « deux à trois fois plus cher » à un concurrent ou à un fonds de pension. Mais le patron de La Générale de Bureautique, entreprise de bureautique installée à Nantes et créée il y a 26 ans, a choisi de céder sa société à cinq de ses salariés. Une décision plutôt rare motivée par les « valeurs humaines de l'entreprise » qui lui sont chères. « Je leur dois bien ça, raconte-t-il au quotidien Ouest-France. Pour moi, il est naturel que l'entreprise reste au personnel : on a bâti le projet ensemble. Ce n'est pas une démarche altruiste, c'est un juste retour des choses. » « Vendre à un autre groupe, ça signifiait licencier. C'était pour moi inenvisageable », souligne-t-il [...]. Concrètement, la transmission se fait par le biais [...] d'un montage juridico-financier qui a permis aux salariés d'emprunter pour racheter l'entreprise, même s'ils n'ont pas les fonds suffisants. Au total, les cinq repreneurs ont investi 250 000 euros pour la reprise. Pour leur permettre d'obtenir les prêts nécessaires auprès des banques, Éric Belile a dû réinjecter à titre personnel 2 millions d'euros. Le patron s'est également engagé à ne pas prendre de dividendes durant cette période de transition et à former ses cadres repreneurs.

Clémentine Maligorne, www.lefigaro.fr, 6 janvier 2017.

11 Analysez la finalité recherchée par l'entreprise La Générale de Bureautique.

12 Identifiez les parties prenantes concernées par cette finalité.

BTS **13** Commentez la décision du dirigeant au regard de la finalité de son entreprise.

Doc 7 Les attentes des salariés

La Cegos publie la deuxième édition de son baromètre sur le métier de DRH. Parmi les différents sujets abordés, le rôle de plus en plus important pris par le numérique dans leur fonction est plus que saillant. [...] Ce que la plupart pensait réservé à la génération Y est devenu un phénomène massif : les salariés veulent être considérés sur leur lieu de travail comme ils le sont quand ils sont clients, avec des services personnalisés, du sur-mesure. Ainsi ils sont 56 % à considérer que leur DRH ne prend pas assez en compte le facteur humain (soit 19 points de plus qu'en 2012) et 42 % (16 points de plus) pensent que le manque de transparence est un problème central. Ce qui n'est pas sans poser un véritable problème aux DRH, mais aussi aux représentants du personnel, qui n'ont peut-être pas encore pris conscience de l'ampleur du phénomène. Quand les DRH répondent à 53 % que la capacité de négociation, de médiation et la force de conviction sont les premières qualités d'un DRH, seulement 36 % des salariés partagent cet avis. Ces derniers préfèrent à 65 % un DRH qui respecte ses engagements ou qui a un bon relationnel. [...] Pour les salariés, le jugement est sans appel : ils sont 43 % à vouloir avoir un DRH de proximité et ils ne sont plus que 23 % à le percevoir au quotidien. « Les salariés ont de fortes attentes d'individualisation, de personnalisation alors que l'entreprise reste fondamentalement une organisation qui gère des processus collectifs », décrypte Annick Allegret, membre du directoire de la Cegos chargée de l'activité conseil et formation sur mesure.

www.usine-digitale.fr.

14 Rappelez quels sont les intérêts que les salariés défendent traditionnellement au sein de l'entreprise.

15 Identifiez les nouvelles attentes des salariés.

BTS **16** Analysez les conséquences en termes de management de la prise en compte de ces attentes.

Doc 8 Les statuts et l'histoire de l'entreprise

Jeannette, biscuiterie, placée sous liquidation judiciaire en janvier 2014, renaît sous la forme d'une SCOP, Société coopérative et participative.

Il y a beaucoup à dire sur cet incroyable sauvetage où se mêlent l'abnégation de salariés licenciés, l'audace d'un repreneur et la solidarité de particuliers qui ont contribué à un financement participatif salutaire. « On a eu très chaud mais là c'est que du bonheur, on a du travail et il est plus intéressant car tout est manuel, alors qu'avant tout était automatique », résume Rosa, 60 ans, une des 34 Jeannette licenciées en janvier 2014, visiblement comblée par le nouveau site flambant neuf ouvert en mai, où domine l'alléchante odeur des gâteaux. [...] Une vingtaine des salariés licenciés se sont relayés nuit et jour entre février 2014 et janvier 2015 pour occuper leur ancien site et « sauver Jeannette ». Au printemps 2014, après avoir tenu tête aux huissiers venus saisir les machines puis couper le gaz, ils ont produit plusieurs fournées de gâteaux que les Caennais se sont arrachés sur le marché. [...] Aujourd'hui, après deux ans de « parcours du combattant », le repreneur a tenu ses promesses : les madeleines sont en vente depuis septembre et Jeannette emploie 18 personnes [...]. 13 font partie des licenciés de l'ancienne biscuiterie qui employait 400 personnes dans les années 70. [...] La biscuiterie s'est installée en périphérie de l'agglomération, à Démouville, avec de nouvelles machines destinées à produire beaucoup moins, mais plus haut de gamme (deux euros les quatre madeleines).

www.latribune.fr, 31 janvier 2016.

17 Repérez et justifiez la finalité de l'entreprise Jeannette au regard de son statut et de son histoire.

18 Analysez pourquoi la rentabilité n'est pas la finalité prioritaire.

BTS 19 Montrez que la finalité peut être difficile à atteindre du fait de contraintes en termes de ressources.

Doc 9 Les contraintes imposées par l'environnement

Tout a commencé quand la marque de lingerie Lejaby s'est retrouvée dans la tourmente fin 2011. Avec à la clé la fermeture de la dernière usine de la marque dans l'Hexagone. Choquée que ce savoir-faire disparaisse de France, Muriel Pernin [...] décide de monter une entreprise de corsetterie qui confectionnera des dessous féminins de luxe 100 % français pour les grandes marques. Un défi car la fabrication de lingerie se fait systématiquement dans les pays à faible coût de main-d'œuvre (Tunisie, Portugal...). L'initiative rencontre un écho : une souscription publique rapporte 100 000 euros. Et les Atelières où travaillent quelques ex-ouvrières de Lejaby sont créées en janvier 2013. Deux ans plus tard, l'entreprise [...] n'a réalisé que 230 000 euros de chiffre d'affaires contre un million d'euros escompté. [...] Un échec dont Muriel Pernin connaît les causes : « La lingerie de luxe qui a beaucoup misé sur le marché russe a énormément souffert de la crise dans ce pays. En 2014, notre client principal, Maison Lejaby, nous a fait fabriquer 6 500 pièces contre 14 000 prévues. » L'inertie des banques, qui s'étaient engagées en mars à leur débloquer rapidement des prêts, n'a pas aidé. [...] « Du coup, nous avons lancé notre e-boutique avec notre collection en décembre, bien trop tard pour profiter des achats de Noël ».

Jean-Yves Guerin, www.lefigaro.fr, 17 février 2015.

20 Identifiez les contraintes qui ont miné la croissance de l'entreprise les Atelières.

21 Expliquez pourquoi viser la pérennité de l'entreprise ne suffit pas à l'assurer.

II. La responsabilité sociétale de l'entreprise

A. Comprendre les dimensions de la responsabilité sociétale de l'entreprise

Doc 10 La responsabilité sociétale d'entreprise

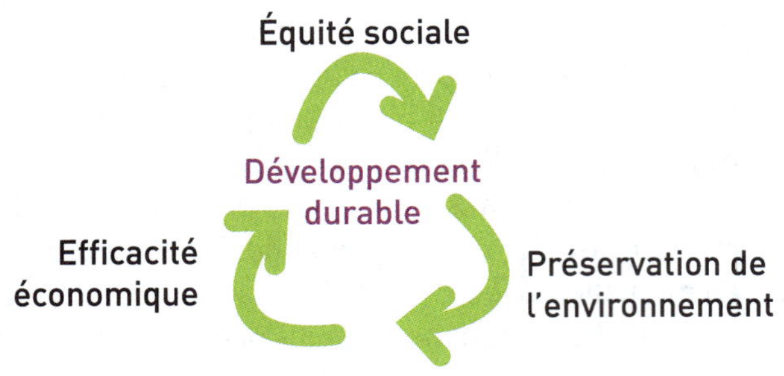

Le développement durable correspond à « un développement qui répond aux besoins des générations du présent sans compromettre la capacité des générations futures à répondre aux leurs ». […] La RSE (Responsabilité sociétale d'entreprise) est la contribution des entreprises aux principes du développement durable. […] La RSE vise un équilibre cohérent entre efficacité économique, équité sociale et préservation de l'environnement.

www.alteractive.org.

22 Définissez la notion de développement durable.

23 Identifiez les trois dimensions de la RSE.

Doc 11 Pourquoi intégrer le développement durable à son activité ?

Plusieurs raisons pour intégrer le développement durable à l'activité de son entreprise :

– Pour conserver ses clients et conquérir de nouveaux marchés […] (politiques d'achats responsables des grands groupes, demande de produits éco-conçus recyclables voire recyclés…). → Retour sur investissement : améliorer son image, se positionner sur de nouveaux marchés, diversifier son offre.

– Pour optimiser ses ressources qu'elles soient humaines ou économiques […]. → Retour sur investissement : développer la cohésion sociale […], réaliser des économies de consommations.

– Pour trouver de nouveaux leviers de financement et de valorisation de l'entreprise […]. → Retour sur investissement : accroître la valorisation de sa société […], accéder à de nouveaux investisseurs […].

– Pour ne pas se laisser distancer par ses concurrents, certaines entreprises ayant d'ores et déjà initié de véritables politiques RSE et constaté d'excellentes retombées […]. → Retour sur investissement : ne pas perdre de parts de marchés, rester compétitif et performant.

www.alteractive.org.

24 Identifiez pourquoi cette démarche est devenue si importante aujourd'hui.

Doc 12 La démarche RSE chez Remadeinfrance

Situé au cœur de la Basse-Normandie, le site industriel Remadeinfrance s'étend sur 2 hectares. Tous nos métiers sont gérés en interne sans sous-traitance. L'expertise de Remadeinfrance, c'est plus de 250 collaborateurs spécialisés dans l'électronique et les nouvelles technologies numériques, le recyclage et le reconditionnement d'appareils nomades. […] Les produits et services Remadeinfrance sont labellisés et garantis en accord avec les normes ISO : ISO14001 – ISO9001 – ISO27001. Nous nous engageons à n'utiliser que des pièces d'origines recyclées dans nos usines.

www.remadeinfrance.com.

Remadeinfrance, les tablettes et smartphones reconditionnés *first class*
www.ressources.hachette-education.com/Action-BTS/Management.html

25 Identifiez la démarche RSE mise en place par l'entreprise Remadeinfrance.

BTS 26 Analysez les « retours sur investissement » (apports) de cette démarche RSE pour Remadeinfrance.

B. Établir un lien entre finalité et responsabilité sociétale de l'entreprise

Doc 13 Intégrer la notion de développement durable en entreprise

Des crèches aux restaurants d'entreprise (Orange, Bosch à Caen) en passant par la cuisine centrale de Mondeville, les cantines scolaires (Institut Lemonnier à Caen) et les maisons de retraites, Api Restauration prépare quotidiennement [...] plus de 23 000 repas. Le 4e groupe français de restauration collective (8 % du marché national) a visiblement décidé de parier sur la qualité. [...] Objectif ? « 50 % de produits régionaux d'ici la fin de l'année, et à terme, 80 %, annonce Bruno Soave, le directeur régional d'Api Restauration. La part de produits locaux monte à 40 % actuellement. C'est une attente forte des consommateurs. »

Guillaume Le Du, www.ouest-france.fr, 7 décembre 2016.

API Restauration lauréat du Grand Prix Entreprises et Environnement
www.ressources.hachette-education.com/Action-BTS/Management.html

27 Repérez comment Api Restauration intègre la préoccupation du développement durable.

BTS **28** Analysez les opportunités et les contraintes de cette finalité devenue prioritaire pour l'entreprise.

Doc 14 Financement alternatif : un potentiel à explorer

Allier performance économique et croissance responsable ? Telle est l'ambition de la finance éthique selon Fanny Picard, fondatrice d'Alter Equity, un fonds d'investissement dont le but est de soutenir une croissance responsable. Une exigence qui n'empêche en aucun cas la performance économique. « Alter Equity soutient des activités et des comportements fondamentalement respectueux de l'intérêt de long terme de la nature et des êtres humains, tout en recherchant un rendement attractif pour ses souscripteurs [...] ». Ce fonds, qui « promeut un capitalisme que nous souhaitons éthique », investit dans des entreprises dont l'activité a un impact positif sur les personnes et/ou l'environnement. [...] « Nous posons comme condition que l'entreprise s'engage dans un progrès vers plus de responsabilité dans ses pratiques de gestion. Nous lui demandons un plan d'action dédié, que nous appelons business plan extra-financier. » Critères : mettre en place un entretien d'évaluation des salariés avec un compte-rendu écrit, augmenter la quote-part du coût de la mutuelle pris en charge par l'entreprise, réduire les consommations d'énergie, compenser les émissions de CO_2, etc. [...] Parmi les projets soutenus, on peut mentionner par exemple Green & Biz, leader français du reconditionnement d'iPhone, ou OpenAirlines, éditeur de logiciels d'aide à l'écopilotage des avions permettant aux compagnies aériennes d'économiser de 2 à 5 % de kérosène par vol.

http://alter-equity.com.

Doc 15 Les définitions et les objectifs de l'investissement socialement responsable (ISR)

L'Investissement socialement responsable (ISR) est un terme générique qui désigne les diverses démarches d'intégration du développement durable au sein de la gestion financière. L'ISR consiste pour les investisseurs qui le pratiquent à prendre en compte des critères [...] environnementaux, sociaux et de gouvernance dans leurs choix d'investissement. Cela signifie qu'ils ne s'intéressent plus uniquement aux caractéristiques financières des actifs [...] dans lesquels ils placent leurs capitaux. Les acteurs financiers qui ont ce type de conviction sont en général des investisseurs de long terme qui utilisent les grilles d'analyse extra-financière pour identifier les risques auxquels peuvent être confrontées les entreprises dans lesquelles ils investissent. [...]. Pour d'autres acteurs financiers, l'ISR est un moyen d'investir dans des entreprises dont les pratiques sont compatibles avec leurs valeurs ou celles de leurs clients (par exemple exclure des secteurs d'activités tels que l'armement, ou des entreprises coupables de violation [...] des droits humains, etc.).

www.novethic.fr.

29 Définissez la notion d'investissement socialement responsable.

30 Proposez des exemples de critères extra-financiers (environnementaux, sociaux et de gouvernance).

31 Expliquez en quoi la performance du financement alternatif peut être aussi importante que pour des actifs financiers « classiques ».

Activités — Finalité de l'entreprise et responsabilité sociétale

A Testez vos connaissances

Indiquez si chacune des affirmations suivantes est vraie ou fausse en justifiant votre réponse.

	Vrai	Faux
1. L'ISR est moins rentable que des actifs financiers non ISR.	☐	☐
2. Une entreprise ne peut avoir qu'une finalité.	☐	☐
3. La rentabilité de l'activité est la finalité prioritaire de toute entreprise.	☐	☐
4. Le développement durable consiste à investir uniquement sur le long terme.	☐	☐
5. Les valeurs personnelles et les aspirations des dirigeants déterminent les finalités.	☐	☐
6. En investissement responsable (financement alternatif, ISR), les critères « extra-financiers » complètent le business plan financier.	☐	☐
7. Réaliser des économies d'énergie permet de répondre à deux finalités : rentabilité de l'activité et développement durable.	☐	☐
8. Les objectifs opérationnels et stratégiques sont toujours cohérents avec la finalité.	☐	☐
9. Intégrer le développement durable dans l'entreprise permet automatiquement de réduire les coûts et les risques de l'exploitation.	☐	☐
10. Le but de la démarche RSE est de progresser constamment sur le plan éthique, environnemental et social.	☐	☐

B Les mots du management

Reliez les notions aux concepts (attention, certaines notions peuvent correspondre aux deux concepts).

Responsabilité sociétale de l'entreprise •

Finalité de l'entreprise •

- Réaliser un investissement socialement responsable
- Viser la rentabilité de l'activité
- Réaliser des économies d'énergie
- Rechercher un développement durable de l'entreprise
- Améliorer les conditions de travail des salariés
- Réduire la dépendance aux énergies fossiles
- Satisfaire le client

C Mots cachés

Durable
Valeurs
Environnement
ISR
Economie
Objectif
Social
Finalité
But
Histoire
Drucker
Mission

C	E	N	V	I	R	O	N	N	E	M	E	N	T
B	U	T	H	E	D	E	J	Q	M	O	D	T	J
O	B	J	E	C	T	I	F	Z	E	N	U	E	N
Y	R	U	M	P	D	U	R	A	B	L	E	A	W
H	I	S	T	O	I	R	E	C	W	Y	Z	E	Y
A	X	I	S	R	B	B	S	F	E	E	B	S	O
E	C	O	N	O	M	I	E	K	F	L	Y	I	E
E	L	E	I	K	E	P	P	K	W	A	X	Q	Y
C	M	O	V	A	L	E	U	R	S	Q	D	S	O
M	T	M	X	T	D	R	U	C	K	E	R	L	C
O	E	U	I	O	F	I	N	A	L	I	T	E	X
M	I	S	S	I	O	N	U	E	M	F	E	R	Q
J	Q	Y	H	E	E	S	O	C	I	A	L	I	W
A	L	I	I	U	Z	I	C	X	W	U	R	X	P

Synthèse Finalité de l'entreprise et responsabilité sociétale

I La finalité de l'entreprise

Définir la finalité
- Caractère de ce qui a un but, raison d'être de l'organisation.

Définir des objectifs en cohérence avec la finalité
- Objectifs stratégiques.
- Objectifs opérationnels.

Construire la finalité
- Aspirations et valeurs des dirigeants et actionnaires.
- Attentes du personnel.
- Statuts et histoire de l'entreprise.
- Contraintes imposées par l'environnement.

II La responsabilité sociétale de l'entreprise

Comprendre les dimensions de la RSE
- Équité sociale. → Ex. respect des conditions de travail...
- Efficacité économique. → Ex. productivité, rentabilité...
- Préservation de l'environnement. → Ex. protection des ressources naturelles...

Établir un lien entre finalité et RSE
- Le développement durable.
- L'investissement socialement responsable et le financement alternatif.

Entraînez-vous ! Le cas EKIPTRAIN

Après avoir pris connaissance du cas EKIPTRAIN et des ressources proposées, vous répondrez aux questions suivantes :

1 Caractérisez les finalités de l'entreprise Ekiptrain.

Démarche BTS
- Présenter les finalités, c'est-à-dire les raisons d'être de l'entreprise Ekiptrain.
- Identifier le type de finalité pour chacune d'entre elles, par exemple : finalité sociale, économique, etc.

2 Identifiez le problème de management.

Démarche BTS
- Repérer les dysfonctionnements dans ou autour de l'organisation qui menacent sa pérennité.

3 Présentez les solutions envisageables pour garantir le développement futur et durable de l'entreprise Ekiptrain, en précisant leurs limites.

Démarche BTS
- Proposer des solutions en s'appuyant sur les connaissances de ce chapitre.

Le dossier comprend le cas EKIPTRAIN et la ressource documentaire suivante :
- **Ressource : Données chiffrées sur Ekiptrain**

Le cas EKIPTRAIN (d'après un sujet d'examen)

Un équipementier au service du ferroviaire

Ekiptrain [...] est un équipementier ferroviaire implanté en France, qui rassemble plus de 852 collaborateurs dont 312 ingénieurs. À la différence de ses concurrents, plus diversifiés, Ekiptrain a une activité exclusivement dédiée au ferroviaire. L'entreprise se consacre ainsi entièrement aux constructeurs, opérateurs et fournisseurs de maintenance pour leur offrir la gamme de produits et de services la plus complète du marché : vantaux (battants pour fermetures de portes), systèmes de freinage, systèmes d'accès pour les passagers, de chauffage et de climatisation pour les cabines. L'entreprise, créée en 1955 par la famille Guillon dans la région toulousaine, a été transmise de père en fils. Même si la croissance d'Ekiptrain s'est faite par acquisition d'autres entreprises du secteur, la famille a toujours conservé le contrôle majoritaire de la société. Dès 2002, Ekiptrain a racheté la société Vantauxcom, spécialisée dans la fabrication de vantaux. En 2004 et 2006, les sociétés Cem et Climt, spécialisées respectivement dans les systèmes de freinage et de climatisation des trains, ont été également acquises par Ekiptrain.

Pour financer ces différentes acquisitions, Ekiptrain a eu recours à des augmentations successives de capital. En 2006, le capital de la société était détenu à 53 % par les membres de la famille Guillon. L'actionnariat d'Ekiptrain est demeuré stable jusqu'en 2012, la famille Guillon détenant la majorité du capital et des droits de vote. Cette structure d'actionnariat a apporté à Ekiptrain une stabilité et une vision à long terme nécessaires pour développer sa stratégie et réaliser ses investissements. À côté de la famille Guillon, on trouve, d'une part une multitude de petits actionnaires minoritaires (environ 200 actionnaires) qui détiennent dans leur ensemble 37 % du capital de la société, et d'autre part, la société Foncas, une société de capital-investissement à la recherche de placements rentables qui détient 10 % des actions d'Ekiptrain. [...]

Depuis sa création, Ekiptrain fait de l'innovation un moteur de développement fondamental de l'entreprise et un facteur de distinction par rapport à ses concurrents pour l'ensemble de ses systèmes et de ses produits. Ainsi Ekiptrain a conçu des systèmes de climatisation novateurs et obtenu une diminution substantielle de la consommation d'énergie ainsi qu'une baisse du niveau de nuisance sonore. [...] Un des grands axes de la recherche et développement pour Ekiptrain reste la fiabilité des produits. [...]

Les clients d'Ekiptrain sont de très grandes entreprises de construction de trains ; il en existe moins d'une vingtaine dans le monde. Chaque client formule des besoins spécifiques et les produits sont totalement adaptés à cette demande spécifique. Comme toutes les entreprises, Ekiptrain a été fortement affecté par la crise économique. Le chiffre d'affaires baisse régulièrement depuis 2010 en raison d'une diminution du volume des commandes de ses gros clients. En effet, le fléchissement de la demande de voyages touristiques ne les incite pas à investir dans la production de nouveaux trains. De plus, Ekiptrain a dû répercuter sur ses prix l'augmentation du coût des matières premières. Les relations de l'entreprise avec ses fournisseurs se sont à cette occasion légèrement déteriorées.

Pour faire face à cette nouvelle situation, Ekiptrain a fait le choix début 2013 de renforcer sa capacité d'innovation et la qualité des produits fabriqués tout en anticipant les besoins de ses clients. Dans cet objectif, Ekiptrain a décidé, d'une part de nouer un partenariat avec un laboratoire de recherche universitaire spécialisé en technologie ferroviaire, et d'autre part, de procéder au rachat de la société Carbon qui conçoit des systèmes de freinage novateurs pour les trains à grande vitesse.

Pour financer ce rachat, Ekiptrain a eu recours à une augmentation de capital sans appel public à l'épargne. Cette augmentation s'est donc adressée exclusivement aux actionnaires actuels de la société. Les petits actionnaires n'ont pas contribué à cette augmentation qui a été finalement répartie entre l'actionnariat familial et le fond de capital investissement. En 2013, la nouvelle répartition du capital est la suivante :

Famille Guillon	**Petits actionnaires** (environ 200)	**Foncas**
49 %	35 %	16 %

Fin 2013, le conseil d'administration s'est réuni pour analyser et répartir les résultats de l'année. Les représentants de la société Foncas ont manifesté leur vif désaccord concernant la répartition du résultat net proposée par la famille Guillon. Les représentants de Foncas sont allés jusqu'à menacer les autres membres du conseil de céder leurs titres si cette politique de distribution du résultat était maintenue en 2014. La famille Guillon s'inquiète de cette perspective.

Base nationale des sujets d'examen de l'enseignement professionnel, www.crdp-montpellier.fr.

Ressource Des données chiffrées sur Ekiptrain

Évolution de l'activité et du résultat

	2010	**2011**	**2012**	**2013**
Commandes reçues	24 234	22 589	20 736	19 974
Chiffre d'affaires (en millions d'euros)	612,45	589,12	547,85	537,47
Résultat net (en millions d'euros)	6,4	5,1	4,6	3,6

Répartition du résultat net de l'entreprise Ekiptrain

	2010	**2011**	**2012**	**2013**
Autofinancement (pour l'entreprise)	64 %	65 %	67 %	71 %
Dividendes (pour les actionnaires)	29 %	28 %	27 %	23 %
Intéressement et participation (pour les salariés)	7 %	7 %	6 %	6 %

www.societe.com.

3 Management de l'entreprise et performance

Compétences

- Définir les critères de la performance.
- Construire des indicateurs appropriés.

Notions

- Performance, tableau de bord, contrôle de gestion, efficience, efficacité, bilan social.

Plan du cours

I. Pourquoi mesurer la performance ?
II. Comment mesurer la performance ?
III. Le management de la performance

➔ Auteurs Robert Kaplan, David Norton, Alfred Sloan, Peter Drucker

Entraîner son entreprise vers la performance globale

Jérôme Lefèvre, cogérant d'Infotrafic, vice-président du CJD Centre des Jeunes Dirigeants d'Entreprise de 2012 à 1014, montre que la performance pour son entreprise n'est pas seulement de faire gagner du temps à ses clients.

Infotrafic®
déclaré d'intérêt quotidien

La performance globale chez Infotrafic
www.ressources.hachette-education.com/Action-BTS/Management.html

1 Repérez ce que signifie la performance globale pour Jérôme Lefèvre.

2 Quels sont les deux objectifs de performance de l'entreprise Infotrafic ?

BTS 3 En quoi le développement de l'aide à la décision chez Infotrafic répond à ces deux objectifs de performance ?

I. Pourquoi mesurer la performance ?

A. Mesurer la performance pour mettre en place un contrôle de gestion adapté

Doc 1 Contrôler la performance

Anne Hidalgo, maire de Paris, annonce son intention de confier la gestion des 140 000 places de stationnement payantes en surface à des « prestataires extérieurs » d'ici un an. « À partir du 1er janvier 2018, après une procédure d'appel d'offres, nous confierons le contrôle du stationnement à un prestataire extérieur, spécialisé dans cette activité. » [...] Double objectif de cette décision : faire beaucoup mieux que les « piteux 9 % » de paiements aux parcmètres actuellement recensés, loin du « taux de recouvrement du stationnement payant (qui) peut atteindre 90 % » affirme Anne Hidalgo au JDD. Et deuxièmement, réaffecter en 2018 « les 1 600 agents de surveillance de Paris (ASP), en charge du contrôle du stationnement [les anciennes pervenches] à des missions prioritaires : lutte contre les incivilités, contre la pollution, surveillance de bâtiments municipaux, contrôle de nos politiques de déplacements (couloirs bus, opérations Paris Respire...) et stationnement gênant. [...] La maire de Paris précise que le prestataire devra moderniser les pratiques de contrôle, en utilisant notamment des moyens numériques et automatisés, par exemple pour la lecture des plaques d'immatriculation. Elle cite Madrid comme exemple à suivre. [...] Lorsqu'il règle son stationnement, sur une borne ou sur son smartphone, l'automobiliste madrilène renseigne la plaque d'immatriculation de son véhicule. [Le prestataire peut] faire ensuite circuler dans les rues une noria de scooters et de voitures équipées de caméras capables de lire ces plaques. De quoi contrôler 1 500 véhicules à l'heure !

Bertrand Gréco, www.lejdd.fr, 22 octobre 2016.

1. Commentez la performance du système de contrôle du stationnement par les agents publics.

BTS 2. Identifiez l'impact que la décision de la maire de Paris aura sur les finances de la ville.

Doc 2 Le géant verrier Arc cherche de l'argent

Une nouvelle période de négociations s'est ouverte pour étudier des mesures d'urgence pour faire face à ces problèmes de trésorerie. Cela pourrait passer par la diminution du recours à l'intérim ou le report du paiement aux salariés de leurs primes. [...] « Les résultats de 2016 n'ont pas été à la hauteur de ce qui était attendu. » Arc a fait le choix de produire davantage mais de vendre moins cher, pour gagner des parts de marché. « Arc est toujours en transformation. L'entreprise, pour assurer une croissance profitable, met en place un contrôle plus rigoureux de ses coûts et plus de discipline dans ses dépenses budgétaires. Ce sont des mesures conservatoires et de bonne gestion », précise sa direction.

Marie Jansana, www.lavoixdunord.fr, 16 janvier 2017.

3. Analysez la performance de l'entreprise Arc.

BTS 4. Expliquez en quoi le contrôle de gestion est nécessaire pour assurer une meilleure performance de l'entreprise.

B. Les caractéristiques de la performance : elle s'explique, se mesure, s'apprécie

Doc 3 Les caractéristiques de la performance

Car Lease, entreprise spécialisée dans la gestion de flotte de véhicule, a fait entrer un nouvel actionnaire dans son capital en 2014 afin de financer la croissance de l'entreprise. L'actionnaire attend une rentabilité financière de 10 %, afin que l'entreprise puisse lui verser des dividendes. En 2014, les charges de personnel ont grevé une importante part de la valeur ajoutée, diminuant fortement le résultat. Les dirigeants ont donc décidé de licencier du personnel et de rationaliser l'organisation pour dégager davantage de bénéfices.

Elle se mesure (nécessité d'utiliser des indicateurs qualitatifs ou quantitatifs adaptés)

Elle s'explique par des facteurs internes (liés aux acteurs) ou externes (liés aux fluctuations de l'environnement)

Elle s'apprécie en s'appuyant sur des comparaisons dans le temps et/ou l'espace

	2013	2014	2015
Rentabilité financière (résultat/capitaux propres)	3,64 %	6,10 %	10,55 %
Profitabilité (résultat CA)	4,45 %	3,21 %	5,44 %

La performance est le résultat chiffré obtenu par l'entreprise. Elle confère à l'entreprise une certaine position par rapport à ses concurrents sur le marché. Les décisions de gestion ont néanmoins plusieurs effets sur la performance globale, il faut donc réaliser un compromis entre les satisfactions des acteurs dans les limites des contraintes posées par l'environnement de l'entreprise.

5 Repérez les caractéristiques de la performance.

6 Une entreprise qui licencie pour améliorer sa rentabilité est-elle une entreprise performante ?

BTS **7** Proposez des indicateurs de mesure de la performance sociale.

Doc 4 Les deux approches de la performance

Peter Drucker, une approche classique et rationnelle

Drucker définissait l'efficacité comme « la capacité à réaliser des objectifs ». L'efficacité représente l'atteinte effective de l'objectif alors que l'efficience implique le respect des contraintes de ressources. Être performant impliquerait donc d'être à la fois efficace et efficient, dans une situation donnée. Pour mesurer cette performance, l'approche classique retient des indicateurs financiers (rentabilité) et de productivité (création de valeur ajoutée).

La performance fonctionnelle, une approche plurielle et complexe

Une autre approche montre que la performance est multidimensionnelle. Les dimensions sont sociale, environnementale, commerciale, économique, financière, etc. La performance multidimensionnelle peut alors se définir comme la combinaison de performances individuelles et collectives, autour de trois grands domaines : la performance économique, sociétale et environnementale. La performance sociale par exemple privilégie la valeur des ressources humaines pour parvenir à l'atteinte des objectifs de l'entreprise. La performance environnementale correspond aux impacts mesurables de l'activité de l'entreprise sur son environnement, tant sur le plan interne qu'externe.

8 Identifiez, au regard de l'apport théorique de Peter Drucker, si Car Lease est une entreprise efficiente.

9 Une entreprise peut-elle être toujours performante sur toutes les dimensions ?

II. Comment mesurer la performance ?

A. Utiliser des indicateurs pertinents

Doc 5 La performance économique et financière de CMA CGM

Au second trimestre 2015, dans un environnement sectoriel marqué par une baisse importante des taux de fret et des surcapacités sur certains marchés, CMA CGM démontre la solidité de son modèle de développement. [Elle] a en effet réalisé des performances largement supérieures à la moyenne du marché. Les volumes transportés s'élèvent à 3,3 millions d'EVP (conteneurs de 20 pieds), en hausse de 6,2 % par rapport au second trimestre 2014, dans un marché mondial en hausse de 1 à 2 % […]. Les coûts unitaires ont baissé de 10,9 %, notamment grâce à une diminution importante du prix du pétrole. Grâce à cette baisse des coûts […], la marge […] est en hausse de 59,3 % par rapport au second trimestre 2014, à 325 millions USD […]. La marge [de CMA CGM] est ainsi […] largement supérieure à la moyenne des acteurs du secteur. Le résultat net part du Groupe s'est élevé à 156 millions USD, en hausse de 66,7 % par rapport au second trimestre 2014.

Communiqué de CMA CGM, 31 août 2015.

10 Repérez les indicateurs de performance économique et financière.

Doc 6 En 10 ans, CMA CGM a amélioré de 50 % sa performance CO_2

Aujourd'hui, un conteneur émet en moyenne 60 grammes de CO_2 par kilomètre parcouru, contre environ 120 grammes en 2005. Les navires les plus performants du groupe rejettent eux 37 grammes de CO_2 par conteneur transporté, à l'instar du CMA CGM Bougainville qui peut transporter 18 000 conteneurs ou 200 000 tonnes de marchandises. Le transport maritime est aujourd'hui le mode de transport

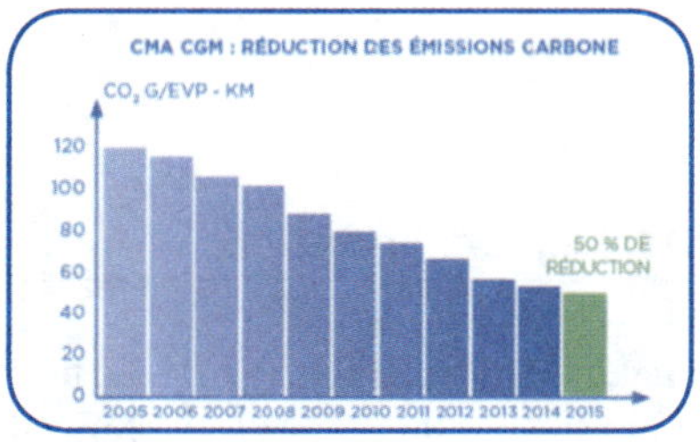

le plus écologique. Il est par exemple 70 fois moins polluant que l'avion.

Pour atteindre cet objectif, le Groupe CMA CGM s'appuie sur une flotte moderne, optimisée et équipée des dernières innovations environnementales. En repensant la structure de ses navires, CMA CGM améliore leur hydrodynamisme, réduisant directement leur consommation en carburant et ainsi leurs émissions de CO_2. […] Les hélices ont été optimisées pour gagner en efficience.

Communiqué de CMA CGM, 25 novembre 2015.

11 Identifiez les indicateurs de performance environnementale.

Doc 7 CMA CGM, des conteneurs, des navires et des hommes

Tous nos conteneurs répondent aux normes ISO 1496 et 6346 ainsi qu'aux critères C.S.C. (Convention for Safe Containers). Ils sont suivis et entretenus par nos équipes d'experts qui s'assurent de leur bon état de fonctionnement et de leur entretien régulier pour garantir un niveau constant de qualité.

www. cma-cgm.fr.

12 Expliquez l'incidence en matière de performance pour l'entreprise de détenir des certifications ISO pour ces conteneurs.

B. Synthétiser les indicateurs pour obtenir une vision d'ensemble de la performance globale

Doc 8 Le tableau de bord prospectif de D. Norton et R.S. Kaplan

Si 90 % des entreprises ont une stratégie, seulement 10 % réussissent à la mettre en place. C'est le constat fait en 1992 par deux gourous du management Robert S. Kaplan et David Norton en observant les entreprises aux États-Unis. Ils ont alors créé un outil de management pour aider les sociétés à mieux déployer, gérer et suivre la mise en place de leur stratégie : le tableau de bord prospectif. [...] L'avantage du tableau de bord prospectif, c'est qu'il est basé sur 4 perspectives ou axes : 1) financier, 2) client, 3) processus interne, 4) apprentissage organisationnel. Si on développe une stratégie basée sur ces axes, on est sûr de développer une stratégie ne négligeant aucun élément de l'entreprise, et de plus on s'assure le succès de la mise en place tactique. La formation des employés est nécessaire (axe 4 : apprentissage organisationnel) car elle permet d'augmenter leur compétence. Ceci se reflète par conséquent sur le processus interne (axe 3) par l'amélioration de la productivité, l'optimisation du temps, la réduction des coûts... Les répercussions positives se font alors sentir sur la satisfaction des clients (axe 2) qui deviennent alors plus fidèles et qui augmentent en nombre. Ceci se répercute [donc] sur le pilier financier (axe 1) et se traduit par l'augmentation du chiffre d'affaires.

www. journaldunet.com, 13 août 2014.

13 Expliquez les apports du tableau de bord prospectif.

Doc 9 Exemple : Le tableau de bord prospectif d'Upward Airlines

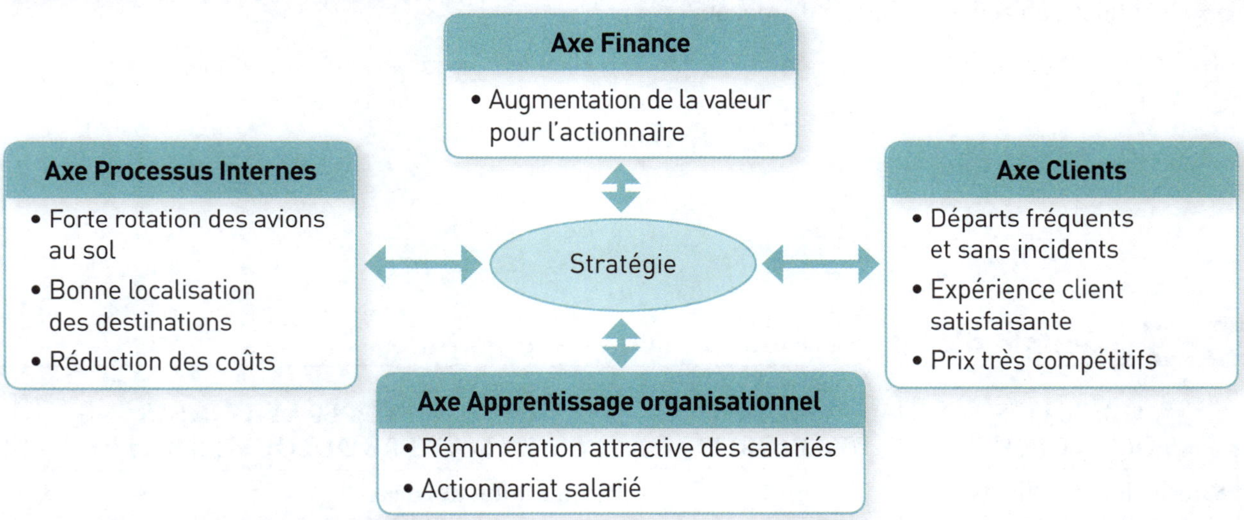

EXEMPLE D'OBJECTIFS	INDICATEURS DE MESURE
Augmentation de la valeur pour l'actionnaire	Chiffre d'affaires
	Bénéfices
Départs fréquents et sans incidents	Nombre moyen de départs quotidiens par destination
Prix très compétitifs	Différence de prix du ticket avec les concurrents
Forte rotation des avions au sol	Temps passé à quai
Bonne localisation des destinations	% de la population desservie à moins de 50 km
Expérience client satisfaisante	Nombre de plaintes des clients pour 1 000 billets
Réduction des coûts	Coût de revient par trajet

www.clearpointstrategy.com.

14 Explicitez le sens de chaque axe du tableau de bord prospectif d'Upward Airlines.

15 Proposez des indicateurs de mesure pour les objectifs suivants :
- la rémunération attractive des salariés ;
- l'actionnariat salarié.

16 Analysez les limites du tableau de bord prospectif.

III. Le management de la performance

A. Prendre en compte les différents niveaux de management

Doc 10 Amazon double son activité à Noël

Amazon Saran a recruté près de 2 700 intérimaires et fonctionne 24 heures sur 24 pour faire face à la forte croissance des livraisons durant les fêtes. […] Habituellement, Amazon Saran fonctionne avec deux équipes de jour, qui travaillent du lundi au vendredi, et une équipe de week-end et jours fériés. À l'approche des fêtes, une quatrième équipe est mise en place la nuit. […] Une deuxième « pick tower » (tour de collecte de quatre étages où les produits sont stockés) a été érigée dans l'usine. Ces zones de « pick » ont également été équipées d'un convoyeur (un tapis roulant) permettant […] de raccourcir les délais de préparation.

Laetitia Roussel, www.larep.fr, 21 décembre 2016.

17 Identifiez l'objectif stratégique d'Amazon.

BTS 18 Relevez les objectifs opérationnels fixés par Amazon afin de parvenir à l'ambition stratégique définie.

Doc 11 Exemple d'organisation d'une chaîne logistique

OBJECTIFS STRATÉGIQUES	ORDRE DE PRIORITÉ	OBJECTIFS OPÉRATIONNELS (EN MATIÈRE DE LOGISTIQUE)
Satisfaction des clients	n° 1	– Minimisation des délais – Respect des dates de livraison – Maximisation de la qualité du service
Contrôle des coûts	n° 2	– Minimisation des coûts d'approvisionnement – Minimisation des coûts de transport – Minimisation de la valeur des stocks – Minimisation des coûts de distribution
Productivité	n° 3	– Optimisation de l'utilisation des ressources – Maximisation de la flexibilité – Minimisation des défaillances dans les processus
Croissance	n° 4	– Développement du réseau des fournisseurs – Développement des canaux de distribution

19 Expliquez la différence entre objectifs stratégiques et objectifs opérationnels.

Doc 12 La (très) chère logistique d'Amazon évolue

Amazon a enregistré en 2015 un chiffre d'affaires de 107 milliards de dollars pour un résultat net de seulement 596 millions… La faute notamment aux coûts logistiques, pour soutenir une distribution toujours plus rapide… avec des frais de transport toujours offerts par l'enseigne ! Pour réduire des coûts de transport […] estimés à 4,56 milliards de dollars pour les seuls neuf premiers mois de l'année 2016, le géant du e-commerce a commencé par se concentrer sur le « dernier kilomètre ». […] Des analystes […] estiment que le principal chantier d'Amazon est […] que l'enseigne utilise de plus en plus souvent les services de la poste américaine et des transporteurs locaux au détriment des grands acteurs UPS et Fedex, afin de réduire sa facture. […] À plus long terme, l'objectif serait même d'automatiser presque entièrement la chaîne de distribution grâce aux camions sans chauffeur, aux robots et aux drones…

Éloïse Leydier, www.actu-transport-logistique.fr, 15 novembre 2016.

20 Les objectifs stratégiques peuvent-ils être contradictoires ? Donnez un exemple dans le cas d'Amazon.

B. Gérer le *reporting* de la performance

Doc 13 La vérité sur le trou d'air de Zodiac Aerospace

À force de grossir, l'équipementier français a perdu le contrôle de ses sites, jusqu'à ne plus tenir les cadences. […] Où est passé l'équipementier modèle dont la capitalisation boursière avait décuplé depuis 2009 ? Qu'est devenu le groupe ultrarentable qui s'était imposé comme le partenaire incontournable des grands programmes aéronautiques d'Airbus, Boeing, Dassault, Embraer, Bombardier ? […] Ce sont ces satanés sièges qui vont tout dérégler. Les commandes affluent mais, dès fin 2013, deux usines américaines spécialisées dans cette activité n'arrivent plus à tenir les cadences. […] C'est une crise de croissance […], le management a perdu le contact avec le terrain. « Notre mode de *reporting* historique était de voyager souvent dans les usines, ce qui n'est plus possible vu la taille du groupe » poursuit le PDG. […] « Nous donnions une certaine liberté aux patrons de *business units* sur les paramètres à reporter au siège. Certains ont gardé la culture du "je vais y arriver" et ont masqué les problèmes. »

Vincent Lamigeon, www.challenges.fr, 6 décembre 2015.

21 Expliquez ce que signifie le *reporting*.

22 Montrez, dans le cas de Zodiac Aerospace, en quoi l'insuffisance de *reporting* a nui à la performance.

BTS **23** Proposez des indicateurs sur lesquels le *reporting* de Zodiac aurait dû se concentrer pour éviter les problèmes que l'entreprise a rencontrés dès fin 2013.

Doc 14 Le plan de Zodiac Aerospace pour sortir de la zone de turbulences

Le diagnostic est désormais clair : Zodiac a payé son extrême décentralisation, héritée de la trentaine d'acquisitions effectuée depuis trente ans, mais aussi un *reporting* insuffisant des patrons d'usines et de divisions [...]. Un plan d'urgence baptisé Focus est mis en place, afin d'améliorer le *reporting* et d'harmoniser les procédures du groupes (achats, stocks, opérations...). De cinq divisions, le groupe passe à trois (sièges, équipements de cabine, systèmes aéronautiques), chacune étant chargée de surveiller les performances des usines. Le groupe a aussi fait le grand ménage dans son management. De nouvelles têtes arrivent : un poste de directeur opérationnel a été créé, et confié à l'ex-Faurecia et Valeo François Feugier, afin de piloter le plan Focus.

Vincent Lamigeon, www.challenges.fr, 24 novembre 2015.

BTS 24 Repérez les actions correctives que Zodiac a mises en place pour sortir de la crise.

Activités — Management de l'entreprise et performance

A Testez vos connaissances

Indiquez si chacune des affirmations suivantes est vraie ou fausse en justifiant votre réponse.

	Vrai	Faux
1. Un objectif stratégique est un objectif de court terme.	☐	☐
2. La performance se mesure uniquement avec des indicateurs quantitatifs.	☐	☐
3. Efficacité est synonyme d'efficience.	☐	☐
4. L'efficacité consiste à réaliser les objectifs fixés par l'entreprise.	☐	☐
5. La performance a de nombreuses dimensions (économique, sociale, financière, etc.).	☐	☐
6. Le tableau de bord est un outil d'évaluation de la performance financière de l'entreprise.	☐	☐
7. Le *reporting* sert à coordonner les initiatives individuelles.	☐	☐
8. La performance n'est pertinente que si elle est en accord avec les finalités de l'entreprise.	☐	☐
9. Au quotidien, les managers sont absorbés par le management stratégique.	☐	☐
10. Le but du *reporting* est d'apporter des mesures correctives.	☐	☐

B Les mots du management

Complétez la grille de mots croisés avec les définitions proposées.

Horizontal
3. Norton et Kaplan
7. Contrôle de gestion
8. Type de performance
9. Rendement
10. Résultat chiffré

Vertical
1. Gérer, diriger
2. Objectif à long terme
4. Performance au moindre coût
5. But, cible
6. Objectif à court terme

Synthèse Management de l'entreprise et performance

I Pourquoi mesurer la performance ?

- **Mettre en place un contrôle de gestion adapté, c'est...**
  - Caractériser la performance.
    - Se mesure par des indicateurs quantitatifs et qualitatifs.
    - S'explique par des facteurs internes et externes.
    - S'évalue dans le temps et dans l'espace.
  - Comprendre les différentes approches de la performance.
    - L'approche classique : efficacité/efficience.
    - L'approche complexe : multidimensionnelle.

II Comment mesurer la performance ?

- **Utiliser des indicateurs pertinents**
  - Performance financière. → Ex. CA, résultat, EBE...
  - Performance économique. → Ex. rentabilité financière, profitabilité...
  - Performance sociale. → Ex. taux d'absentéisme, *turn over*...
- **Synthétiser ces indicateurs** → Tableau de bord prospectif (Norton & Kaplan).
  - Axe Finance.
  - Axe Clients.
  - Axe Processus internes.
  - Axe Apprentissage organisationnel.

III Le management de la performance

- **Prendre en compte les différents niveaux de management**
  - Management stratégique : impact de long terme.
  - Management opérationnel : impact de court terme.
- **Gérer le *reporting*** → Mesurer la performance sert à mettre en place des actions correctives.

Entraînez-vous ! Le cas ETAM

Après avoir pris connaissance du cas ETAM et des ressources proposées, vous répondrez aux questions suivantes :

1 Identifiez les parties prenantes du Groupe Etam, leurs intérêts respectifs et les actions qui ont été mises en place pour répondre à leurs attentes.

Démarche BTS
- Repérer les parties prenantes de l'entreprise et identifier les intérêts qu'elles ont au sein de l'entreprise.
- Identifier les actions qui ont été mises en place pour satisfaire ces parties prenantes.

2 Repérez les indicateurs de performance présentés dans les documents.

Démarche BTS
- Identifier les critères indiqués dans les documents qui permettent d'évaluer la performance de l'entreprise.

3 Évaluez la performance globale du Groupe Etam.

Démarche BTS
- Analyser les résultats chiffrés associés aux critères qui vous avez identifiés en question 2.
- Conclure en expliquant si la performance globale de l'entreprise est suffisante et pourquoi.

4 Analysez les causes des problèmes de performance du Groupe.

Démarche BTS
- Identifier les causes du manque de performance de l'entreprise.

5 Présentez les actions correctives qui ont été mis en place.

Démarche BTS
- Repérer dans les documents les actions qui ont été menées pour résoudre le problème de performance.

Le dossier comprend le cas ETAM et les ressources suivantes :
- **Ressource 1 : Etam glisse vers le bas**
- **Ressource 2 : Extraits du rapport d'activité d'Etam – 2015**

Le cas ETAM

Etam, le prêt-à-porter depuis plus d'un siècle

Etam, entreprise de prêt-à-porter et lingerie française, vient de fêter ses 100 ans. Elle a démarré son aventure en commercialisant des bas synthétiques appréciés des femmes qui s'émancipent en 1916. En 1924, Etam se lance avec succès dans la lingerie indémaillable. En 1963, Etam arrive sur le marché du prêt-à-porter. 20 ans plus tard, le groupe crée la marque 1.2.3, et ambitionne un développement à l'international. En 1990, l'entreprise se lance en Chine, et accroît sa présence en Europe. En 2001, avec l'arrivée des NTIC, Etam lance son site de vente en ligne, et crée 6 ans plus tard la marque Undiz pour cibler une population plus jeune. Etam élargit son offre produit avec une gamme de cosmétiques et une gamme de vêtements de sport.

Ressource 1 Etam glisse vers le bas

Le distributeur textile français a publié hier soir après clôture de la Bourse ses résultats pour le troisième trimestre. De début juin à fin septembre, le groupe Etam a réalisé 290,5 millions d'euros de ventes, ce qui équivaut à un recul de 4,4 % par rapport à la même période de l'exercice 2015. [...] Les difficultés majeures qu'Etam rencontre sur le marché chinois et la stagnation des ventes de prêt-à-porter en France et en Europe ont joué un rôle majeur dans cette contreperformance. [...] En Chine, la situation de crise, qui touche encore massivement la classe moyenne émergente, et la dépréciation du yuan par rapport à l'euro ont majoritairement pesé dans la balance, et affecté les performances du distributeur de vêtements et de lingerie. [...] Le groupe cherche des remèdes efficaces à cette situation : « face à une accentuation de la baisse de la consommation en grands magasins en 2016, le groupe poursuit son plan d'action sur les trois axes suivants : repositionnement des marques, évolution du parc magasins, développement de la marque E&Joy et de l'activité lingerie en centres commerciaux ».

En Europe, France comprise, le chiffre d'affaires du troisième trimestre s'élève à 215,4 millions d›euros. [...] Cette régression « est principalement due aux activités de prêt-à-porter d'Etam et 1.2.3 dans des marchés en forte baisse ».

www.societe.com,
21 octobre 2016.

Ressource 2 Extraits du rapport d'activité d'Etam – 2015

Réseau de magasins : au 31 décembre 2015, le Groupe Etam compte 4 098 points de vente, dont 945 en Europe, 2 877 en Chine et 276 en franchises internationales. En Europe, en 2015, le Groupe a réalisé 2 ouvertures nettes de magasins, alors qu'en Chine, Etam a réduit son réseau de 58 points de vente sur l'année.

Chiffre d'affaires et résultat du groupe	2015	2014	Variation en %/point
Chiffre d'affaires	**1 296,6**	**1 220,3**	**6,2 %**
à surface comparable et taux de change constant			*1,6 %*
Marge brute	760,6	719,4	5,7 %
Résultat opérationnel courant	**52,4**	**51,7**	**1,3 %**
en % du CA	**4,0 %**	**4,2 %**	**– 0,2**

En Chine, [...] le résultat opérationnel courant est une perte de 7,4 millions d'euros contre une perte de 6,6 millions d'euros en 2014. Cette évolution s'explique par les éléments suivants : le taux de marge brute a légèrement baissé [...], les coûts de distribution ont augmenté de 19,6 millions d'euros mais sont stables en pourcentage du chiffre d'affaires [...]. Les fermetures de points de vente non rentables et la réorganisation des équipes achats et commerciales au siège ont permis de compenser ces effets.

Chaîne de valeur du groupe Etam : Etam a recours à des fournisseurs pour la fourniture de matières premières (coton, pétrole, divers matériaux), pour la transformation (teinture, maillage, filature, tissage...) et pour la fabrication des vêtements, accessoires, chaussures. Les activités qui sont intégrées dans le groupe sont les opérations de transport amont et aval, l'emballage, et la vente en magasins. [...] Le transport amont couvre les flux de transport de marchandises entre les fournisseurs et les entrepôts du Groupe. [...] La voie maritime, qui présente le meilleur rapport distance/impact environnemental, est de loin la plus utilisée (par le Groupe) : le bateau représente 89% du transport amont piloté par le Groupe Etam.

Dialogue avec les parties prenantes : Pour assurer la traçabilité des produits, [...] le Groupe mène de nombreuses formations et audits pour vérifier les conditions et l'environnement de travail chez les fournisseurs ainsi que les risques sur la santé liés aux produits réglementés par REACH (règlement européen concernant les produits chimiques) [...]. En 2015, le Groupe Etam a réalisé une enquête de satisfaction sur 256 points de vente couvrant toutes ses marques dans les pays d'Europe [...] portant sur la perception du point de vente [...], la mise en avant des produits, l'accueil, le niveau de conseil et les services apportés en magasin [...]. L'enquête a démontré que la tenue des points de ventes et la mise en avant des produits étaient des atouts essentiels pour le Groupe Etam. Pour la première fois en 2014, le Groupe Etam a décidé de s'inscrire dans une démarche d'évaluation de sa qualité de vie au travail en participant à l'enquête *Great Place to Work*. [...] Les résultats font ressortir une fierté d'appartenance au Groupe Etam de la part des collaborateurs. Des leviers ont été identifiés pour améliorer l'organisation de travail et favoriser l'énergie collective et collaborative.

www.etamdeveloppement.com.

4 Styles de direction et processus de décision

Compétences

- Caractériser les styles de direction.
- Repérer les facteurs déterminants d'une décision dans un contexte donné.
- Analyser le processus de décision.

Plan du cours

I. Les caractéristiques et la diversité des styles de direction

II. Les composantes et l'analyse du processus de décision

Notions

- Style de direction, processus décisionnel (ou processus de décision), décision.

→ Auteurs Rensis Likert, Herbert Simon

Un mode de management fondé sur la confiance chez Michelin

Organisations responsabilisantes Michelin
www.ressources.hachette-education.com/Action-BTS/Management.html

1. Identifiez les principes de fonctionnement des Organisations responsabilisantes mises en place chez Michelin.
2. Montrez que ce mode de management permet de satisfaire les intérêts respectifs des clients, des salariés et de l'entreprise.
3. Pourquoi ce mode de management est qualifié d'innovant ?

I. Les caractéristiques et la diversité des styles de direction

A. Les styles de direction de type autoritaire

Doc 1 Jacques Brisebras, un patron travailleur et persévérant

Jacques Brisebras, fondateur voici 20 ans d'une entreprise spécialisée dans l'aménagement de camping-cars[1], ne s'est jamais écarté de la voie du travail et de la persévérance. […] Aujourd'hui, la PME emploie 13 personnes. Elle est une référence en matière de confection de camping-cars de haut standing […]. « Faire du sur-mesure permet d'aller plus vite que les autres. Nous répondons immédiatement aux attentes des clients. » À condition, bien sûr, de ne pas compter ses heures de travail… […]

Dans cette entreprise familiale par excellence, Jacques Brisebras adopte-t-il justement un comportement paternaliste avec ses employés ? « Je ne sais pas, c'est difficile à dire, répond-il. Mais je suis bien sûr très exigeant. C'est obligé, nous sommes dans le véhicule de luxe ! Je dis toujours à mes ouvriers de travailler comme si c'était eux qui allaient vivre dedans. » […] « On n'est jamais assez bon, sourit-il. Je n'ai pas eu de formation de management ; j'ai appris sur le tas, en me ramassant souvent. Mais bon, au bout de 20 ans de pratique, j'arrive à modérer mes propos. Et si je suis parfois un peu vif, je ne suis jamais rancunier ! Et je suis bien entouré par une équipe de jeunes sympas sur qui je peux compter. » […] « Ça n'a pas été un long fleuve tranquille, et rien n'est acquis ! » En 1996, au salon du camping-car de Paris, il y avait une quarantaine de petites entreprises comme celle de Jacques au fil des stands. En septembre 2015, outre Brisebras Agencement, il n'y en avait plus que deux…

Pierre-François Chetail, www.le-pays.fr, 5 novembre 2015.

1. Brisebras Agencement.

1 Soulignez dans le texte les caractéristiques du style de direction de Jacques Brisebras.

2 Repérez les raisons qui justifient, selon Jacques Brisebras, son style de management d'entreprise.

BTS **3** Expliquez pourquoi ce style de direction est adapté aux enjeux de l'entreprise Brisebras Agencement.

Doc 2 Les styles de direction autoritaires selon Rensis Likert[1]

« Le manager autoritaire exploiteur […] entretient des rapports distants et ne fait pas confiance à ses collaborateurs. Le système de motivation et d'implication des personnes est fondé sur la crainte, la menace de sanctions et la distribution de récompenses. […] La prise de décision est centralisée au sommet de l'organisation, le système de délégation se réduit à sa plus simple expression et les objectifs sont imposés sans être explicités. […]

Le manager autoritaire paternaliste […] se distingue du précédent par des relations de proximité entre le dirigeant et ses subordonnés. Le contact et les relations hiérarchiques sont directs, souvent francs et le système de motivation et de récompense, particulièrement arbitraire[2]. Pour autant, le dirigeant peut, dans certains cas et du fait de contacts directs, consulter ses collaborateurs, prendre parfois en considération leurs suggestions et leurs critiques. Dans une telle organisation, le niveau de performance de l'organisation […] dépend, pour l'essentiel, de la personnalité et de la culture du propriétaire-dirigeant de l'entreprise. »

Jean-Michel Plane, *Management des organisations, Théories, concepts, performances*, Collection Management Sup., Dunod, 2016.

1. Rensis Likert (1903-1981), professeur de psychologie industrielle à l'université du Michigan (États-Unis).
2. Fondé seulement sur l'appréciation personnelle, sans esprit de justice ni d'équité.

BTS **4** Comparez les styles de direction autoritaire-exploiteur et autoritaire-paternaliste selon R. Likert.

5 À quel style de direction, selon R. Likert, se rattache le style de direction de Jacques Brisebras (doc. 1). Justifiez votre réponse.

B. Les styles de direction de type coopératif

Doc 3 Une entreprise libérée ouverte sur son écosystème

Industriel historique du marché des biscuits sucrés, le Groupe Poult a accompagné le développement de la MDD[1] en France et en est aujourd'hui le leader. Depuis quelques années l'entreprise s'internationalise de plus en plus et ses ventes à l'export augmentent. […] Notre objectif : être une entreprise toujours plus performante et plus innovante pour toujours mieux accompagner nos clients.

www.groupe-poult.com.

1. Marque de distributeur (Carrefour, marque Repère, Tissaia…).

6 Décrivez le style de direction mis en place dans l'entreprise Poult depuis 2007.

7 Présentez les conséquences de ce style de direction pour les salariés puis pour l'entreprise.

BTS **8** Montrez que ce style de direction est adapté aux enjeux de l'entreprise Poult.

Doc 4 Les styles de direction coopératifs selon Rensis Likert[1]

« Le manager consultatif […] entretient des relations étroites avec ses collaborateurs. Il cherche à créer un climat fondé sur la confiance et l'échange même si le système de délégation du pouvoir a certaines limites. Ce style de commandement se singularise par la recherche d'une large consultation auprès des collaborateurs et vise à susciter une adhésion autour des principaux objectifs de l'entreprise. […]

Le manager participatif […] cherche à développer des relations de confiance fortes avec ses collaborateurs. Le système de motivation et de rémunération est particulièrement sophistiqué et vise à introduire de la participation et de l'intéressement aux résultats de l'organisation. L'esprit d'équipe et les dynamiques de groupe constituent de véritables objectifs stratégiques internes à la structure et le mode de management cherche à expliciter les buts à atteindre, le projet de l'entreprise. […] Une telle conception du management suppose chez les collaborateurs une capacité de prise de recul, d'abstraction, de créativité qu'ils n'ont pas toujours et peut, comme le montrent certaines expériences récentes, être source de stress et d'implication excessive. »

Jean-Michel Plane, *Management des organisations, Théories, concepts, performances*, Collection Management Sup., Dunod, 2016.

1. Rensis Likert (1903-1981), professeur de psychologie industrielle à l'université du Michigan (États-Unis).

BTS **9** Comparez les styles de direction consultatif et participatif définis par Rensis Likert.

10 Dégagez les limites du style de direction participatif.

11 À quel(s) style(s) de direction selon R. Likert se rattache le style de direction de l'entreprise Poult (doc. 4) ? Justifiez votre réponse.

C. Le style de direction adaptatif

Doc 5 Savoir adapter son management à la situation

Romuald Debourg, [...] a racheté en 2006 l'entreprise Technique Mécanique. Devenue Debourg Industrie, la petite société de 11 salariés spécialisée dans l'usinage de pièces mécaniques de précision est passée à 17 employés et son chiffre d'affaires a doublé. [...] « J'ai racheté l'entreprise à son fondateur, c'était un vrai expert dans son métier, plutôt directif mais avec son expérience, il tirait l'équipe vers le haut. Moi, je suis davantage gestionnaire, je me considère plus comme un organisateur, plus dans la transmission de compétences. Je me suis appuyé sur le chef d'atelier, j'ai repéré ceux qui pouvaient prendre des responsabilités et j'ai nommé deux chefs d'équipes. [...] Ce type de management a permis de développer l'entreprise en motivant les salariés, ils se sont appropriés leurs compétences, ont voulu apprendre. Nous avons pu réaliser des pièces plus complexes, acheter des machines plus développées. [...] Mais pendant la crise en 2008 et 2009, quand on a perdu 30 % de notre chiffre, j'ai été contraint de licencier, il a donc fallu revenir à un mode dirigiste. Il n'y a pas un bon et un mauvais type de management, il faut seulement l'adapter aux différentes situations ». [...] Thomas Germain et Stéphane Guillemin sont les deux chefs d'équipes [...] : « C'est une autre manière de travailler, chacun est responsable, donne son avis, fait des propositions sur la manière d'améliorer les compétences dans les ateliers. Nous ne sommes plus dans une approche où le chef d'entreprise donnait des consignes. Il faut s'investir, trouver des solutions pour répondre à des commandes en augmentation... »

www.juratimes.fr, 30 juin 2016.

12 Caractérisez les deux styles de direction mis en place par Romuald Debourg depuis 2006.

13 Identifiez les facteurs qui ont influencé le style de direction de Romuald Debourg.

14 Expliquez la phrase soulignée dans le document 5.

Doc 6 Le style de direction situationnel

Plusieurs auteurs ont suggéré qu'il n'y aurait pas un style de management optimal mais plusieurs styles possibles et souhaitables en fonction de certains paramètres. Nous présentons ici le modèle de Hersey et Blanchard [...]. La variable de contingence est la maturité et la compétence des collaborateurs. Plus ces derniers sont impliqués et compétents, moins le manager a besoin de leur donner des instructions précises et de les contrôler. [...] À l'extrême, il peut déléguer complètement la réalisation des activités. [...] Cette approche explique comment chaque manager peut faire progresser ses collaborateurs en adaptant son comportement à chacun.

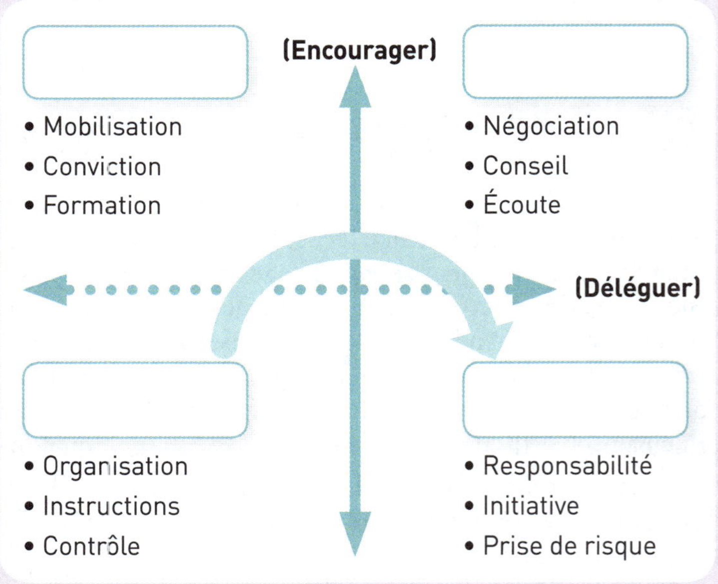

Maurice Thévenet, Cécile Dejoux, *Fonctions RH : Politiques, métiers et outils des ressources humaines.* Pearson Education, 4e édition, 2015.

15 Repérez les deux facteurs qui influencent le style de management selon Hersey et Blanchard.

16 Reportez les styles de management suivants : « Management persuasif », « Management délégateur », « Management directif » et « Management participatif » dans les cadres correspondants du schéma.

BTS **17** Pourquoi peut-on dire qu'il n'existe pas de style de direction idéal ?

II. Les composantes et l'analyse du processus de décision

A. La nature de la décision selon Herbert Simon

Doc 7 La décision rationnelle selon Herbert Simon[1]

Une décision est considérée comme absolument ou objectivement rationnelle lorsque le décideur unique, individuel ou collectif, devant une occasion de choix, examine toutes les actions et comportements possibles et envisageables (connaissance exhaustive), tient compte de l'ensemble des effets induits qui découleront de chaque action et comportement […]. Pour H. A. Simon, la rationalité ne peut être absolue et est de ce fait limitée […] :

– le décideur ne peut connaître parfaitement toutes les informations pour choisir de manière optimale et rationnelle. En effet, la connaissance complète de toutes les branches d'alternatives est extrêmement difficile, l'éventail des possibles étant trop vaste. Le décideur ne peut appréhender toutes les dimensions d'un problème a fortiori complexe […] ;

– une prise de décision absolument rationnelle ne peut se réaliser dans la pratique, compte tenu des limites physiques (fatigue, stress, résistance) et intellectuelles (conceptualisation, mémorisation, prise de recul) des individus […].

Du fait de sa rationalité limitée, l'individu ne va donc pas chercher la solution optimale […]. Dès qu'il sent avoir trouvé une solution qui satisfait au mieux son critère, il l'adoptera, sans chercher à aller plus loin dans son processus de sélection.

Michel Barabel, Olivier Meier, *Manageor, Tout le management à l'ère digitale*, 3e édition, Dunod, 2015.

1. Herbert Alexander Simon (1916-2001), professeur d'administration et de psychologie à l'Université de Pittsburg (États-Unis).

18 Proposez une définition de la décision.

19 Selon Herbert Simon, pour quelles raisons une décision n'est-elle jamais absolue ?

BTS **20** Expliquez pourquoi une solution choisie par un décideur dans l'entreprise n'est jamais optimale.

Doc 8 L'entreprise Zodiac relocalise sa production en France

L'entreprise de bateaux pneumatiques Zodiac veut relocaliser la totalité de sa production dans l'Hexagone d'ici à 2017.

Quand les entreprises reviennent en France
www.ressources.hachette-education.com/Action-BTS/Management.html

21 Recherchez sur Internet les dernières actualités de l'entreprise Zodiac Nautic.

22 Exposez les raisons qui ont conduit l'entreprise Zodiac Nautic à relocaliser sa production en France.

BTS **23** Expliquez pourquoi la décision de relocaliser ne peut être considérée comme une solution optimale.

B. La diversité des décisions dans l'entreprise

Doc 9 La typologie des décisions selon Igor Ansoff[1]

La classification de Harry Igor Ansoff à trois niveaux « stratégique, tactique, opérationnel » reste la plus connue :

- **Les décisions stratégiques** → Elles définissent les produits et les marchés, elles engagent toute l'entreprise à long terme, leur impact est donc global et leur réversibilité très faible.
- **Les décisions administratives ou tactiques** → Elles préparent la mise en œuvre de la stratégie au niveau opérationnel et en particulier définissent l'affectation des moyens nécessaires à la mise en œuvre opérationnelle.
- **Les décisions opérationnelles** → Elles s'inscrivent dans le court terme, elles ont souvent un impact local et sont généralement réversibles. La gestion des stocks, [...] la réalisation d'un programme de production illustre ce type de décision facilement programmable.

André Cavagnol, Pascal Roulle, *Management*, Les carrés DCG, 7e édition, Gualino, Lextenso, 2016.

1. Igor Ansoff (1918-2002), professeur américano-russe, spécialiste de la stratégie d'entreprise.

24 Indiquez à quels types de décisions correspondent les décisions suivantes (justifiez votre réponse) :
- *relancer un fournisseur,*
- *agrandir une usine de fabrication,*
- *créer un nouveau produit,*
- *recruter des cadres commerciaux,*
- *relocaliser la production,*
- *planifier des temps de travail.*

Doc 10 PSA renforce son usine de Rennes

L'usine de Rennes la Janais fabriquera, à partir de 2018, un nouveau véhicule. Le PDG du groupe PSA[1], Carlos Tavares, viendra l'annoncer, lundi, à l'usine de la Janais [...]. La production de ce nouveau modèle était initialement prévue en Chine. [...] L'usine bretonne, qui était en concurrence avec les usines de Vigo, Sochaux et Mulhouse, l'a finalement emporté.

Ce projet va s'accompagner d'un investissement de 100 millions d'euros à Rennes, pour installer une nouvelle ligne de montage et adapter le process industriel.

La direction du groupe avait posé comme préalable à l'attribution de ce nouveau véhicule, la signature d'un accord de modération salariale. Cet accord local, accepté fin avril, par tous les syndicats, sauf la CGT, prévoit un gel des salaires pour les trois ans à venir et la reconduction du congé senior accessible aux salariés à partir de 55 ans. En contrepartie, la direction s'est engagée à recruter, pour la même période, une centaine de jeunes en contrat « CDI intérim ».

« La reconduction du congé senior sera vécue comme un soulagement pour les collègues concernés, et tous les autres voient leur avenir garanti pour au moins les quinze ans à venir », se félicitait Nadine Cormier (Force ouvrière) lors de la signature de l'accord.

« Automobile. PSA renforce son usine de Rennes avec le nouveau SUV », www. ouest-france.com.

1. Constructeur automobile regroupant les marques Peugeot – Citroën et DS automobiles.

25 Repérez puis classez les décisions prises par les dirigeants du Groupe PSA en vous basant sur la typologie d'Ansoff.

BTS **26** Montrez, sous la forme d'un schéma, comment ces différentes décisions s'articulent logiquement entre elles.

C. Les facteurs déterminants de la prise de décision

Doc 11 L'influence du style de direction sur la prise de décision

AMI/API est une entreprise qui a changé ses méthodes de management en 2012. De 2012 à 2015, son chiffre d'affaires a augmenté de 15 % dans un secteur généralement considéré comme difficile (pièces métalliques). Au cours de cette période le pourcentage de clients servis à l'heure (taux de service des clients, indice de leur satisfaction) a doublé passant de 42 % à 84 %, alors même que la hiérarchie a été supprimée. Ainsi, les opérationnels de terrain prennent désormais les décisions au moment où il faut les prendre, renforçant ainsi l'agilité de l'entreprise. Les ouvriers responsabilisés sont remobilisés et remotivés. Ils gèrent directement leurs postes de travail (le chef d'atelier a été supprimé – il se consacre désormais aux clients) et donc leur temps de travail, la prise de leurs congés, les temps supplémentaires qu'ils effectuent (payés ou récupérés au choix) et qu'ils se répartissent entre eux en fonction des disponibilités de chacun.

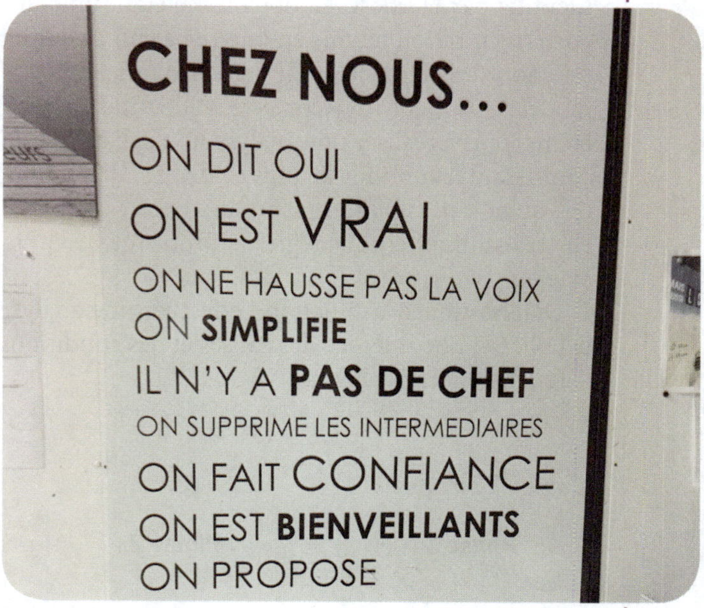

http://entreprise-libre.com, Bruce Dévernois, décembre 2015.

27 Caractérisez le mode de management de l'entreprise AMI/API.

28 Identifiez le style de direction selon Likert auquel se rattache le management de l'entreprise AMI/API.

BTS **29** Dégagez les effets positifs du style de direction adopté chez AMI/API sur la prise de décision dans cette entreprise.

Doc 12 Une structure adaptée à la prise de décision

C'est sous l'impulsion de son ancien dirigeant charismatique que l'entreprise FAVI[1] a développé un management innovant […] L'organisation est centrée Client, les équipes reçoivent toute la confiance et l'autonomie nécessaire, avec pour objectif de satisfaire le client. […]Ici on délègue, on fait confiance. La communication passe par un discours accessible, le plus simple et plaisant possible. Discours vulgarisé, le jargon est éliminé pour que tous les salariés comprennent l'information. […]

Le grand atelier FAVI se divise en plusieurs unités répondant chacune à un client. Chaque employé sait donc pour qui il travaille et la destination de son travail, le commercial étant d'ailleurs intégré au sein de l'unité pour faciliter les relations. Ces mini-usines ont à leur tête un « leader », ouvrier expérimenté, celui-ci apporte les conditions nécessaires à la bonne production, mais laisse les employés libres sur le comment. Cette liberté amène la performance, la réflexion et l'innovation. Certains employés ont ainsi pu proposer des améliorations à leur poste de travail, et ces initiatives sont valorisées par l'entreprise. La direction fait confiance et communique directement avec les employés pour connaître les difficultés rencontrées. […] Par cette organisation, l'employé prend conscience par lui-même de l'importance des commandes pour la bonne santé de l'entreprise.

http://collectiveorg.fr, février 2016.

1. PME familiale de 400 collaborateurs, spécialisée dans la conception, le développement et la production de pièces en fonderie.

30 Identifiez le style de direction selon Likert adopté dans l'entreprise FAVI. Justifiez votre réponse.

31 Expliquez la phrase soulignée dans le texte en vous appuyant sur la description du grand atelier FAVI.

BTS **32** Montrez que l'organisation de FAVI influence la manière dont les décisions sont prises dans cette entreprise.

D. Les étapes successives du processus décisionnel

Doc 13 Le processus de décision rationnel selon Herbert Simon

Identifié par Herbert Simon comme étant un comportement rationnel mis en œuvre par un acteur en fonction des éléments qu'il perçoit d'une réalité, le modèle rationnel [...] consiste à identifier le problème, puis à réaliser une analyse non exhaustive en choisissant les options les plus évidentes. Il prend fin dès qu'une possibilité répond aux critères et paraît en cela suffisante pour régler le problème. [...] Les étapes :

1. Diagnostiquer la situation : effectuer une analyse détaillée et documentée des causes et des conditions d'apparition du problème.
2. Définir le problème, collecter les faits pertinents et analyser ces faits [...].
3. Explorer, évaluer et choisir une option : [...] identifier les options possibles, pondérer les options par les critères, arrêter sa décision sur la meilleure option.
4. Mettre en place et évaluer la décision : présenter les tenants et les aboutissants de la décision, [...] mettre en place et évaluer les résultats de la décision.

Jean-Marc Santi, Stéphane Mercier, Olivier Arnould, *La Boîte à outils de la Prise de décision*, Dunod, 2015.

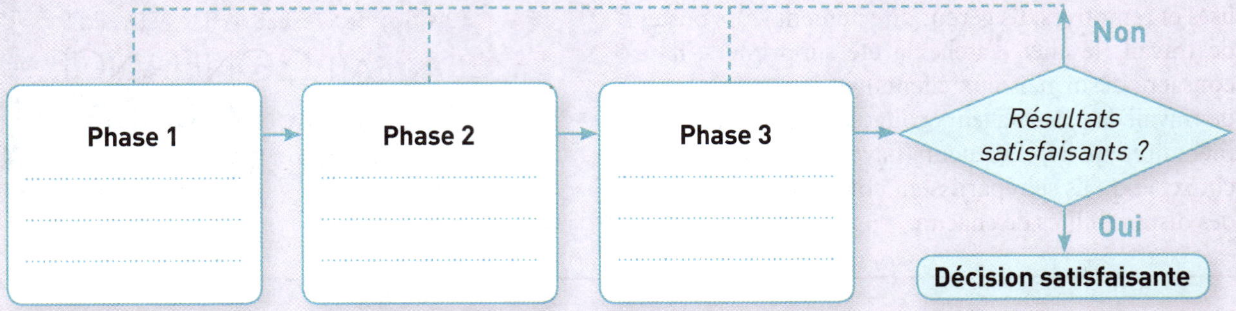

33 Complétez le schéma du processus décisionnel ci-dessus en reportant dans l'ordre les trois grandes phases suivantes : Modélisation (recherche de solutions), Intelligence (identification du problème), Choix (choix et évaluation de la solution).

34 Donnez la signification de la ligne en pointillés figurant dans le schéma.

35 Montrez, à l'aide d'exemples de décisions dans l'entreprise, que la durée des phases du processus varie en fonction du contexte ou de la nature de la décision à prendre.

Doc 14 Un processus qualité fiable et rapide

La Société Provençale de Nettoyage, c'est un ensemble d'hommes et de femmes qualifiés et formés [...]. Nos 80 collaborateurs et notre taille humaine vous apportent un service personnalisé, une réactivité optimale.

Un interlocuteur décisionnaire unique	Un contrôle chantier permanent
Une structure flexible et à l'écoute	Une prise de décision rapide et précise

À la suite d'un contrôle qualité ou suite à une demande de votre part, nous prenons les décisions qui s'imposent et mettons en place notre processus qualité pour traiter toute anomalie ou défaut :

EN AMONT	EN AVAL
• Vérification de l'inspecteur chantier avec un responsable client • Listing du ou des défauts de qualité à rectifier • Mise en place du personnel nécessaire sous 24 h • Traitement du défaut • Vérification finale de l'inspecteur avec un responsable client • Validation avec le responsable client de la prestation	• Re-briefing du personnel auquel la tâche a été attribuée • Ajustement éventuel du personnel si anomalies récurrentes

http://provencale-nettoyage.fr, 14 octobre 2016.

36 Repérez les trois phases du processus de décision d'Herbert Simon (doc. 13) dans le processus de contrôle qualité de la Société Provençale de Nettoyage.

37 Montrez que ce processus de décision est adapté au contexte et à la nature des problèmes à résoudre.

Activités — Styles de direction et processus de décision

A Testez vos connaissances

Indiquez si chacune des affirmations suivantes est vraie ou fausse en justifiant votre réponse.

	Vrai	Faux
1. Le style de direction autoritaire implique une prise de décision décentralisée.	☐	☐
2. Le style de direction autoritaire-paternaliste est fondé sur la bienveillance du dirigeant.	☐	☐
3. Le style de direction consultatif est caractérisé par une prise de décision collective.	☐	☐
4. Le style de direction participatif repose sur l'esprit d'équipe et la dynamique de groupe.	☐	☐
5. Selon Herbert Simon, la décision en entreprise est toujours rationnelle et optimale.	☐	☐
6. Une décision tactique a toujours un impact déterminant sur la pérennité de l'entreprise.	☐	☐
7. Une décision stratégique est toujours prise à un niveau hiérarchique supérieur.	☐	☐
8. La structure de l'entreprise exerce une influence sur le processus de décision.	☐	☐
9. Selon Herbert Simon, le processus de décision comporte une phase d'interrogation.	☐	☐
10. Les phases du processus de décision sont influencées par la nature de la décision.	☐	☐

B Les mots du management

Reliez les situations proposées aux types de décisions correspondantes.

- **Décision stratégique** •
- **Décision tactique** •
- **Décision opérationnelle** •

- • Les Fermiers de Loué surfent sur l'engouement des consommateurs pour les œufs et ont investi 3 millions d'euros dans une calibreuse high-tech, installée dans l'usine de La Bazoge, dans la Sarthe.
- • Depuis le 1er février 2016, Monoprix a supprimé l'ensemble des sacs plastique à usage unique en caisse et au rayon fruits & légumes au profit de sacs réutilisables et de sacs en papier.
- • Spécialisée dans le matériel isotherme, l'entreprise Trimat se lance dans la commercialisation de pièces en polyester placées sur le toit des camions pour couper le vent.
- • La société Animax a mis en place une plateforme, un réseau social interne, où s'échangent toutes sortes de questions sur la vie de l'entreprise.
- • Pour atteindre son objectif de 0% de déchets, Guy Dauphin Environnement va consacrer 12,5 millions d'euros par an à la recherche et au développement.
- • Cantinier sur des tournages de films, Frédéric Powezka prépare les repas pour une centaine personnes : acteurs, décorateurs, costumiers, maquilleurs-coiffeurs, machinistes...
- • Spécialisée dans les extraits naturels d'algues marines, l'entreprise Algaia va installer les nouveaux locaux des chercheurs et des techniciens à Saint-Lô dans la Manche.
- • Synutra, entreprise spécialisée dans la maintenance industrielle, cherche à recruter une vingtaine de jeunes diplômés d'un Bac professionnel via Pôle emploi.
- • Fila, groupe de papeterie italien, annonce le rachat de Canson, entreprise du groupe de papeterie Hamelin pour un montant de 85 millions d'euros.

C Stratégies d'écriture

Rédigez un article de presse à partir de la vidéo d'entreprise suivante, en décrivant notamment le style de direction et le processus de décision mis en place chez CHRONO Flex.

L'histoire d'une entreprise libérée
www.ressources.hachette-education.com/Action-BTS/Management.html

Synthèse — Styles de direction et processus de décision

I Les caractéristiques et la diversité des styles de direction

Les styles de direction selon Rensis Likert

Autoritaire exploiteur
- Absence de confiance.
- Motivation et implication fondées sur la crainte et la menace.
- Système de sanctions et de récompenses.
- Décisions centralisées.

Autoritaire paternaliste
- Proximité entre le dirigeant et ses collaborateurs.
- Relations hiérarchiques franches et directes.
- Système de motivation et de récompense arbitraire.

Consultatif
- Climat de confiance.
- Délégation de pouvoir.
- Échanges avec les collaborateurs consultés sur des projets collectifs.
- Recherche d'adhésion collective aux objectifs.

Participatif
- Confiance forte.
- Esprit d'équipe.
- Système de motivation et de rémunération avec participation et intéressement aux résultats de l'entreprise.

II Les composantes et l'analyse du processus de décision

La décision selon Herbert Simon

- **Le décideur ne peut pas maîtriser toutes les composantes d'un problème.**
- **Le décideur ne peut connaître toutes les informations nécessaires à une prise de décision optimale.**
- **Le décideur ne peut envisager toutes les alternatives ni toutes les conséquences de ses choix.**
- **Le décideur détient des capacités physiques et intellectuelles limitées.**

→ La rationalité du décideur est limitée.

→ Une décision n'est jamais optimale mais plutôt satisfaisante.

La typologie des décisions selon Igor Ansoff

Type de décision	Effets sur l'organisation	Degré de répétitivité	Niveau hiérarchique
Décision stratégique	Influence à long terme sur l'existence de l'entreprise	Caractère exceptionnel ou unique	Niveau hiérarchique supérieur
Décision administrative ou tactique	Influence à moyen terme sur la gestion des ressources	Caractère périodique ou cyclique	Niveau hiérarchique intermédiaire
Décision opérationnelle	Influence à court terme sur l'activité ou la tâche à réaliser	Caractère courant ou répétitif	Niveau opérationnel

Les phases du processus de décision selon Herbert Simon (Modèle IMC)

Phase d'intelligence → **Phase de modélisation** → **Phase de choix et d'évaluation**

- **Phase d'intelligence** : Étude de la situation, identification, caractérisation et analyse du problème.
- **Phase de modélisation** : Recherche et analyse des options ou alternatives possibles permettant de solutionner le problème.
- **Phase de choix et d'évaluation** : Choix et mise en place de la solution jugée la plus satisfaisante puis contrôle des résultats.

Entraînez-vous ! Le cas GIROD MÉDIAS

Après avoir pris connaissance du cas GIROD MÉDIAS et des ressources proposées, vous réaliserez une étude en répondant aux questions suivantes :

1 Caractérisez puis identifiez le style de direction appliqué dans l'entreprise Girod Médias.

Démarche BTS

- Présenter les caractéristiques du style de management du dirigeant de Girod Médias.
- Nommer le style de direction du dirigeant de Girod médias en le rattachant à l'un des styles de direction définis par Rensis Likert en argumentant votre choix.

2 Montrez que le style de direction de l'entreprise Girod Médias est adapté aux enjeux de cette entreprise.

Démarche BTS

- Exposer les bénéfices ou les avantages (résultats positifs) que l'entreprise Girod Médias a obtenu (ou qu'elle espère obtenir) au regard de ses objectifs stratégiques.
- Montrer que le style de direction choisi contribue à la réalisation des objectifs stratégiques et permet à l'entreprise Girod Médias d'atteindre des résultats positifs.

3 Repérez les décisions relevant de la logique entrepreneuriale prises en sein de l'entreprise Girod Médias.

4 Repérez les décisions relevant de la logique managériale prises en sein de l'entreprise Girod Médias.

Démarche BTS

- Repérer et présenter successivement une décision stratégique, une décision tactique puis une décision opérationnelle en justifiant leur qualification.
- Montrer que la décision tactique découle logiquement de la décision stratégique.
- Montrer que la décision opérationnelle découle logiquement de la décision tactique.

5 Analysez l'articulation entre les décisions stratégiques, tactiques et opérationnelles prises au sein de l'entreprise Girod Médias en vous appuyant sur des exemples concrets.

Le dossier comprend le cas GIROD MÉDIAS et la ressource documentaire suivante :
- **Ressource : La typologie des décisions selon Igor Ansoff**

Le cas GIROD MÉDIAS

Girod Médias en chiffres

• 70 salariés	• 4e place en France
• 10 agences régionales (siège social à Morbier)	• Présence à l'international (Portugal et Espagne)
• 10 millions d'euros de chiffre d'affaires	• 80 % du CA dans le mobilier urbain (abri voyageurs, bornes interactives, planimètres, colonnes d'affichage culturel…) et 20 % du CA dans la signalétique commerciale

Convaincre les fournisseurs
Girod Médias a une double activité. À l'origine, la société s'est positionnée sur le marché de la signalétique de proximité dans un marché très concurrentiel. Ce qu'on appelle le fléchage, qu'il soit commercial ou pas, est présent dans toutes les communes. Pour se différencier, il est impératif de développer de nouveaux concepts. Nous avons mis au point un programme complet en partenariat avec nos clients, basé sur le démarchage des différents acteurs d'une commune. Ensemble, nous déterminons les besoins de chacun et proposons un fléchage public sur mesure. La fabrication, la pose, la réparation, l'entretien et la maintenance des équipements à l'état neuf par nos soins constituent notre plus-value. Il s'agit d'une activité de prestation de service « clés en mains » qui touche aujourd'hui 340 communes, soit 8 500 clients et représente 20 % du chiffre d'affaires.
Depuis huit ans, Girod Médias s'est également engagé sur le marché du mobilier urbain publicitaire. Là encore, toutes les communes étaient déjà équipées, [...] charge à nous de commercialiser les espaces publicitaires [...]. Cette activité représente aujourd'hui 80 % du chiffre d'affaires avec 2 500 faces publicitaires réparties sur 90 réseaux.

Une organisation interne et externe
Girod Médias représente aujourd'hui 70 personnes dont 61 basées à Morbier où est développé l'essentiel du design de nos mobiliers. Sur place, les affiches publicitaires sont imprimées, le mobilier électronique produit, la signalétique fabriquée et les mobiliers rénovés. En revanche, nos mobiliers urbains viennent de deux fabricants français qui ont une clause d'exclusivité selon les modèles. Le maillage du territoire est basé sur dix équipes qui interviennent 24 heures sur 24 et 7 jours sur 7, la réactivité est un élément fondamental dans ce secteur d'activité.
La société ne se définit pas comme « afficheur », Girod Médias contribue à embellir les villes, à leur permettre de communiquer efficacement et à les aider à offrir un service de qualité aux administrés et aux visiteurs.

La France... et l'international
Notre développement est basé à la fois sur une croissance interne par le gain constant de nouveaux marchés en France et à l'étranger, et sur une croissance externe par le rachat d'entreprises. [...] Cette ou ces opérations augmenteront notre chiffre d'affaires de façon importante et seront rapatriées sur Morbier. Les activités complémentaires à la nôtre, seront fusionnées. L'objectif est d'avoir une solidité suffisante pour résister au marché en perpétuelle évolution.
Quant au développement en Europe, c'est une volonté forte. Nous ne sommes présents que dans deux pays pour l'instant, l'Espagne et le Portugal. Notre objectif est d'exporter notre savoir-faire au-delà et de mettre en place nos concepts dans des pays qui sont demandeurs. C'est un travail difficile, il faut adapter l'offre à chaque pays avec des réalités très différentes.

Un management orienté client
Girod Médias a développé une devise : nous faisons de la prestation de service, aimons servir nos clients et faisons-le avec le sourire ! Le secteur d'activité du mobilier urbain publicitaire évolue sans cesse, il demande une adaptation de chacun en permanence, c'est difficile. Pour ma part, j'essaie d'être au maximum sur le terrain, au contact des uns et des autres parce que le travail en confiance est essentiel. L'entreprise se développe à son propre rythme : agir en pur financier n'a pas d'intérêt, il faut avant tout convaincre les équipes, les emmener dans un projet. Il n'y a pas de barrières au développement de notre activité parce que le marché est mondial et que dans ce contexte, Girod Médias est minuscule.

Girod Médias, Mobilier urbain et ambition version Haut-Jura, JuraTimes.fr, magazine économique du Jura n° 2, « Paroles de décideur », juin 2016.

Ressource La typologie des décisions selon Igor Ansoff

Toutes ces décisions n'ont ni la même incidence, ni la même fréquence et ne font pas l'objet du même traitement. Des typologies, établies par des théoriciens, permettent de mieux les appréhender.

Classification selon l'objet de la décision (Igor Ansoff)
- Les décisions stratégiques renvoient aux relations de l'entreprise avec son environnement et portent essentiellement sur les marchés ciblés et les produits proposés afin d'obtenir une « adaptation de la firme à son milieu ». Elles ont des effets sur le développement et la pérennité de la firme.
- Les décisions tactiques (ou administratives) concernent la gestion des ressources dans une optique d'efficience : acquisition, production, organisation et développement des ressources. Elles concernent des choix de structure et de gestion non productive.
- Les décisions opérationnelles sont relatives à l'exploitation courante.

Stéphane Balland, Anne-Marie Bouvier, *Management des entreprises en 24 fiches*, 2e édition, Dunod, 2011.

5 Parties prenantes et contre-pouvoirs

Compétences

- Apprécier l'influence des parties prenantes sur le processus de décision.
- Évaluer les enjeux liés aux intérêts des parties prenantes.
- Analyser le mode de gouvernance de l'entreprise.

Plan du cours

I. Parties prenantes et contre-pouvoirs dans l'entreprise

II. La gouvernance : un mode d'arbitrage entre les intérêts contradictoires

Notions

- Partie prenante, contre-pouvoir, gouvernance.

→ Auteurs Richard Michael Cyert, Michel Crozier

Salariés et direction trouvent un accord

Une trentaine de salariés de l'imprimerie Léonce Deprez était en grève mardi 4 octobre. Ils réclamaient un nouvel accord sur le transfert d'entreprise. L'imprimerie projetait de déménager une partie de ses activités [...] sur le site de Wancourt à une quarantaine de kilomètres du site de Ruitz. [...] Les grévistes ont occupé l'entrée du site [...] mardi matin à partir de 6 h sans toutefois empêcher l'accès du site aux non-grévistes et aux livraisons. La grève a été levée le même jour à 20 h suite à l'annonce d'un accord entre les grévistes et la direction.

Contacté par Graphiline, Éric Barbe, délégué syndical CGT, annonce que les revendications des salariés ont été entendues par la direction. Les salariés dont l'activité est déplacée à Wancourt percevront une augmentation mensuelle de 150 euros pour compenser la perte de salaire liée au trajet. [...] Le mode de licenciement pour les salariés refusant la délocalisation a été modifié. Ceux-ci seront licenciés pour raison économique et non plus pour cause réelle et sérieuse, comme cela avait été envisagé dans un premier temps. [...]

De son côté, le directeur de l'imprimerie, Léonce-Antoine Deprez, indique que « les intérêts des travailleurs et les intérêts de la direction, qui sont également les intérêts des clients, ont été conservés pour continuer la bonne progression de l'entreprise et son adaptation au marché ».

Johan Maumus, www.graphiline.com, 5 octobre 2016.

L'imprimerie Léonce Deprez
www.ressources.hachette-education.com/Action-BTS/Management.html

1 Quel était l'objet du litige entre la direction de l'imprimerie Léonce Deprez et ses salariés ?

2 Quel est le moyen utilisé par les salariés pour faire pression sur la direction ?

3 Comment peut-on expliquer que les intérêts des salariés aient été aussi rapidement satisfaits ?

I. Parties prenantes et contre-pouvoirs dans l'entreprise

A. Définition et typologie des parties prenantes

Doc 1 Des acteurs avec leurs propres objectifs

Les parties prenantes (ou *stakeholders* en anglais) sont des acteurs qui, seuls ou en groupe, peuvent affecter ou être affectés par l'activité de l'entreprise[1]. Il peut s'agir des salariés, des clients, des fournisseurs, de l'État, des actionnaires, ou encore d'associations. [...] Pour identifier les parties prenantes, il est utile de recourir à une typologie. Plusieurs classifications des parties prenantes existent. En effet, elles peuvent être respectivement : internes (exemple : les salariés) ou externes (exemple : les clients) ; [...] primaires ou secondaires. On peut définir une partie prenante primaire comme un individu ou un groupe dont la participation continue est nécessaire à la survie de l'entreprise. De son côté, une partie prenante secondaire est un individu ou un groupe qui affecte ou qui est affecté par l'activité de l'entreprise mais qui n'est pas essentiel pour sa survie. Chaque partie prenante poursuit ses propres objectifs. Par exemple, les salariés attendent une sécurité de l'emploi, les actionnaires visent une rentabilité financière, et les clients ont pour but de recevoir des produits sans aucun défaut.

Johan Bouglet, *La stratégie d'entreprise – Diagnostic stratégique, stratégies business, stratégies corporate, mise en œuvre de ces stratégies*, 3e édition, Gualino, Lextenso éditions, 2013.

1. Cette définition est celle de Freeman : « *Any group or individual who can affect or is affected by the achievement of the organization's objectives* ». Freeman, *Strategy Management: A Stakeholder Approach*, Pitman, 1984.

BTS **1** Définissez la partie prenante d'une entreprise.

BTS **2** Distinguez partie prenante primaire et partie prenante secondaire.

3 Listez les parties prenantes d'une entreprise de votre choix en les classant dans ces deux catégories.

Doc 2 Un dialogue nourri et constructif avec les parties prenantes

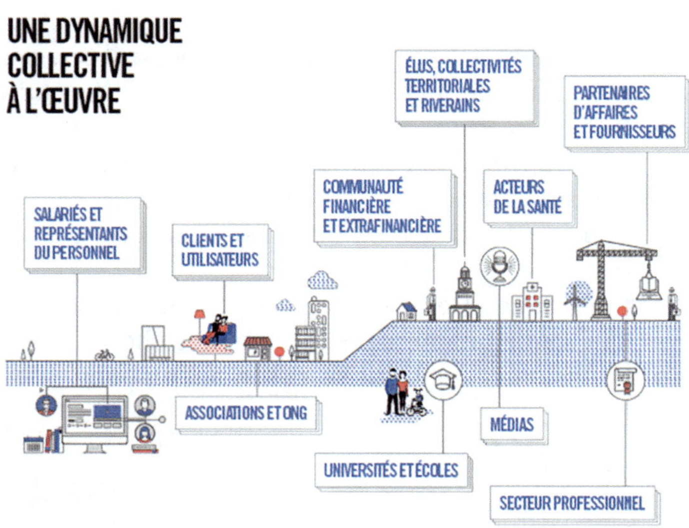

Promoteur de bureaux, de logements et d'équipements publics, Icade accompagne le développement des grandes métropoles, et soutient la stratégie immobilière de ses grands clients entreprises [...].

Afin de mieux identifier les attentes de ses parties prenantes et les intégrer dans sa réflexion stratégique, Icade mène régulièrement des analyses de matérialité [qui] consistent à prioriser[1] l'impact de chaque enjeu RSE au regard de l'activité et de la performance de l'entreprise, d'une part, et au regard de ses parties prenantes externes, d'autre part.

1. Accorder la priorité.

www.icade.fr

4 Classez les parties prenantes de l'entreprise Icade en deux catégories « Primaires » et « Secondaires ». Justifiez votre classement.

5 Présentez les objectifs propres à chacune des parties prenantes de l'entreprise Icade.

6 Expliquez pourquoi la démarche RSE de l'entreprise Icade repose sur l'analyse de ses parties prenantes.

B. Des parties prenantes aux intérêts contradictoires

Doc 3 Sodexo profite à ses investisseurs

Les investisseurs ont salué ce jeudi la publication de l'exercice [...] de Sodexo, l'action a terminé la séance sur une hausse de 9,85 %. Le numéro deux mondial de la restauration collective [...] a vu son profit net grimper de 42,9 % [...] à 700 millions d'euros, bénéficiant du « plein effet du plan d'amélioration de l'efficacité opérationnelle, dont les économies annuelles sur l'exercice se sont élevées à 170 millions », a indiqué la direction dans son communiqué. Fort de ses résultats, le groupe français a confirmé ses objectifs à moyen-terme (3 à 5 ans), à savoir une croissance annuelle du chiffre d'affaires comprise entre 4 % à 7 % et une progression entre 8 % et 10 % du résultat [...].

Lors de l'assemblée générale, Sodexo proposera un dividende de 2,20 euros [...], soit une progression de 40 cents par rapport au précédent exercice [...]. Pour les salariés, [...] le directeur général Michel Landel a annoncé durant la présentation des résultats, un nouveau plan d'économies de 200 millions d'euros d'ici 2017-2018. « Il faut qu'on ajuste nos bases de coûts. Entre 1 200 et 1 500 postes seront supprimés dans le monde », a expliqué le dirigeant sans préciser toutefois la répartition géographique.

Sami Bouzid, http://bfmbusiness.bfmtv.com, 19 novembre 2015.

7 Identifiez les parties prenantes du groupe Sodexo et présentez leurs intérêts respectifs.

BTS **8** Montrez que les intérêts de ces parties prenantes sont difficilement conciliables.

9 Expliquez le choix de la direction de Sodexo de ne satisfaire que l'une des parties prenantes.

Doc 4 L'entreprise, lieu de conflits entre coalitions selon Cyert et March[1]

R. M. Cyert et J. G. March [...] considèrent la firme comme un groupe d'acteurs aux attentes disparates qui s'adaptent partiellement et difficilement aux contraintes de l'organisation et de l'environnement. Selon ces auteurs, les organisations sont donc considérées comme des coalitions d'individus ayant formé des objectifs plus ou moins indépendants [...]. Compte tenu des conflits d'objectifs qui peuvent naître des aspirations de chaque unité, l'organisation doit réduire les problèmes de décision en sous-problèmes et les traiter par chacune de ses unités. [...]. Les règles de décision retenues doivent notamment opter pour une optimisation limitée à chaque unité (optimisation locale et non globale).

Michel Barabel, Olivier Meier, *Manageor – Les nouvelles pratiques du management*, 3e édition, Dunod, 2015.

1. Richard Michael Cyert (1921-1998), professeur d'économie et d'administration industrielle et James Gardner March (né en 1928), docteur en sciences politiques, professeur de management et de psychosociologie.

BTS **10** Montrez, à l'aide d'exemples, que les parties prenantes de l'entreprise forment des coalitions aux intérêts contradictoires.

11 Expliquez pourquoi la résolution des conflits entre les parties prenantes de l'entreprise implique, selon Cyert et March, une décentralisation de la décision.

C. Les parties prenantes sources de contre-pouvoirs

Doc 5 Fin du conflit entre Volkswagen et ses parties prenantes

Volkswagen a annoncé mardi un accord avec deux de ses fournisseurs pour mettre fin à un conflit qui avait ralenti sa production. [...] Il s'agit d'un soulagement pour Volkswagen qui peut faire l'économie de ce genre de conflit au moment où il tente de se relever après le scandale provoqué par sa fraude lors de tests d'émissions de ses moteurs diesel.

Les fournisseurs accusaient le premier constructeur européen d'avoir dénoncé des contrats sans explication ni indemnité et avaient décidé en représailles d'interrompre leurs livraisons, entraînant des retards dans la production sur plusieurs sites de Volkswagen. [...] CarTrim, qui fabrique des sièges, et ES Automobilguss, fournisseur de pièces en fonte pour boîtes de vitesses, estimaient leur manque à gagner à plusieurs dizaines de millions d'euros et réclamaient en conséquence des indemnités. Le conflit avait ralenti les cadences dans six des 10 usines allemandes de VW, avec quelque 28 000 employés concernés. Le constructeur [...] a annoncé que la production allait reprendre progressivement. Le ministère allemand de l'Économie était intervenu dans le dossier, appelant les deux camps à résoudre rapidement leur différend.

Andreas Cremer, Patrick Vignal, www.capital.fr, 23 août 2016.

12 Identifiez les parties prenantes en conflit avec Volkswagen et présentez leurs intérêts respectifs.

13 Repérez les parties prenantes mêlées indirectement à ce conflit et exposez leurs intérêts respectifs.

BTS **14** Indiquez les moyens utilisés par chacune des parties prenantes pour faire valoir ses propres intérêts.

Doc 6 Quand Les parties prenantes s'opposent entre elles

Limogés violemment par leurs actionnaires, [...] Cécile Sanz et Marc Ettienne, respectivement présidente directrice générale et fondateur de l'entreprise FPEE de production et distribution de fenêtres, installée à Brûlon (Sarthe), réintègrent leurs postes neuf jours après, à l'issue d'une médiation menée par la préfecture : « Les actionnaires, trois fonds d'investissement (Naxicap, du groupe Natixis, Pragma et Equistone, qui détiennent 70 % [...]) ont été très classe et l'atmosphère était constructive, racontent Marc Ettienne et Cécile Sanz [...]. Ils nous cèdent à nouveau l'entreprise et nous redevenons propriétaires à 100 %, aux côtés d'une quarantaine de cadres. FPEE est sauvée », se réjouissent-il.

Le conflit avait débuté [...] lorsque les actionnaires ont voulu réendetter l'entreprise à hauteur de 220 millions d'euros pour en distribuer 130 aux actionnaires [...]. Mais cette nouvelle ponction sur l'entreprise dont le chiffre d'affaires [...] est de 150 millions d'euros, l'aurait mise à genou et les deux dirigeants l'ont refusée, jusqu'à se faire licencier. [...]

Ce qui a spectaculairement fait basculer la situation et plier les fonds d'investissement, c'est l'étonnante mobilisation des clients, principalement des distributeurs et installateurs des réseaux Art & Fenêtres et Ouvertures, venus de toute la France, et des 650 salariés de FPEE qui, à Brûlon même, une semaine durant, ont manifesté et réclamé le retour de leurs dirigeants. « [...] Nous nous sommes dit que nous ne pouvions pas accepter cela de la part d'une entreprise dont nous sommes très proches et dont la gestion est bienveillante, raconte Cyril Unciti, distributeur en Dordogne. Pour faire réagir les responsables de FPEE, nous avons bloqué les commandes et les paiements [...] », se félicite-t-il.

Isabelle Rey-Lefebvre, www.lemonde.fr, 12 février 2015.

15 Identifiez les parties prenantes de l'entreprise FPEE et présentez leurs intérêts respectifs.

16 Expliquez pourquoi la décision prise par les actionnaires peut être jugée satisfaisante.

BTS **17** À partir des documents 5 et 6, proposez une définition d'un contre-pouvoir.

II. La gouvernance : un mode d'arbitrage entre les intérêts contradictoires

A. Les sources de pouvoir dans l'entreprise

Doc 7 Le pouvoir et ses sources selon Michel Crozier

Michel Crozier[1] montre à travers l'analyse des relations de travail entre différents groupes professionnels qu'il s'agit de relations de pouvoir dont la manifestation la plus importante est produite par l'évènement qui les mets fonctionnellement en rapport, à savoir les pannes[2]. L'analyse des relations de pouvoir ne peut pas se limiter aux rapports hiérarchiques et réside dans la capacité des acteurs, quelle que soit leur place dans l'organisation, à repérer et à se saisir des sources d'incertitude qui s'y trouvent pour chercher à exercer une influence sur les autres catégories professionnelles. […] Chaque acteur a donc bien des objectifs propres et une stratégie pour les atteindre. Cette liberté relative de l'acteur[3] lui confère une certaine autonomie qui va s'exercer à travers des jeux de pouvoir au sein de l'organisation.

[…] Toute organisation est soumise à des masses d'incertitudes plus ou moins élevées : techniques, commerciales, financières, humaines, etc. L'acteur qui les maîtrise le mieux par ses compétences, son réseau de communication et de relations et son niveau d'expertise peut donc prévoir ces incertitudes et détient ainsi la plus grande ressource du pouvoir. L'incertitude constitue une zone qui donne de l'autonomie à l'acteur, une certaine influence dans le système organisationnel et, *in fine*, du pouvoir.

Le concept de pouvoir […] désigne la capacité d'un acteur de se rendre capable de faire agir un autre acteur suivant une orientation souhaitée. […] Généralement, les principales ressources de pouvoir sont la compétence, la maîtrise de relation à l'environnement, la maîtrise des communications ainsi que la connaissance précise des règles, souvent complexes, de fonctionnement.

Jean-Michel Plane, *Théorie des organisations*, 4e édition, Dunod, 2013.

1. Michel Crozier (1922-2013), sociologue français spécialiste de la sociologie des organisations.
2. Dans les années 1960, Michel Crozier a étudié les phénomènes de pouvoir au sein de deux grandes organisations publiques, notamment lors de dysfonctionnements techniques.
3. Marge de manœuvre individuelle.

BTS **18** Proposez une définition du pouvoir dans l'entreprise.

19 Repérez les quatre sources de pouvoir selon Michel Crozier.

BTS **20** Expliquez la phrase soulignée dans le texte.

Doc 8 Franceinfo : accord conclu avec deux syndicats sur trois

La direction de France Télévisions a trouvé vendredi un accord avec deux syndicats majoritaires dans le conflit sur le statut des journalistes de franceinfo mais le SNJ[1] a refusé de s'y associer […]. Ce conflit a pour origine le recours à des journalistes multitâches (texte et montage vidéo) qui n'est pas prévu dans l'accord collectif […]. Selon cet accord transitoire, France Télévisions mettra en place « une série d'expérimentations » pour tester le montage par les journalistes sur la nouvelle chaîne d'info, a indiqué Éric Vial, de Force Ouvrière, syndicat qui a signé l'accord. Le syndicat majoritaire CGT doit encore consulter ses instances lundi mais a indiqué qu'il signerait l'accord, ce qui suffirait à le valider […].

La justice avait interdit mardi aux journalistes de franceinfo de monter des vidéos et aux monteurs de réaliser des sujets, une double-casquette courante dans les chaînes d'info en continu et en vigueur chez franceinfo malgré l'échec de négociations avec les syndicats au début de l'année. Mercredi, la présidente de France Télévisions, Delphine Ernotte, avait estimé qu'« on ne pouvait pas faire une chaîne d'info autrement. C'est le modèle de la chaîne d'info qui est en question ».

Lionel Bonaventure, http://lexpansion.lexpress.fr, 16 septembre 2016.

1. Syndicat National des Journalistes.

21 Repérez l'objet du conflit entre les parties prenantes de franceinfo.

22 Appréciez la marge de manœuvre dont dispose le SNJ pour faire valoir son point de vue.

B. Les modes de gouvernance de l'entreprise

Doc 9 La typologie des modes de gouvernance de l'entreprise

La gouvernance d'entreprise est souvent traduite en France par l'expression gouvernement d'entreprise. Derrière cette notion, se trouvent des questions centrales liées notamment à la composition et à l'organisation des conseils d'administration, à la transparence des informations transmises au marché, à la rémunération des dirigeants et à la création de valeur. La finalité de la gouvernance d'entreprise est d'aider à définir les mécanismes qui encadrent les droits et les obligations de tous ceux qui contribuent à créer de la valeur […]. Plihon, Ponssard et Zarlowski (2001) ont proposé une typologie synthétique qui distingue deux grands types de modèles de gouvernance :

– Le modèle *shareholders*[1], que l'on trouve notamment dans les pays anglo-saxons, qui considère que le système de gouvernance doit protéger avant tout les actionnaires qui sont supposés être les seuls créanciers résiduels. Les autres partenaires, qui bénéficient de protections contractuelles, n'ont pas à être associés au processus de gouvernance d'entreprise. L'essentiel de la régulation des comportements des agents économiques est censé s'effectuer par l'action des marchés financiers […].

– Le modèle *stakeholders*[2], que l'on trouve dans des pays européens comme la France ou l'Allemagne, qui considère que l'entreprise doit défendre l'intérêt de toutes les parties prenantes. Les contrôles exercés par les marchés financiers y sont peu contraignants.

Frédéric Parrat, *Théories et pratiques de la gouvernance d'entreprise : Pour les conseils d'administration et les administrateurs*, Maxima, 2015.

1. Modèle actionnarial en français.
2. Modèle partenarial en français.

23 (BTS) Proposez une définition de la gouvernance d'entreprise.

24 Montrez que le modèle *shareholders* néglige l'apport de certaines parties prenantes primaires à la performance de l'entreprise.

25 Expliquez pourquoi le modèle *shareholders* semble plus difficile à appliquer dans l'entreprise.

Doc 10 Le mode de gouvernance du groupe Essilor

L'actionnariat salarié fait partie intégrante de l'histoire du groupe Essilor et de son modèle[1]. Les collaborateurs sont le premier actionnaire du Groupe, ce qui permet un mode de gouvernance original et favorise le dialogue en associant les salariés aux grandes décisions d'Essilor. La majorité des salariés actionnaires sont fédérés au sein de Valoptec Association[2], qui contribue à la croissance durable d'Essilor, participe à sa gouvernance et porte ses valeurs et sa mission. […]

Valoptec Association est représentée par un Conseil d'administration […]. Trois de ses membres font partie du Conseil d'administration du groupe Essilor et siègent au Comité stratégique, au comité d'Audit, au comité Responsabilité Sociétale de l'Entreprise (RSE) et au comité des Nominations[3]. Avant chaque Conseil d'administration d'Essilor, le Conseil d'administration Valoptec se réunit et des échanges ont lieu en présence de la direction générale et la direction des ressources humaines. Tous les membres de l'association se réunissent une fois par an en assemblée. À cette occasion, la direction générale d'Essilor leur présente la stratégie du Groupe et sa politique sociale et humaine sur lesquels les salariés actionnaires se prononcent lors d'un vote de confiance.

www.essilor.com, février 2017.

1. Les salariés détiennent en tant qu'actionnaires plus de 8 % du capital.
2. Valoptec Association regroupe 8 500 actionnaires salariés et retraités du Groupe Essilor.
3. Les comités soumettent leurs avis et leurs propositions au Conseil d'administration.

26 Présentez les différents acteurs de la gouvernance du groupe Essilor sous la forme d'un schéma.

27 (BTS) À quel modèle de gouvernance se rattache la gouvernance du groupe Essilor ? Justifiez votre choix.

Activités Parties prenantes et contre-pouvoirs

A Testez vos connaissances

Indiquez si chacune des affirmations suivantes est vraie ou fausse en justifiant votre réponse.

	Vrai	Faux
1. Une partie prenante est un individu ou un groupe d'individus internes à l'entreprise.	☐	☐
2. Les actionnaires sont des parties prenantes internes à l'entreprise.	☐	☐
3. Les salariés sont des parties prenantes primaires de l'entreprise.	☐	☐
4. Une entreprise est composée de coalitions dont les intérêts sont communs.	☐	☐
5. L'exercice du pouvoir s'accompagne d'une marge de manœuvre individuelle.	☐	☐
6. Le pouvoir s'exerce toujours dans le cadre d'une relation.	☐	☐
7. Le savoir-faire est une source de pouvoir dans l'entreprise.	☐	☐

B Les mots du management

Reliez les parties prenantes proposées aux catégories de parties prenantes correspondantes.

Catégories	Parties prenantes	Exemples
• Partie prenante primaire	• Administrations •	• La CGT cheminots va consulter sa base sur le projet d'accord sur l'organisation du travail à la SNCF.
• Partie prenante secondaire	• Clients •	• Les techniciens Orange de Lot-et-Garonne ont déposé un préavis de grève pour mardi.
	• Actionnaires •	• Depuis 2008, Ferrero France s'est associé aux côtés du Secours populaire français en faveur de l'enfance.
	• Associations •	• Un emprunt de 125 000 euros auprès du Crédit Agricole a permis de financer le développement de Giffard SA.
	• Syndicats •	• L'organisme collecteur des cotisations sociales poursuit UBER pour requalifier ses chauffeurs en salariés.
	• Fournisseurs •	• SmartRecruiters continue d'attirer les capitaux des investisseurs financiers comme le fonds Venture Partners.
	• Salariés •	• Apple a précisé que les acheteurs d'une Apple Watch Edition recevront un coffret de chargement en cuir.
	• Banques •	• DIDIOT INOX est notre partenaire pour tout ce qui concerne l'Inox dans La Brasserie HUB'S.

C Stratégies d'écriture

À partir du schéma présenté ci-contre, présentez les parties prenantes du groupe CNP Assurances.

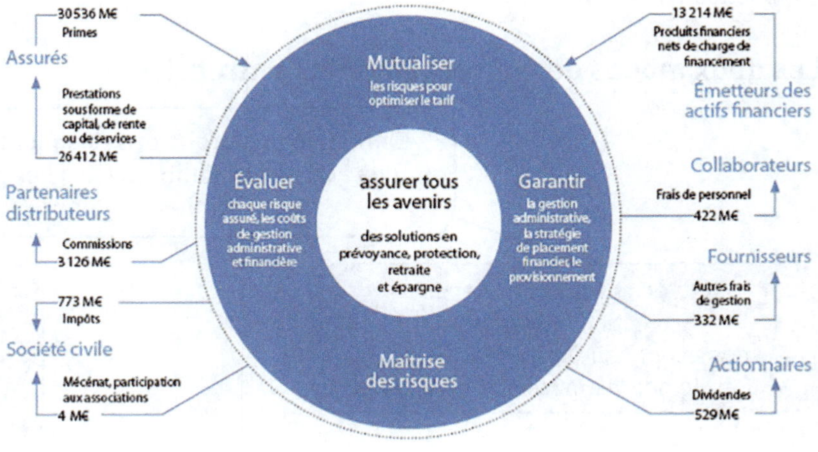

www.cnp.fr.

Synthèse Parties prenantes et contre-pouvoirs

I Parties prenantes et contre-pouvoirs dans l'entreprise

Les parties prenantes de l'entreprise

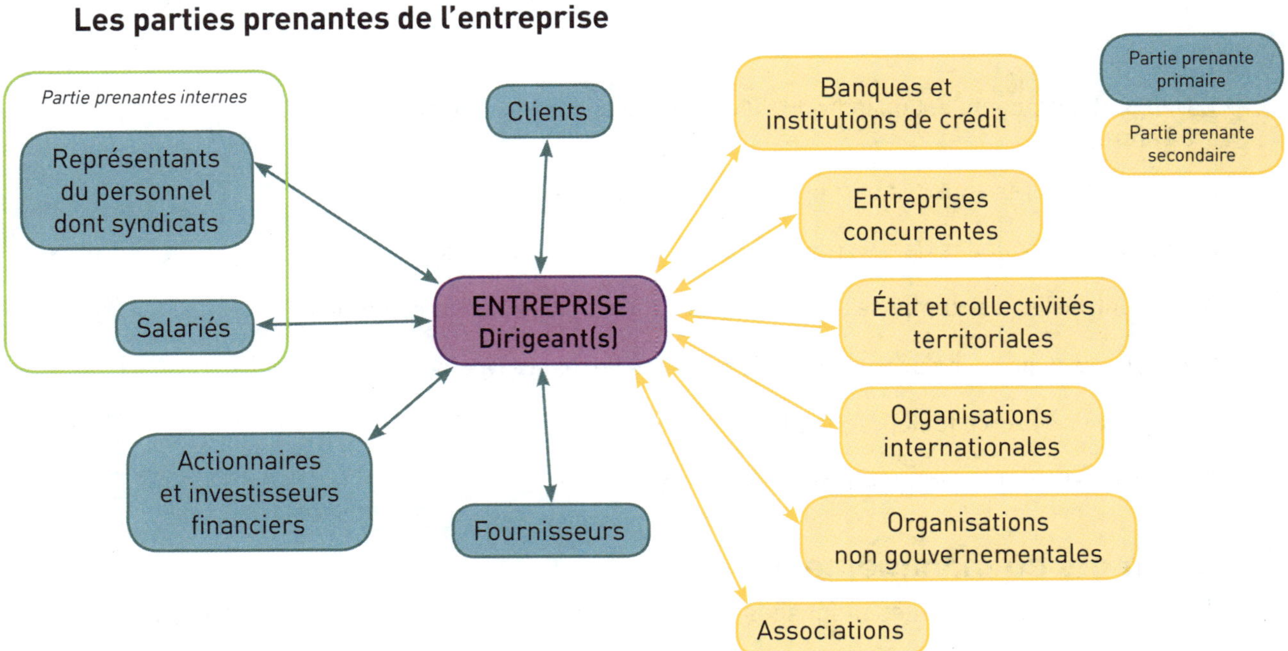

II La gouvernance : un mode d'arbitrage entre les intérêts contradictoires

Les sources de pouvoir dans l'entreprise selon Michel Crozier

Les deux modes de gouvernance de l'entreprise

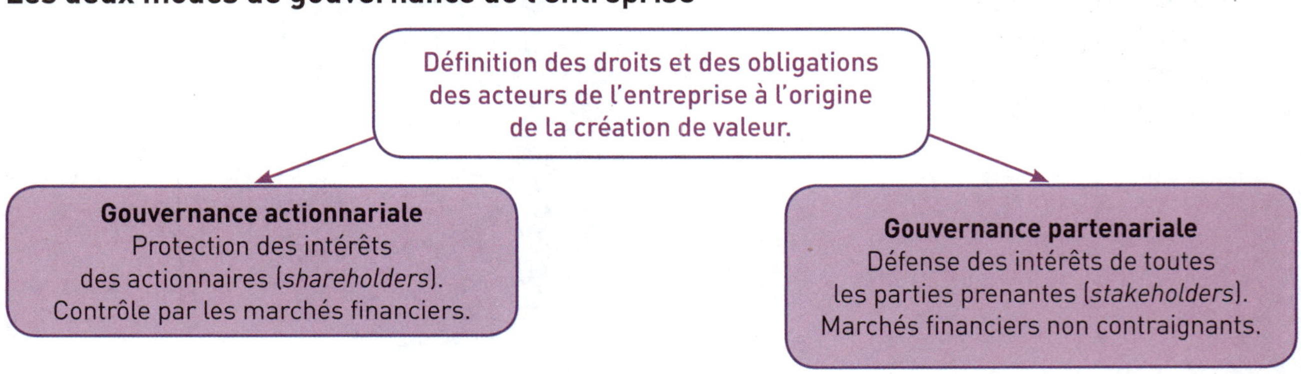

Entraînez-vous ! Le cas GROUPE CASINO

Après avoir pris connaissance du cas GROUPE CASINO et des ressources proposées, vous réaliserez une étude en répondant aux questions suivantes :

1 Identifiez les parties prenantes du Groupe Casino et présentez leurs intérêts respectifs.

Démarche BTS
- Repérer, nommer et classer en deux catégories les différentes parties prenantes du Groupe Casino et préciser ce qu'ils attendent (intérêts) de leurs relations avec le Groupe Casino.

2 Évaluez les enjeux liés aux intérêts des différentes parties prenantes.

Démarche BTS
- Dégager ce que chaque partie prenante, compte tenu de ses intérêts, gagne ou attend comme bénéfice de ses relations avec le Groupe Casino.
- Dégager ce que le Groupe Casino gagne ou attend comme bénéfice, compte tenu de ses intérêts, à travers ses relations avec ses parties prenantes.

3 Analysez le mode de gouvernance du Groupe Casino.

4 Repérez et caractérisez le problème de management rencontré par le Groupe Casino.

Démarche BTS
- Repérer les dispositifs visant à contrôler le pouvoir des dirigeants ou des organes de décision du Groupe Casino.
- Identifier le modèle de gouvernance de référence (actionnarial ou partenarial) appliqué au sein du Groupe Casino.
- Montrer en quoi le mode de gouvernance choisi permet de satisfaire les intérêts des parties prenantes et préciser lesquels.

5 Montrez que ce problème de management résulte d'un conflit d'intérêts entre des parties prenantes.

Démarche BTS
- Apprécier les choix des dirigeants du groupe Casino compte tenu des intérêts contradictoires de ses parties prenantes.

Le dossier comprend le cas GROUPE CASINO et la ressource documentaire suivante :
- **Ressource : Leader Price dans le collimateur des producteurs**

Le cas GROUPE CASINO

Casino est l'un des leaders de la distribution alimentaire en France. Le Groupe déploie une stratégie de différenciation de ses enseignes destinée à répondre aux nouvelles attentes de ses clients. Le chiffre d'affaires des activités France Retail[1] s'est élevé à 18 890 millions d'euros en 2015 et le résultat opérationnel courant à 337 millions d'euros.

Vieillissement de la population, diminution du nombre de personnes par foyer, autonomisation des rythmes de vie au sein des foyers, individualisation des modes de vie : tous ces phénomènes se traduisent par une diversité plus grande des formats et des concepts de distribution […]. Dans ce contexte, la structure multiformat de son portefeuille […] est un atout majeur pour le Groupe Casino. Depuis 2005, Casino a accéléré le développement de sa marque propre[2] avec l'élargissement de l'offre et le lancement de gammes thématiques, mettant l'accent sur la qualité gustative et nutritionnelle des produits et l'innovation permanente […] visant à répondre aux besoins spécifiques de chacun de ses clients.

1. France Retail regroupe les enseignes Casino, Monoprix, Franprix, Leader Price et Vindémia.
2. Il s'agit de marques produites par un industriel de l'agroalimentaire pour un distributeur.

La gouvernance du Groupe Casino

Le Conseil d'administration est composé de quinze administrateurs. À ce jour, le Conseil d'administration ne comprend pas d'administrateur représentant des salariés actionnaires – la participation des salariés actionnaires étant inférieure à 3 % du capital –, ou d'administrateur représentant les salariés en application de la loi de sécurisation de l'emploi. Suite à l'adoption de la loi du 17 août 2015 relative au dialogue social et à l'emploi et l'élargissement du champ d'application de la représentation des salariés, les modalités d'application de leur représentation aux conseils d'administration au sein du Groupe sont à l'étude.

Chaque administrateur doit être propriétaire d'un nombre d'actions minimum. Dans le cadre d'une bonne gouvernance, le Directeur général ne peut effectuer sans l'autorisation préalable du Conseil d'administration toute opération susceptible d'affecter la stratégie de la Société. Sous l'autorité du Président-Directeur général, le Comité exécutif assure le pilotage opérationnel du Groupe, met en œuvre la stratégie du Groupe définie par le Conseil d'administration et le Directeur général et décide des plans d'actions à mettre en œuvre.

Une volonté de satisfaire producteurs et consommateurs

Quelles que soient les gammes de produits à marque propre, la qualité et la sécurité des produits sont une priorité absolue pour le Groupe. [...] Les fournisseurs à marque propre sont audités régulièrement [...]. Le Groupe a initié plusieurs démarches pour accompagner les producteurs, les coopératives ou les éleveurs. Les fournisseurs locaux sont accompagnés dans la professionnalisation de leur circuit de production et logistique, de leurs normes de fabrication, ou encore de leur gestion administrative afin de leur permettre de se développer économiquement au-delà de leur relation commerciale avec le Groupe.

Le Groupe a mis en place un Comité Santé qui se réunit quatre fois par an pour analyser les données, les tendances scientifiques et les attentes des consommateurs dans le domaine de la santé. [...]

Des politiques de ressources humaines innovantes

Un accord sur le dialogue social prévoit notamment les modalités de mise en œuvre du dialogue social et du développement professionnel des représentants du personnel. Le groupe Casino développe et met en pratique des politiques de Ressources humaines [qui] ont pour objectifs le développement professionnel des collaborateurs et la mise en valeur des talents individuels ; la lutte contre les discriminations et le renforcement de l'égalité des chances ; la promotion d'un dialogue social constructif et innovant ; la protection de la santé, de la sécurité des employés et de leur bien-être au travail ; et la mise en place d'une politique de rémunération et d'avantages sociaux équitables et évolutifs.

Le Groupe promeut notamment l'insertion professionnelle des personnes à faible niveau de qualification et l'accès des jeunes diplômés issus des quartiers défavorisés à des fonctions d'encadrement. Il s'est engagé en 2013 avec le ministère de la Ville dans la charte « Entreprises et Quartiers » à recruter 850 personnes, 150 jeunes en alternance et à proposer 500 stages. En 2015, 1 178 personnes ont été recrutées (CDD et CDI), ainsi que 490 stagiaires et 75 alternants.

Document de référence 2015,
Groupe Casino, www.groupe-casino.fr.

Ressource Leader Price dans le collimateur des producteurs

Après des « visites de courtoisie dans les magasins au début de juin », c'est par des actions menées dans plusieurs magasins que les producteurs de fruits et légumes ont manifesté leur désaccord avec les choix de produits (origine et promotions) vendus par l'enseigne Leader Price. Légumes de France (LDF) et la Fédération nationale des producteurs de fruits (FNPF) appellent Leader Price à jouer un « jeu collectif » via la vente de produits français. [...]

Les producteurs dénoncent les ventes de produits d'importation à bas prix, avec par exemple « des tomates provenant de la Belgique vendues à 0,89 €/kg, indique Bertrand Rival[1]. En France, elles sont normalement payées un peu plus d'un euro le kilo au producteur ». Pour Bruno Vila, secrétaire général de LDF, les choix du catalogue de produits de Leader Price révèlent un « manque de respect de la production française », d'autant plus que « les promotions sont déconnectées de la réalité du marché français ». Bertrand Rival ajoute que « les braderies de Leader Price mettent en porte-à-faux les distributeurs nationaux qui font l'effort de jouer la carte France ».

A. Cas, www.lafranceagricole.fr, 12 juillet 2016.

1. Directeur de Légumes de France (LDF).

Entraînement BTS

PRÉPA EXAM

Le cas KYOBIO

Dans le cadre de la rédaction des réponses, le candidat est invité à mobiliser les concepts et les références d'auteurs dès lors qu'ils sont pertinents et que le lien avec le contexte est argumenté.
Après avoir pris connaissance du cas KYOBIO et des ressources proposées, vous répondrez aux questions suivantes :

1re partie : Analyse de la situation de l'entreprise

1 Caractérisez les finalités de l'entreprise Kyobio.

Démarche BTS
- Expliquer la notion de finalité (raison d'être, vocation de l'entreprise).
- Identifier et classer les objectifs à long terme de l'entreprise.

2 Montrez qu'Agathe et Louis ont mis en œuvre une logique entrepreneuriale.

Démarche BTS
- Définir la logique entrepreneuriale.
- Expliquer en quoi Agathe et Louis sont des entrepreneurs.

3 Analysez la politique de développement durable et montrez le lien de cette politique avec les finalités de l'entreprise.

Démarche BTS
- Identifier les axes de la politique de développement durable de Kyobio.
- Expliquer en quoi cette politique répond aux finalités de l'entreprise.

4 Identifiez les contraintes de la politique de RSE de l'entreprise.

Démarche BTS
- Expliquer ce que l'entreprise doit respecter comme engagements pour conduire sa politique de RSE.

5 Analysez la performance de l'entreprise Kyobio.

Démarche BTS
- Analyser, chiffres à l'appui, les multiples dimensions de la performance de Kyobio.

2e partie : Identification du problème de management et proposition de solutions

6 Identifiez le problème de management que rencontre Kyobio.

Démarche BTS
- Repérer la difficulté majeure que rencontre actuellement Kyobio.

7 Proposez des solutions susceptibles de résoudre le problème de management de Kyobio.

Démarche BTS
- Présenter des solutions qui permettraient à Agathe et Louis de poursuivre le développement de Kyobio.

Le dossier comprend le cas KYOBIO et les ressources documentaires suivantes :
- **Ressource 1 : Extraits du site Internet de Kyobio**
- **Ressource 2 : Interview de la nouvelle directrice générale de Kyobio**

Le cas KYOBIO

Conjuguer prêt-à-porter, bio et éthique sous une même marque ? C'est toute l'histoire de la SA Kyobio. Le concept : créer, fabriquer et vendre des vêtements équitables, bios avec un positionnement moyen-haut de gamme. L'entreprise compte aujourd'hui 60 salariés pour 6 millions d'euros de CA, 24 boutiques (16 en franchise, 2 à Londres). Le modèle économique de l'entreprise intègre toutes les contraintes éthiques et écologiques (contrôle des filières de production, respect de l'environnement…) tout en prenant en compte le fait qu'une majorité des clients viennent faire du shopping dans les magasins Kyobio pour se faire plaisir et non pour changer le monde.

En 2016, le taux de satisfaction des clients était de 85 %, avec une moyenne de 3 achats par an et par client. L'entreprise souligne qu'elle n'a fait face à aucun conflit social depuis 2013, y compris chez les franchisés. L'entreprise reverse, chaque année, 10 % de ses bénéfices au profit de l'association Pour la Terre Kyobio. En effet, les fondateurs de la marque ont créé, en 2007, une association qui se donne pour mission de mener des projets sociaux et environnementaux en collaboration avec des ONG, dans plusieurs régions du monde. Les principales thématiques autour desquelles s'organise l'action de Pour la Terre Kyobio sont la protection de l'environnement, la santé et l'éducation de populations défavorisées. Pour l'heure, l'association a concentré ses efforts en Inde et à Madagascar, où elle a mené des initiatives en lien avec l'agriculture biologique, l'accès à l'eau potable et l'éducation, en vue de « contribuer à la préservation de milliers d'hectares de forêts amazoniennes au Pérou ».

Kyobio a vu le jour en décembre 2002 en Normandie. De l'idée de lancer un vêtement biologique, Agathe et Louis Delatour ont créé la marque Kyobio, née d'une vision : « Entreprendre tout en contribuant à ce que notre planète soit toujours vivable dans 50 ans ». Kyobio fait la preuve qu'il est possible de trouver des solutions sans sacrifier au plaisir et au confort. Kyobio a fait le choix de construire un modèle industriel propre en n'utilisant que des matières écologiques. Les dirigeants expliquent d'ailleurs que le prix de leurs matières premières (en particulier le coton bio) est en moyenne 60 % plus cher que les matières traditionnelles. Mais cette politique en matière d'achats se justifie selon eux par la notion de prix juste, c'est-à-dire être capable de rémunérer l'ensemble de la filière sans que le prix final ne soit un frein absolu pour la clientèle.

Sans soutien, le couple investit toutes ses économies, environ 100 000 euros. Muni d'une première collection, Louis mise sur des points de vente très ciblés, des centres de thalassothérapie et des spas notamment. « Comme nous n'avions pas de partenaires financiers, il fallait dès le début générer du chiffre d'affaires pour tenir, explique Louis. Nous avons donc proposé nos services à des marques et à la distribution. C'est cela qui a permis le financement de Kyobio les deux premières années. » Mais très vite, le couple se rend compte de la nécessité d'aller jusqu'au bout de sa logique : « Avec un produit, un concept innovant, avoir une boutique était capital pour montrer sa différence et échanger en direct avec les clients. » Le couple réussi à convaincre des business angels, anciens chefs d'entreprise, ainsi qu'un fonds d'investissement, le tout pour 1 million d'euros. La première boutique Kyobio ouvre à Honfleur, au cœur d'une rue commerçante, en 2004. Agathe veut créer une boutique en phase avec l'esprit de la marque : zen et douce. Afin d'accélérer le développement de la marque, une solution s'impose aux créateurs : la franchise. Aujourd'hui, Kyobio compte 24 boutiques, dont 16 en franchise. Le résultat est mitigé, certaines ont un chiffre d'affaires qui stagne tandis que d'autres, plus engagées dans le commerce équitable offrent des prestations supplémentaires (café bio, exposition…) qui attirent la clientèle. Agathe est chargée depuis l'origine de la coordination des divers franchisés, elle cherche à assurer une meilleure cohérence de l'ensemble, indispensable pour préserver l'image de marque de Kyobio. Pour cela elle met en place un forum de discussion entre les franchisés et les réunit en séminaire 2 fois par an à chaque nouvelle collection, elle s'engage à répondre à leurs demandes dans les 24 heures.

Malgré tous ses efforts, l'engouement pour la franchise semble s'essouffler et Kyobio peine à trouver de nouveaux partenaires. En effet, si en 2002 la notion de développement durable était encore peu à la mode, aujourd'hui, les choses ont changé. Les marques et distributeurs se lançant sur le créneau sont légion et la concurrence peut devenir sérieuse. D'autant plus que la conjoncture se prête mal au développement souhaité de l'entreprise avec le coût des matières premières de plus en plus volatil et le pouvoir d'achat des ménages qui stagne. Pour trouver de nouveaux investisseurs sur ce créneau, Kyobio doit montrer qu'elle est performante et qu'il est possible de concilier développement économique et développement durable. Louis pense qu'il faudrait d'autre part impliquer davantage les salariés en développant des actions de formation et en les incitant à participer au capital de l'entreprise. En effet, seulement 2 % des salariés sont actionnaires et le *turn over* est important, beaucoup partent au bout de deux ans.

Ressource 1 Extraits du site Internet de Kyobio

Le respect de l'environnement
Kyobio pense ses produits dans un souci permanent de préservation de l'environnement. Depuis les process de culture du coton biologique, jusqu'à la production des vêtements, tout est conçu pour limiter notre empreinte écologique.

Les matières
Nous recherchons et développons en permanence des matières plus performantes qui respectent autant l'environnement que la peau. Les cultures n'utilisent ni engrais chimiques, ni pesticides, ni OGM. Nous choisissions des matières compatibles avec les filières de recyclage disponibles pour le grand public (recyclage des vêtements et du papier notamment).

Le processus de production
Nous développons en permanence de nouveaux procédés de production, plus respectueux de l'environnement, en collaboration avec nos fournisseurs. Les engrais chimiques sont prohibés au profit d'engrais naturels (compost), où se développent les vers de terre qui nourrissent la terre et la rendent fertile. Une fois séché, le compost est utilisé comme encens pour faire fuir les mauvais insectes. Aucun pesticide n'est utilisé. Tout est mis en œuvre pour réduire la consommation d'eau, d'énergie et la pollution. Les cultures alternent pour conserver la fertilité des sols et augmenter la biodiversité. Les nappes phréatiques sont préservées des substances toxiques. Le transport des marchandises par avion est limité au maximum dans un souci d'économie d'énergie et de réduction de la pollution. Le transport par bateau est privilégié.

La formation
L'ensemble des intervenants est sensibilisé aux enjeux environnementaux : salariés, partenaires commerciaux, fournisseurs. Le budget formation représente 2 % du chiffre d'affaires.

Le commerce équitable
Kyobio s'appuie sur le commerce équitable. La filière garantit à nos producteurs un tarif de vente minimal fixé par les ONG, à l'abri des variations des cours mondiaux. Kyobio rémunère équitablement ses partenaires et paie le coton bio au moment de la commande (4 à 6 mois avant de recevoir les produits). Ceci permet de faire vivre les cultivateurs jusqu'à la récolte. 63 %, c'est le surcoût du coton biologique et équitable acheté par Kyobio par rapport au cours mondial du coton. Aujourd'hui, le coton biologique de Kyobio est produit en Inde dans une démarche de commerce solidaire. Nous travaillons à construire des relations durables avec nos partenaires. Au-delà de la démarche éthique et sociale, elle correspond à un intérêt économique majeur : pérenniser l'approvisionnement de la meilleure qualité de matière première et construire un partenariat de long terme avec les différents intervenants. Il s'agit donc de construire un modèle économique vertueux basé sur la qualité et le respect.

La charte Kyobio
Nous avons pris la décision de matérialiser toutes nos valeurs à travers l'établissement d'une charte. La garantie de son respect est rendue possible par l'existence en amont d'une autre charte destinée à nos fournisseurs qui contribue à la transparence de la filière et assure une relation de confiance entre les partenaires. Cette charte s'applique à nos franchisés qui s'engagent à respecter nos valeurs.

Le respect des clients
L'innocuité des vêtements et cosmétiques de la marque est assurée. Tous nos clients ont un droit de retour de la marchandise dans les 15 jours suivant leurs achats, mais seulement 0,5 % de notre clientèle utilise ce droit.

Kyobio demande à ses fournisseurs une totale transparence sur leur activité et notamment leur politique environnementale et sociale, ainsi qu'une traçabilité de leurs produits. Différents contrôles sont ensuite décidés régulièrement pour vérifier la bonne application de cette clause.

La sécurité des travailleurs est garantie : accès aux soins de premiers secours, normes de sécurité en cas d'incendie… L'absence de pesticides et de produits chimiques lors de la production et de la transformation des matières premières permet de préserver la santé des fermiers (diminution de 10 % des affections pour allergie).

Ressource 2 Interview de la nouvelle directrice générale de Kyobio

Reprise par un investisseur canadien depuis 6 mois, Kyobio repart de l'avant avec Laura Gogeac, nommée directrice générale, il y a 3 mois.

Bien que précurseur sur le créneau de la mode femme éthoque en France, Kyobio n'a pas tenu le choc. Pouvez-vous nous expliquer pourquoi ?

Laura Gogeac : Les fondamentaux et les valeurs de la marque sont extraordinaires, mais les produits et la gestion ont fait que le business mis en place par les fondateurs en 2004 ne pouvait pas donner plus (la société avait clos son exercice 2012/2013 sur une perte nette de 2,99 millions d'euros et des boutiques ont fermé).

Pouvez-vous nous parler de votre parcours et nous dire ce qui vous a séduit chez Kyobio ?

Laura Gogeac : Tout d'abord, j'ai été appelée en renfort en mai 2016 en tant que directrice produit. Il y avait alors un gros retard sur les collections et la production. Puis Agathe Delatour a quitté son poste début 2017, elle a cédé ses parts à l'investisseur canadien d'origine chinoise. On m'a aussitôt demandé de prendre la direction générale. J'ai beaucoup de chance d'hériter de ce capital et j'ai moi-même beaucoup d'intérêt pour l'éthique.

Est-ce difficile de reprendre la suite d'une histoire ?

Laura Gogeac : J'ai repris les rênes d'une marque en difficulté : des boutiques ont fermé, le chiffre d'affaires était en forte baisse… Aussi ma première mission a été de renouer avec la croissance et de remettre les choses à plat. Nous avons enregistré un deuxième semestre positif en termes de chiffres. Suivra une refonte en profondeur de la marque, de sa stratégie tout en conservant les valeurs fondatrices de celle-ci. Kyobio est restée en jachère pendant 3 ans, il y a quelques années à rattraper.

6 La stratégie et la démarche stratégique

Compétences

- Identifier les étapes de la démarche stratégique d'une entreprise donnée.
- Analyser les déterminants de cette démarche.
- Repérer les domaines d'activités stratégiques (DAS) et les critères de la segmentation stratégique.

Plan du cours

I. Les déterminants de la stratégie
II. Les étapes de la démarche stratégique
III. Les contingences de la démarche et des DAS

Notions

- Stratégie, démarche stratégique, modèle LCAG, matrice SWOT, segmentation stratégique.

→ Auteurs Henri Mintzberg, LCAG (Learned, Christensen, Andrews, Guth)

Burger King met les bouchées doubles !

D'ici à 2020, Burger King vise les 400 restaurants dans l'Hexagone et les 20 % de parts de marché.
Après s'être retirée du territoire français en 1997 en raison d'une rentabilité insuffisante, l'enseigne de hamburgers a fait un retour remarqué en signant, fin 2013, un contrat de master franchise[1] avec le Groupe Olivier Bertrand, propriétaire des enseignes Au Bureau, Angelina, Brasserie Lipp, etc.
Largement médiatisée, l'ouverture du BK de la gare Saint-Lazare, en décembre 2013, a drainé les foules de fans. [...] Du coup, le franchiseur demande à son master franchisé d'activer rapidement le plan de développement.
« Notre stratégie initiale était d'aller vite en respectant une proportion de 70 % d'unités en propre et de 30 % en franchise. [...] »
Mais l'appétit venant en mangeant [à la mi-décembre 2015] Burger King France a officialisé le rachat du réseau franco-belge Quick [...], pas moins de 400 points de vente rien qu'en France.

http://lentreprise.lexpress.fr, Sylvie Laidet, 22 mars 2016.

1. Contrat qui consiste à céder à un partenaire local le droit de développer une enseigne sur un territoire déterminé.

La stratégie gagnante de Burger King
www.ressources.hachette-education.com/Action-BTS/Management.html

1 Après avoir pris connaissance de la vidéo et de l'article, identifiez les objectifs stratégiques de Burger King en France.

2 Quelles décisions ont été mises en œuvre pour y parvenir ?

I. Les déterminants de la stratégie

A. Une stratégie en cohérence avec les finalités et les métiers de l'entreprise

Doc 1 Définition de la stratégie

La stratégie consiste, pour une entreprise, à choisir ses activités, puis à mener des actions coordonnées dans le but d'atteindre ses finalités tout en tenant compte des contraintes et opportunités de l'environnement et de la concurrence.

Doc 2 La création de valeur partagée

Créer de la valeur est la raison d'être d'une entreprise, la partager est la condition *sine qua non* de son succès. Leader dans le domaine de la nutrition, de la santé et du bien-être, le groupe Nestlé, à travers ses marques et la Fondation Nestlé France, s'engage à relever les grands enjeux du développement durable au profit de tous.

Nestlé en France

- Un large portefeuille de marques
- Plus de 13 000 collaborateurs
- 140 ans dans l'Hexagone

www.nestle.fr.

Doc 3 Nestlé confirme ses objectifs annuels

Nestlé a confirmé sa prévision d'une croissance […] cette année « en ligne avec 2015 » même si les pressions exercées sur les prix ont ralenti la croissance du groupe alimentaire suisse au premier semestre. La croissance […] a ralenti à 3,5 % au premier semestre. […] Le bénéfice net a fléchi à 3,8 milliards d'euros […].

Face à des consommateurs devenus plus exigeants en termes de qualité, les groupes du secteur alimentaire adaptent leur stratégie et Nestlé a choisi de se recentrer sur des produits haut de gamme à plus forte marge et sur la diététique.

S. Koltrowitz, W. Exbrayat, www.challenges.fr, 18 août 2016.

1. Repérez les finalités du groupe Nestlé et ses métiers.
2. Expliquez la décision stratégique de « recentrage ».
3. Analysez le lien entre ce choix stratégique et ses finalités.

B. Les dirigeants prennent des décisions : stratégie émergente ou délibérée

Doc 4 Définition de la stratégie émergente ou délibérée

Selon Henry Mintzberg, les dirigeants n'appliquent jamais intégralement les mesures inscrites au plan stratégique. D'autres actions tout aussi stratégiques sont décidées par les opérationnels sous la pression des hommes de terrain, des clients ou des fournisseurs. Ces « stratégies émergentes » proviennent de routines, d'activités quotidiennes de l'entreprise. La stratégie délibérée est, quant à elle, définie par les dirigeants d'après des plans stratégiques préalablement conçus.

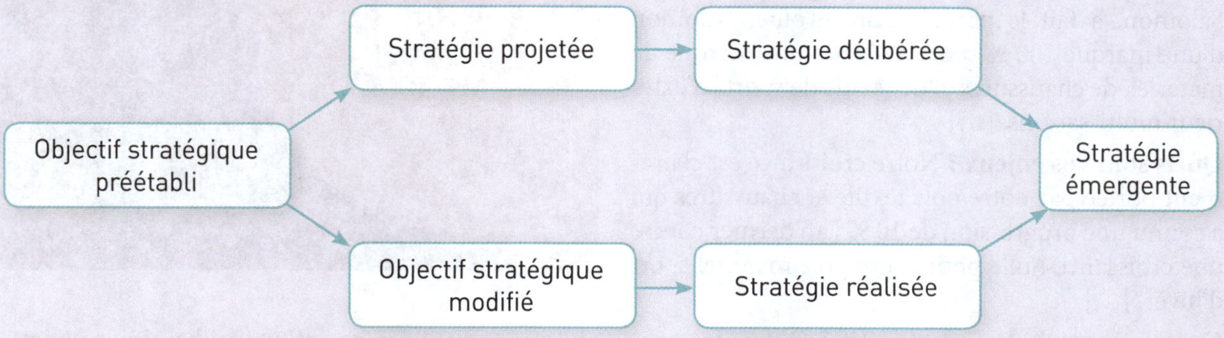

4 Soulignez dans le document ci-dessus les mots qui caractérisent la stratégie délibérée (en rouge), puis la stratégie émergente (en vert).

Doc 5 « Vegan », le nouveau régime à la mode

Beyoncé, DiCaprio ou Johnny Depp se revendiquent de ce régime qui proscrit la viande, le miel ou le lait. Lumière sur un véritable mode de vie très en vogue.

Être vegan, on ne sait pas vraiment ce que c'est, mais c'est à la mode […].

Les vegans, les vrais, les purs, les durs, vont plus loin en ne consommant aucun produit ayant impliqué une bête dans leur production. Pas de viande ni de produits laitiers […]. Mais pas de laine dans les vêtements non plus, pas de cuir dans les chaussures, pas de miel, pas de cosmétiques testés sur les animaux.

Bientôt une glace Ben & Jerry's vegan

[…] Les entreprises de l'industrie agroalimentaire commencent à s'intéresser au phénomène. Parmi elles, Lush, qui refuse de tester ses cosmétiques sur les animaux, ou encore Ben & Jerry's. Le fabricant de crèmes glacées a annoncé dans *Metro UK* travailler actuellement sur une recette de glace pour les vegans et les intolérants au lactose. Le lait de coco ou d'amande se substituera au lait de vache. […] Une commercialisation est prévue au printemps 2016 aux États-Unis.

Sixtine Lys, www.lepoint.fr, 13 juin 2015.

BTS **5** Caractérisez la stratégie de Ben & Jerry's, selon Mintzberg. Justifiez votre réponse.

6 Quelles parties prenantes ont amené à prendre ces décisions ?

C. Les dirigeants fixent des objectifs en fonction des finalités de l'entreprise et/ou des parties prenantes

Doc 6 La diversification est la clé de notre succès

Le président de Salomon : « La diversification est la clé de notre succès », propos recueillis par Sandrine Bajos.

Quelle est la clé de votre succès ? La diversification ! Il y a 20 ans, le fondateur du groupe, Georges Salomon, a fait le pari de faire évoluer Salomon d'une marque 100 % sport d'hiver à une marque de matériel, de chaussures et de textile de sports d'extérieur multi-saisons. […]

Quels sont vos enjeux ? Notre croissance est clairement portée par notre pôle textile et chaussures qui a connu une progression de 10 % l'an dernier contre une croissance nulle pour notre pôle matériel sport d'hiver. […]

Comment atteindre cet objectif ? Outre nos activités historiques, nous comptons sur le trail running. Ce marché des courses en montagne ou sur tout-terrain avec du dénivelé, est en train d'exploser en France. Nous allons le développer dans les grands marchés européens, américains et asiatiques. Plus généralement, depuis quelques années, nous observons que les gens ont un vrai besoin de nature, de sortir au sens large, de marcher et courir. Pour répondre à ce besoin, nous leur fournissons le meilleur matériel, vêtements, sacs à dos, chaussures, qui se doivent d'être toujours plus innovants. […]

Sandrine Bajos, www.leparisien.fr, 29 février 2016.

7 Expliquez la stratégie de diversification de Salomon.

8 Analysez le lien entre les finalités de l'entreprise et son objectif stratégique.

Doc 7 Un drive Leclerc avec station-service à Cap Malo

L'hypermarché Leclerc de Saint-Grégoire ouvrira en 2016 un drive alimentaire et de loisirs, ainsi qu'une station-service, à Cap Malo. Les clients pourront passer commande sur des bornes implantées dans la zone.

Deux ans et demi après son ouverture, […] Yannick Kervarrec, propriétaire de l'hypermarché, associé à Daniel Jeulin, aménageur de la zone commerciale Cap Malo, projette d'ouvrir d'ici mai 2016 un Leclerc Drive de sept pistes avec 1 000 m² de surface de stockage, qui proposera, en plus des références propres à un drive classique, des produits culturels et de loisirs. « On y trouvera des livres, des disques, autrement dit une partie des articles disponibles dans les Espaces culturels Leclerc, mais aussi des produits encombrants saisonniers du type salon de jardin, barbecues, sapins de Noël… La liste des références n'est pas figée, on s'adaptera en fonction des attentes des consommateurs », explique Yannick Kervarrec.

C'est le second drive créé par le commerçant […]. « L'objectif est de nous rapprocher de cette clientèle et de désengorger les flux automobiles vers l'hyper de Saint-Grégoire. »

[…] Début des travaux en janvier pour une ouverture envisagée en mai 2016. Yannick Kervarrec prévoit « entre dix et quinze embauches ».

Laurent Le Goff,
www.ouest-france.fr, 11 juillet 2015.

9 Expliquez les objectifs stratégiques de l'entreprise.

BTS 10 Analysez l'influence des parties prenantes sur la stratégie de Leclerc Saint-Grégoire.

II. Les étapes de la démarche stratégique

A. Les modèles (LCAG et SWOT)

Doc 8 LCAG (Learned, Christensen, Andrews, Guth), modèle fondateur

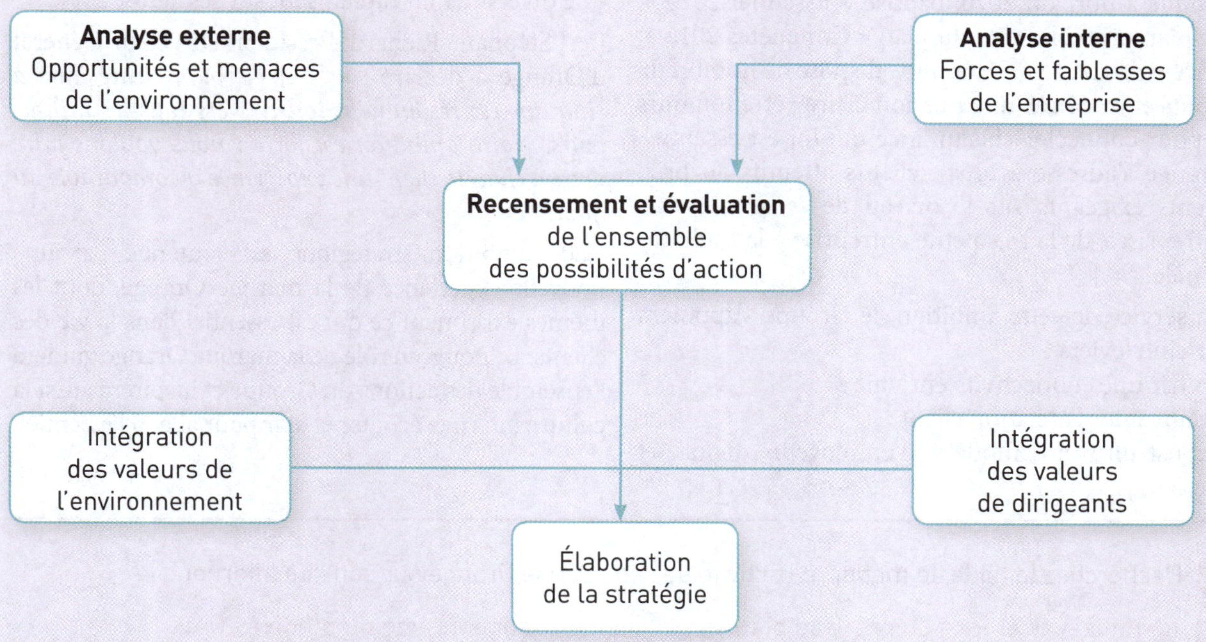

11 D'après le modèle ci-dessus, listez les éléments constituant la démarche stratégique.

Doc 9 SWOT, outil du diagnostic

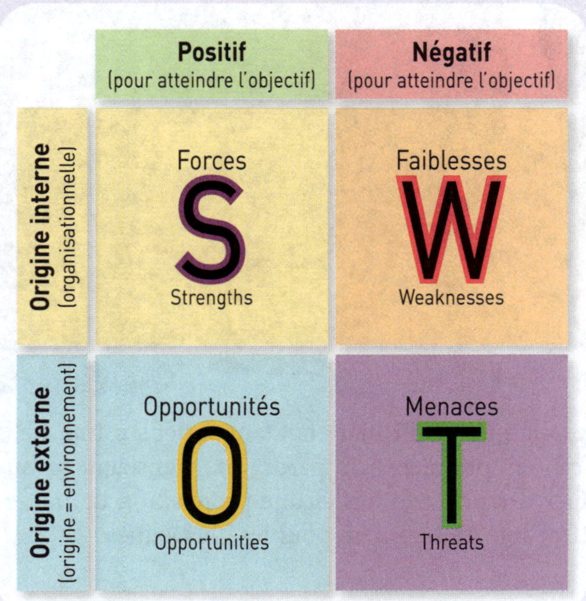

La matrice SWOT permet d'obtenir une vision synthétique d'une situation en présentant les Forces et les Faiblesses de l'entreprise ainsi que les Opportunités et les Menaces potentielles (en français, **analyse FFOM**). L'intérêt de la matrice SWOT est qu'elle permet de rassembler et de croiser les analyses interne et externe avec les environnements micro et macro de l'entreprise. Une fois la matrice SWOT complétée, il est nécessaire de mettre en place une **stratégie** : d'une part insister sur les points forts et profiter des opportunités du projet ; d'autre part surmonter les faiblesses pour prévenir les menaces.

12 Identifiez la finalité d'une analyse SWOT pour une entreprise.

13 Réalisez le SWOT de votre entreprise partenaire de BTS.

B. Une démarche variable en fonction de la taille, du métier et de l'activité de l'entreprise

Doc 10 Essentiels2020, le nouveau plan stratégique d'Orange

Orange présente aujourd'hui son nouveau plan stratégique à horizon 2020, baptisé « Essentiels2020 ». Ce plan prend la suite du plan « Conquêtes 2015 », lancé en 2010. [...] Le Groupe dispose de nombreux atouts et se donne une mission claire : être toujours là pour connecter chacun à ce qui lui est essentiel. Orange s'adresse à tous : clients attentifs au prix, clients exigeants sur le niveau de service, clients entreprises, de la très petite entreprise à la multinationale. [...]

Au service de cette ambition, le Groupe s'appuiera sur cinq leviers :
- offrir une connectivité enrichie ;
- réinventer la relation client ;
- construire un modèle d'employeur digital et humain ;
- accompagner la transformation du client entreprise ;
- se diversifier en capitalisant sur ses actifs.

[...] Stéphane Richard, Président Directeur Général d'Orange a déclaré : « [...] *Ce plan stratégique à cinq ans est résolument tourné vers tous les utilisateurs. Notre ambition est forte : nous voulons faire vivre à chaque client une expérience incomparable au quotidien* [...] ».

Cette ambition stratégique est soutenue par une nouvelle expérience de la marque Orange, dont les thèmes expriment ce qui est essentiel dans la vie des clients. Le nouveau rôle de la marque Orange guidera l'ensemble des actions du Groupe et inspirera aussi la culture interne : écouter et agir pour aller à l'essentiel.

www.orange.com.

14 Recherchez la taille, le métier et l'activité de l'entreprise Orange sur son site Internet.

BTS 15 Identifiez les étapes du nouveau plan stratégique d'Orange à l'aide du modèle LCAG.

Doc 11 Mode : Primark, marque la plus appréciée des internautes

L'enseigne irlandaise de mode à bas prix, qui a inauguré six hypers de la mode en seulement deux ans en France, mais ne vend pas sur Internet [...] Selon une étude du Boston Consulting Group (BCG), Primark arrive en première position du top 10 des marques d'habillement les plus « recommandées » sur Internet. Elle devance le géant espagnol Zara (Inditex), et le suédois H&M, leaders mondiaux de la mode, mais aussi le français Kiabi, qui possède pourtant près de 450 magasins dans l'Hexagone. Suit, en 5e position, Bershka (Inditex), devant Décathlon, Asos, Mango, Etam et Pimkie.

« La première leçon, de ce classement, souligne Olivier Abtan, directeur associé du BCG, c'est que la stratégie du *"no pub"* peut être gagnante. Primark, tout comme Zara, ont pour principe de ne pas dépenser un euro en campagnes publicitaires, mais soignent leur marketing viral. » [...]

Le second enseignement de cette étude réside sans doute dans l'impact [...] des prix sur la côte d'amour des marques. Si Primark fait tant parler sur Internet, c'est en premier lieu parce que l'enseigne a su allier des prix très bas et une proposition de mode attrayante, notamment pour les plus jeunes.

Anne-Sophie Cathala, www.lefigaro.fr, 17 décembre 2015.

16 Réalisez le diagnostic SWOT de Primark.

BTS 17 Analysez les facteurs clés de succès, source d'avantage concurrentiel pour l'entreprise.

III. Les contingences de la démarche et des DAS

A. Différence entre une PME et une grande entreprise

Doc 12 PME Zaphir, numéro 1 du marché halal

Et Isla Délice créa le marché halal en GMS…

[…] Aux commandes de la société Zaphir, numéro un du marché halal avec sa marque Isla Délice, Jean-Daniel Hertzog. Diplômé d'une école de commerce, cet homme, âgé de 28 ans au moment de la création de l'entreprise, en 1990, a une première expérience dans l'univers de l'agroalimentaire. Mais rien de plus. Pas d'affinité particulière avec la communauté musulmane. Qu'importe ! Le jeune homme, qui connaît bien le secteur de la boucherie, se montre visionnaire et ne manque pas d'audace.

En même temps que la création de la société Zaphir, il décide de lancer immédiatement une marque. Cela sera Isla Délice. Une première sur un marché qui se résume à l'époque aux circuits des boucheries traditionnelles et propose pour l'essentiel des produits de viande. Vingt-cinq ans plus tard, Zaphir se retrouve à la tête d'un petit empire. Avec 200 salariés, l'entreprise, toujours dirigée par Jean-Daniel Hertzog, qui cultive avec acharnement la discrétion, affiche un chiffre d'affaires de 50 millions d'euros, a investi dans deux usines et propose quelque 250 références de produits. À partir de 1997, Isla Délice pousse ses pions dans le circuit de la GMS.

Marie Cadoux,
www.lsa-conso.fr, 26 août 2015.

18 Soulignez les étapes clés de la démarche de l'entreprise Zaphir depuis sa création.

19 Sur quel domaine d'activité intervient-elle ?

20 Relevez les éléments qui révèlent que ce segment est porteur.

Doc 13 Les différentes activités du groupe international Kering

Le résultat opérationnel courant de Kering en 2013

En millions d'euros et variation 2012/2013, en %

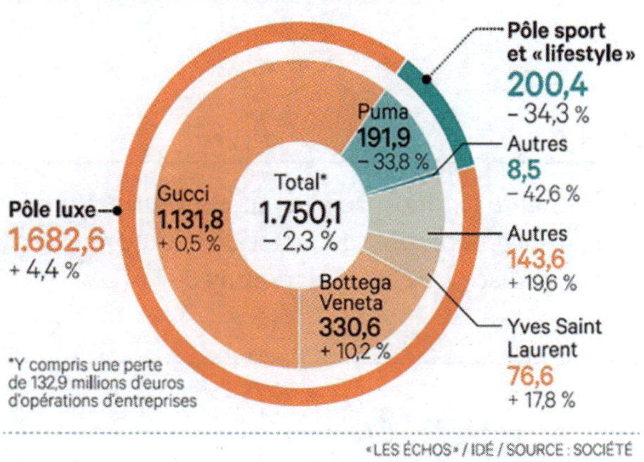

« LES ÉCHOS » / IDÉ / SOURCE : SOCIÉTÉ

Le groupe paie cher sa sortie de la distribution au profit du luxe

Exercice de transition pour Kering, le groupe récemment issu de l'ex-PPR. Les comptes 2013 portent largement la trace des diverses activités cédées ou en passe de l'être, telles que la Fnac ou La Redoute.

Denis Fainsilber, *Les Échos*, 24 février 2014.

21 Identifiez les différentes activités du groupe Kering.

22 Analysez le lien entre les différents segments.

23 Quelle est la démarche stratégique du groupe ?

B. Différence entre une entreprise mono ou multiactivité : la segmentation stratégique

Doc 14 Le Domaine d'activité stratégique (DAS)

Un domaine d'activité stratégique (DAS) représente le résultat de la segmentation stratégique. Un DAS est un sous ensemble d'une entreprise, déterminé par un critère spécifique d'identification du marché (quels clients ou quelle clientèle, quelle demande), un critère spécifique d'identification des types de produits (quelle offre) et un critère spécifique d'identification d'une catégorie de technologies.

La segmentation stratégique correspond à la définition du ou des différents Domaines d'Activité Stratégique (DAS) de l'entreprise dans lesquels seront définis des stratégies.

Lorsque l'entreprise n'est pas en mono-activité, la segmentation se réalise préalablement à toute autre analyse pour définir ensuite dans chaque DAS une **stratégie**.

La segmentation stratégique consiste à segmenter les activités (l'offre) alors que la segmentation marketing correspond à la segmentation des marchés (demande).

Doc 15 La stratégie du Groupe PSA

La **stratégie** du Groupe PSA couvre la période 2016-2021 et répond aux besoins de mobilité des clients en anticipant la mutation des usages de l'automobile. Ce plan de transformation, impulsé par l'évolution des attentes du client, permettra de libérer le potentiel de l'entreprise en capitalisant sur la dynamique d'efficience, d'excellence opérationnelle et d'agilité. [...]

La stratégie ***Push to Pass* de PSA**
www.ressources.hachette-education.com/Action-BTS/Management.html

24 Caractérisez le ou les DAS du groupe, mono ou multiactivité.

25 Analysez les critères de segmentation stratégique.

Doc 16 La segmentation du marché automobile

Le marché automobile se décompose en segments, chacun de ces segments correspondant à un type de véhicule attendu par la clientèle. Les deux critères de classification sont la taille et la silhouette/fonctionnalité (monospace, break, tout terrain etc.). Une sous-segmentation en généraliste ou premium est aussi réalisée à des fins marketings.

26 Expliquez le lien entre la segmentation stratégique et marketing de PSA.

Activités La stratégie et la démarche stratégique

A Testez vos connaissances

Indiquez si chacune des affirmations suivantes est vraie ou fausse en justifiant votre réponse.

	Vrai	Faux
1. La stratégie est déterminée uniquement en fonction des finalités.	☐	☐
2. Les parties prenantes interviennent dans les prises de décisions des dirigeants.	☐	☐
3. La stratégie de l'entreprise doit être cohérente avec son métier et ses finalités.	☐	☐
4. Les modèles de démarche stratégique LCAG et SWOT sont identiques.	☐	☐
5. La mise en œuvre de la démarche prend également en compte la taille de l'entreprise.	☐	☐
6. La démarche stratégique ne varie pas selon la multiplicité des DAS de l'entreprise.	☐	☐
7. La segmentation stratégique permet de définir des DAS.	☐	☐
8. Un DAS correspond aux différentes entreprises d'un groupe.	☐	☐
9. La segmentation stratégique permet de mettre en œuvre une démarche spécifique sur chaque DAS.	☐	☐
10. La segmentation stratégique consiste à segmenter la demande (marchés) alors que la segmentation marketing correspond à la segmentation de l'offre (activités).	☐	☐

B Stratégies d'écriture

Commentez l'article ci-dessous en une dizaine de lignes.

Lacoste, équipementier roi des JO de Rio

Après avoir détrôné Adidas, le contrat d'équipementier officiel de la marque au crocodile avec le Comité national olympique et sportif français a été reconduit jusqu'en 2020. Un contrat qui pourrait rapporter gros à la marque. [...] La marque équipe donc les sportifs français pour la deuxième fois, après avoir réalisé les tenues des athlètes pour les Jeux de Sotchi. [...]

Des retombées économiques et médiatiques importantes pour les marques

[...] Avec une tenue de cérémonie, une tenue de protocole, et deux tenues pour le Village olympique pour les 396 athlètes français, l'équipementier a beaucoup à faire. [...] Il y a un cahier des charges très précis [et] des contraintes techniques de visibilité des logos. La marque, créée par René Lacoste, veut représenter l'élégance française. [...]

Car être équipementier officiel peut rapporter gros. En 2012, Adidas, alors partenaire officiel, avait brillé tant en nombre de médailles remportés par les athlètes qu'il habillait que médiatiquement. Le groupe, qui avait investi 100 millions de livres dans les JO, voyait ses dépenses déjà rentabilisées rien que par les ventes de produits dérivés. Lacoste l'a bien compris. Les tenues officielles des jeux de Rio et les produits dérivés sont en ventes en ligne et dans les boutiques depuis le 28 avril.

Victoria Masson, www.lefigaro.fr.

Synthèse La stratégie et la démarche stratégique

I Les déterminants de la stratégie

La stratégie revêt différentes facettes et on distingue, selon H. Mintzberg :

La stratégie délibérée ≠ **La stratégie émergente**

Les dirigeants fixent des objectifs en fonction :

- des finalités
- des parties prenantes

→ pour une stratégie cohérente avec les métiers de l'entreprise.

II Les étapes de la démarche stratégique

Pour élaborer une stratégie, l'entreprise peut utiliser différentes méthodes :

Le modèle LCAG — **La matrice SWOT**

→ Dans le but de déterminer **un avantage concurrentiel** en fonction des **FCS**.

La démarche est mise en œuvre en tenant compte :

- de la taille.
- du métier.
- de la multiplicité des DAS.

III Les contingences de la démarche et des DAS

La démarche stratégique se différencie suivant :

- Le type d'entreprise : PME ou grande entreprise.
- Le nombre de domaines d'activité stratégique (DAS) : mono ou multi activité.

→ Et aboutit à la **segmentation stratégique**.

Entraînez-vous ! Le cas FNAC

Après avoir pris connaissance du cas FNAC et des ressources proposées, vous réaliserez une étude en répondant aux questions suivantes :

1 Présentez le diagnostic stratégique de la Fnac à l'aide de l'outil de votre choix.

Démarche BTS
- Expliquer le diagnostic stratégique et les outils disponibles.
- Choisir un outil entre LCAG et SWOT et réaliser le diagnostic stratégique de la Fnac.

2 Identifiez et expliquez des parties prenantes déterminantes dans la stratégie de l'entreprise.

Démarche BTS
- Définir « parties prenantes » selon Freeman.
- Pour chaque partie prenante identifiée, donner l'impact sur la stratégie de l'entreprise.

3 Repérez le virage stratégique opéré par l'entreprise en vous aidant de la typologie de Mintzberg.

Démarche BTS
- Expliquer le virage stratégique de la Fnac.
- Caractériser ce changement en vous aidant de la ressource 3.

4 Montrez comment la Fnac a pris en compte les contraintes de son environnement.

Démarche BTS
- Nommer les contraintes de l'environnement auxquelles l'entreprise doit faire face.

5 Présentez les conditions de mise en œuvre de la démarche stratégique.

Démarche BTS
- Lister les actions mises en œuvre.

Le dossier comprend le cas FNAC et les ressources documentaires suivantes :
- **Ressource 1 : Face à Amazon, la Fnac réaffirme ses positions dans la librairie**
- **Ressource 2 : Fnac/Darty et si ensemble ils réinventaient le e-commerce ?**
- **Ressource 3 : La stratégie selon Henri Mintzberg dans *Safari en pays stratégie***

Le cas FNAC

La Fnac, acteur majeur de la distribution de biens culturels, de loisirs et de technologies. En 2015, l'entreprise réalise un chiffre d'affaires de 3 876 millions d'euros qui se répartit en 3 catégories de produits :
- 56,1 % produits techniques ;
- 38,8 % produits éditoriaux ;
- 5,1 % services.

Un groupe international

Fin 2015, l'enseigne compte 199 magasins en France et à l'international dont 18 au format *Travel*, situés dans les gares et les aéroports. L'entreprise est présente dans 9 pays (Europe du Nord, Europe du Sud, Brésil, Maroc, Qatar et Côte d'Ivoire) avec 78 magasins.

Son histoire

En 1954, Max Théret et André Essel créent un groupement d'achat, la Fédération nationale d'Achat des Cadres, avec l'objectif de faire du commerce différemment et d'offrir à tous les publics des produits moins chers. Le premier magasin ouvre à Paris en 1957. Dans les années 1980, la Fnac s'introduit en bourse, s'implante en Belgique et lance Fnac Voyages. Le Groupe Crédit Lyonnais, l'actionnaire majoritaire au début des années 1990, cède sa participation à PPR (qui deviendra Kering en 2013). Son développement international se poursuit (Espagne, Portugal, Brésil, Italie et Suisse…). 1999 est marquée par la création de son site e-commerce, Fnac.com puis en 2009, c'est le lancement de la MarketPlace sur Fnac.com (plateforme qui référence plus de 1 500 vendeurs partenaires pouvant utiliser le site comme interface de vente). L'enseigne déploie son plan stratégique Fnac 2015 : elle renforce notamment la multicanalité et ouvre de nouveaux formats de magasins en franchise. La Fnac lance sa solution de lecture numérique Kobo by Fnac, puis une nouvelle offre de produits (Univers Kids, Espace Maison & Design), deux nouvelles familles de produits (objets connectés et téléphonie nue). L'enseigne poursuit son implantation également dans les gares et aéroports en France et à l'étranger. En France, elle ouvre à Melun son premier format de proximité en franchise sur 320 m^2.

Ressource 1 Face à Amazon, la Fnac réaffirme ses positions dans la librairie

Les livres représentent 20 % des ventes de la Fnac. L'enseigne culturelle va revoir de fond en comble ses espaces librairies. Le « premier libraire de France » tient à le rester. Après avoir investi dans les objets connectés et les nouvelles technologies, « la Fnac réaffirme haut et fort en 2016 son engagement dans la culture », clame Coralie Piton, directrice de la stratégie et du livre. Le distributeur, dont le livre représente 20 % de ses 3,8 milliards de chiffre d'affaires, entend ainsi défendre ses positions face à Amazon.

Chloé Woitier, Alexandre Debouté, 14 mars 2016, www.lefigaro.fr.

Ressource 2 Fnac/Darty et si ensemble ils réinventaient le e-commerce ?

Frank Rosenthal, consultant [...], livre son analyse sur le rachat de Darty par la Fnac [...] : « On a beaucoup (trop ?) parlé du prix de rachat de Darty. À un degré moindre des enjeux et encore moins des opportunités. » Elles sont pourtant multiples [...].

Le marketing client

La Fnac, forte de ses plus de 4,2 millions d'adhérents à la Carte Fnac en France et 6,1 millions dans le monde (source : Groupe Fnac), a su créer un lien fort et aussi, [...] regagner en compétitivité prix avec ses offres adhérents, mais aussi ses week-end ou ses soirées adhérents [...]. L'image-prix en résultante sera d'ailleurs un des principaux enjeux du groupe avec ses deux enseignes. Deuxième gisement d'opportunités, le e-commerce pourrait être l'un des principaux vecteurs de croissance du Groupe Fnac au contour redéfini, et cela pour au moins deux bonnes raisons.

→ **Du fait de la croissance du marché du e-commerce** qui s'établit à 14 % sur la dernière année en France et selon Internet Retailer à 14,6 % aux États-Unis [...]. La croissance est loin d'être achevée et ce sont de beaux gisements de chiffres d'affaires en perspective pour les deux enseignes.

→ **Parce que Fnac et Darty, déjà fortes en e-commerce, ont la capacité de contrer deux grands concurrents, Amazon mais aussi Cdiscount.** Si on observe les chiffres Mediamétrie pour le quatrième trimestre 2015, Fnac se classe en 3e position avec 11,05 millions de visiteurs uniques et Darty en 8e position avec 5,92 millions. La nouvelle force de frappe cumulée des deux enseignes est donc potentiellement de 16,97 millions de visiteurs uniques. Des chiffres qui parlent quand on les compare aux 11,81 millions de Cdiscount et aux 19,36 millions d'Amazon. [...]

Mais pour contrer ces deux concurrents redoutables, [...] la bataille pourrait bien se jouer sur la créativité commerciale : le *click and collect* se développe ? En France, les deux réseaux représentent près de 400 points de retraits et un vrai service serait de commander sur fnac.com et de retirer en magasin Darty ou l'inverse ! Les équipes de livreurs Darty peuvent livrer des produits Fnac et inversement.

www.lsa-conso.fr.

Ressource 3 La stratégie selon Henri Mintzberg dans *Safari en pays stratégie*

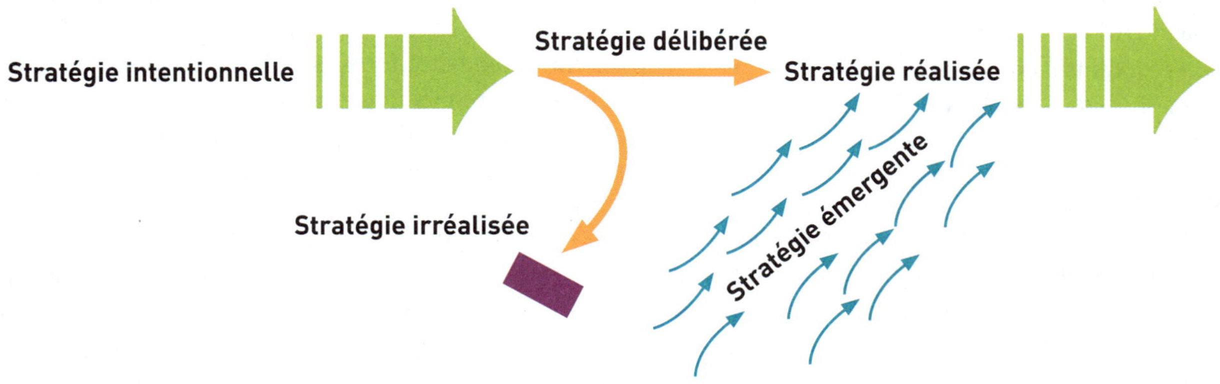

7 Environnement global et forces concurrentielles

Compétences

- Étudier l'environnement global et les forces concurrentielles de l'entreprise.
- Mettre en œuvre les outils de diagnostic stratégique.
- Réaliser un diagnostic ou une partie de diagnostic.

Plan du cours

I. L'environnement de l'entreprise : le diagnostic externe global (approche macro et « *corporate* »)

II. Les forces concurrentielles de l'entreprise : le diagnostic externe de domaine (approche micro et « *business* »)

Notions

- Diagnostic externe, micro-environnement, macro-environnement, modèle des 5 forces concurrentielles de Porter, groupes stratégiques, avantage concurrentiel, ressources stratégiques disponibles, méthode PESTEL.

→ Auteur Michael Porter

AlloResto pimente sa stratégie pour affronter ses nouveaux concurrents

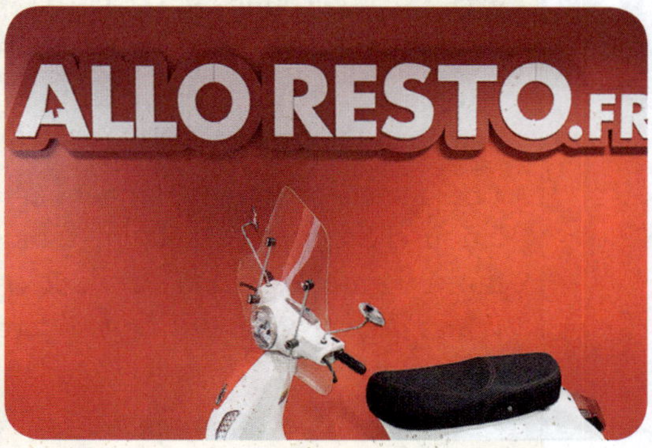

Foodora, Deliveroo, UberEATS... La concurrence s'intensifie dans le secteur du « *food delivery* » en France avec la multiplication de nouveaux acteurs qui n'ont cessé de débarquer ces derniers mois, avec des modèles plus ou moins différents. De quoi pousser AlloResto, l'un des premiers à s'être lancé dans la course dès la fin des années 1990, à s'adapter à cette nouvelle donne.
[...] AlloResto affûte donc ses arguments en revendiquant plus de 700 000 clients réguliers et une couverture nationale reposant sur un réseau de 4 000 restaurants partenaires dans une quarantaine de villes françaises, ce qui n'est pas le cas de certains acteurs qui, parfois, ne sont disponibles qu'à Paris.
Par ailleurs, AlloResto a dû accroître sa visibilité auprès des consommateurs à coup de publicités télévisées [...] ou d'affichages dans le métro [afin de] capter toujours plus de clients avant ses concurrents. Ce qui passera notamment par des innovations sur les services. La société affirme par exemple s'intéresser aux robots conversationnels [...] : la recommande [auprès] du même restaurant, à la même adresse avec le même moyen de paiement.

Olivier Harmant, www.frenchweb.fr, 10 mai 2016.

La stratégie d'AlloResto
www.ressources.hachette-education.com/Action-BTS/Management.html

1 Présentez brièvement les documents (thèmes, sources, formats, idées principales).

2 Indiquez les choix stratégiques effectués par AlloResto.

BTS 3 Repérez les éléments de l'environnement de l'entreprise qui influencent ses décisions.

I. L'environnement de l'entreprise : le diagnostic externe global (approche macro et « *corporate* »)

A. L'analyse de l'environnement : menaces et opportunités

Doc 1 Diagnostic externe et environnement

Le diagnostic stratégique est une méthode qui vise à connaître les points forts et les points faibles d'une organisation sur le long terme. Il peut être interne et externe. […] Le diagnostic externe vise à détecter les opportunités et menaces de l'environnement de l'entreprise, c'est-à-dire de ce qui l'entoure. Il porte sur les éléments constitutifs du macro-environnement (démographique, économique, réglementaire, technologique, culturel, etc.) et du micro-environnement (taille et structure du marché, clients, concurrence, distributeurs). Une opportunité correspond à un besoin d'achat qu'une entreprise peut satisfaire. Une menace désigne un problème posé par une tendance défavorable qui, en l'absence d'une réponse appropriée, peut détériorer la position de l'entreprise.

Ulrike Mayrhofer, *Marketing*, coll. LexiFac, Bréal, 2015.

Doc 2 L'entreprise et son macro-environnement

Essayer de comprendre l'entreprise seule, sans s'intéresser à son environnement, c'est un peu comme essayer d'étudier la vie des poissons dans un aquarium ! L'entreprise fonctionne un peu selon le même système : elle n'est ce qu'elle est, que parce qu'elle évolue dans un environnement bien particulier. D'ailleurs, certains auteurs envisagent l'entreprise essentiellement comme un système, qui échange avec son environnement. L'entreprise se définit par opposition à son environnement. […]

Plusieurs facteurs déterminent ce macro-environnement :

- Les facteurs **démographiques** : la taille de la population, l'évolution de la pyramide des âges, les flux migratoires… Ex. *Pendant le baby-boom, les ventes de poussettes ont explosé face à la hausse des naissances.*
- Les facteurs **économiques** : la croissance économique, le taux de chômage, la mondialisation vont influencer les revenus des consommateurs potentiels. Ex. *La crise actuelle a pour effet de réduire les dépenses des touristes étrangers en France.*
- Les facteurs **sociologiques** : le niveau d'éducation, la réduction des inégalités, le développement des congés payés, le nombre croissant de familles monoparentales… Ex. *Le nombre croissant de femmes travaillant a réduit le temps consacré à la préparation des repas, favorisant la consommation de plats déjà préparés.*
- Les facteurs **technologiques** : les innovations technologiques, les brevets technologiques tombant dans le domaine public, l'utilisation de nouvelles énergies… Ex. *Le développement des téléphones portables a eu impact très négatif sur les cabines téléphoniques dans les rues.*
- Les facteurs **politiques et légaux** : mise en place de nouvelles normes, développement de taxes sur certains produits… Ex. *L'utilisation de photos d'identité spécifiques pour les passeports biométriques a affecté nettement les résultats des entreprises de cabines automatiques.*
- Les facteurs **écologiques** : réduction de la consommation d'énergie, retraitement des déchets… Ex. *La consommation des ampoules électriques est devenue un argument de vente pour les fabricants.*

Ministère de l'Économie, *Facil'éco*, www.economie.gouv.fr, 2016.

1 Donnez une définition du diagnostic stratégique externe.

2 Donnez une définition de l'environnement, du micro-environnement et du macro-environnement.

3 À partir des documents 1 et 2, repérez les principales composantes de l'environnement global (macro-environnement) de l'entreprise, et trouvez des exemples.

BTS 4 Expliquez pourquoi l'environnement doit être pris en compte dans le diagnostic stratégique de l'entreprise.

Doc 3 Le carton de la livraison à domicile

C'est l'une des grandes tendances qui n'est plus seulement parisienne, vous vous faites livrer votre repas à la maison. […]

Les commandes progressent-elles en France ?

Oui et ce n'est plus réservé aux étudiants qui commandent leur pizza à partager avec leurs colocataires. D'après une étude du cabinet NPD groupe, les commandes que l'on passe par téléphone, Internet ou via une application mobile sont en hausse de 70 % en cinq ans, ce qui est énorme. […] Pour l'instant, ça touche surtout les villes […].

Alors que se passe-t-il ? Comment expliquer ce phénomène ?

On a du choix avec plus de 40 spécialités culinaires qui sont désormais proposées par exemple sur AlloResto. Spaghettis bolognaise, sushis, poulet rôti, sandwichs, fruits de mer ou halal, plus besoin d'aller au supermarché, de faire ses courses, éplucher et préparer. […] Et puis il y a une raison sociologique, la France compte près de 18 millions de célibataires d'après le dernière recensement de l'Insee, donc après une journée de travail, quand vous passez une heure dans les transports parce que les temps de transports se sont allongés aussi, la livraison à domicile tombe à pic.

Elisabeth Assayag, www.europe1.fr, 13 octobre 2016.

5 Recensez les différentes composantes de l'environnement global d'une entreprise comme AlloResto ou Deliveroo par exemple.

BTS **6** Relevez les influences environnementales qui peuvent constituer des opportunités et celles qui peuvent être des menaces pour l'entreprise. Justifiez votre réponse.

BTS **7** Expliquez en quoi le diagnostic stratégique est indispensable à toute décision de management.

B. La méthode PESTEL : identifier et analyser les influences diverses

Doc 4 La méthode d'analyse PESTEL

La méthode d'analyse PESTEL est un outil (mnémotechnique) permettant d'évaluer l'influence de six éléments composant le macro-environnement de l'entreprise sur ses décisions stratégiques. Les influences peuvent être : politique, économique, socioculturelle, technologique, écologique ou légale. Cette méthode met en avant le rôle du contexte dans lequel l'entreprise évolue afin d'évaluer avec précision les opportunités et les menaces.

Politique
- Stabilité gouvernementale
- Politique fiscale
- Commerce extérieur
- Protection sociale

Économique
- Cycles économiques
- Évolution du PIB
- Taux d'intérêt
- Politique monétaire
- Inflation
- Chômage
- Revenu disponible

Légale
- Lois sur les monopoles
- Droit du travail
- Législation sur la santé
- Normes de sécurité

L'organisation

Écologique
- Lois sur la protection de l'environnement
- Retraitement des déchets
- Consommation d'énergie

Technologique
- Dépenses publiques de R&D
- Investissements privés et publics sur la technologie
- Nouvelles découvertes
- Vitesse des transferts technologiques
- Taux d'obsolescence

Socioculturelle
- Démographie
- Distribution des revenus
- Mobilité sociale
- Changements de modes de vie
- Attitude par rapport au loisir et au travail
- Consumérisme
- Niveau d'éducation

G. Johnson, R. Whittington, K. Scholes, D.Angwin, P. Regner, F. Fréry, *Stratégique*, Pearson Education, 10e édition, 2008.

Doc 5 Qui gagnera la bataille des « FoodTech » ?

De San Francisco à Londres en passant par Paris, les jeunes entreprises se lançant sur le créneau de la livraison de repas à domicile se multiplient, attirées par de récentes annonces de levées de fonds à plusieurs dizaines de millions d'euros pour des entreprises âgées de seulement quelques mois. […]

« FoodTech », quelle définition ?

Mais au fait, à quoi correspondent exactement ces « FoodTech » ? Dans l'Hexagone, son usage récent recouvre surtout les services de livraison de repas préparés à domicile. Lesquels reposent – c'est la partie « Tech » – sur des logiciels et structures informatiques permettant de calculer les trajets les plus performants entre les lieux de production des repas et son destinataire final. Si l'on s'en tient à la définition la plus restreinte – et peut-être faudrait-il alors plutôt parler « d'e-restauration » –, les capitaux engagés auraient atteint plus de 2 milliards d'euros ces dernières années, avec une accélération en 2015. […]

Le gros des troupes est formé par des plateformes de mise en relation entre des restaurants ayant pignon sur rue et qui souhaitent atteindre les clients où qu'ils se trouvent, le plus souvent chez eux ou sur leur lieu de travail. Là, deux possibilités : soit il ne s'agit que de plateformes virtuelles – comme AlloResto par exemple qui n'organise pas la livraison, mais offre seulement une visibilité aux entreprises –, soit – c'est le cas des nombreux nouveaux arrivants – l'organisation des livraisons est prise en charge. Le désormais omniprésent Uber a choisi cette formule avec UberEats. D'autres noms : les britanniques Deliveroo, les belges Take Eat Easy ou les Allemands de Foodora commencent à s'imposer, que ce soit dans les couloirs du métro ou bien auprès des potentiels investisseurs.

Quelques gagnants seulement ?

Pour tous, un même espoir que la densité des mégalopoles et les changements d'habitudes alimentaires rendre leur service rentable, à condition de remplir des nombreux critères. À commencer par celui d'être quasiment seul en piste. […] La contrepartie, c'est aussi de gérer des flottes de coursiers au statut particulièrement mal défini. C'est là qu'entre en jeu le débat sur les conditions sociales pour ces derniers.

Marina Torre, www.latribune.fr, 27 février 2016.

BTS 8 Présentez la méthode PESTEL et son objectif.

9 À partir des documents 3, 4 et 5, complétez le tableau ci-dessous : identifiez et catégorisez les éléments de l'environnement d'une entreprise comme AlloResto, selon la méthode d'analyse PESTEL. Évaluez pour chaque élément s'il s'agit d'opportunité ou de menace. (Plusieurs éléments peuvent être identifiés pour une même composante.)

Composantes de l'environnement selon PESTEL	Éléments identifiés	Opportunité ?	Menace ?	Justification
Politique				
Économique				
Socioculturel				
Technologique				
Écologique				
Légal				

II. Les forces concurrentielles de l'entreprise : le diagnostic externe de domaine (approche micro et « *business* »)

A. Les études de marché : diagnostics quantitatifs et qualitatifs du marché

Doc 6 Qu'est-ce qu'une étude de marché ?

Une étude de marché est un outil et une technique de collecte et d'analyse d'informations permettant de mieux connaître un marché, dans le but de réduire l'incertitude des décisions futures et donc d'aider à la prise de décision. Cependant, de multiples facteurs d'erreur interviennent : mauvaise formulation du problème, choix méthodologique erronés, terrain défaillant, versatilité du consommateur, etc. […] Les professionnels distinguent deux grands types d'études :

- **L'étude quantitative** cherche à mesurer (en nombre) des comportements ou des attitudes (qui achète quoi, qui aime quoi, etc.) afin de les généraliser à une population avec un risque d'erreur faible.
- **L'étude qualitative** cherche à recenser des composantes d'un problème complexe afin d'expliquer des comportements ou des attitudes (motivations d'achat, hypothèses, etc.).

Dans la réalité, les deux approches sont souvent complémentaires, car leurs objectifs sont distincts. Avec une étude qualitative, on explore, on cherche à comprendre et à dégager les grandes lignes d'un problème ; avec une étude quantitative, on quantifie les variables mises à jour et on généralise.

Éric Vernette, *L'Essentiel du Marketing*, Eyrolles, 2008.

10 Recensez les objectifs et les limites d'une étude de marché.

11 Expliquez les différences et les complémentarités entre des études quantitatives et des études qualitatives.

Doc 7 Présentation de Foodora

Foodora est une jeune entreprise du groupe Rocket Internet. Opérant sur le secteur de la restauration collaborative, la société met à la disposition des utilisateurs une plateforme active qui propose des services de livraison à domicile sous un délai de 30 minutes maximum. Cette opération est assurée par des coursiers à vélo. Sur le site, le client choisit le restaurant et commande son plat qu'il reçoit 30 minutes plus tard. Disponible dans plus de 24 capitales et grandes villes mondiales à l'instar de Berlin, Amsterdam, Milan, Toronto, Dubaï, Sidney, Oslo, Vienne, Stockholm, Helsinki, Madrid ou encore Singapour et Hong Kong. En France, ce service est disponible à Paris et à Lyon.

www.usine-digitale.fr, 17 août 2015.

Doc 8 Étude de marché sur Foodora

Thème 1 : Marché de livraison à domicile	
Personne (sexe, âge, statut, revenu, etc.)	Homme-femme ; 20-35 ans
Circonstances d'utilisation	Majorité : soir + weekend, 2 à 4 fois par mois. Pas envie de cuisiner mais de rester chez soi
Avantages du service	Rapide et simple à commande Sélection variée de restaurants de qualité
Procédure de commande	Ordinateur ou application ; géolocalisation ; choix des spécialités et règlement. Possibilité de comparer plusieurs sites.
Noms de site	AlloResto *(market leader)*, Deliveroo, Take Eat Easy, Chronoresto, Foodora, Resto-In, Stuart.
Envie d'essayer un nouveau site ?	« Pourquoi pas, si le site propose plus de restaurants ou de meilleurs, et que le prix reste raisonnable » (Valentine, 22 ans, salariée)
Thème 2 : Deliveroo	
Notoriété du site	Assez faible mais un peu de publicité dans le métro ou sur Internet. « J'ai connu Deliveroo grâce à leur publicité sur Instagram et Facebook » (Jérémy, 22 ans, étudiant, Paris)
Impression suite à une simulation de commande	Site agréable, donne envie de commander, instructions claires et temps d'attente donné.

Étude Rocket Internet, 2015.

12 Présentez l'originalité de l'entreprise Foodora.

BTS 13 Résumez l'étude de marché, en veillant à distinguer les informations quantitatives et les informations qualitatives.

B. Les 5 forces de la concurrence (dites de PORTER) : identifier l'intensité concurrentielle et les facteurs clés de succès

Doc 9 Les cinq forces de la concurrence (dites de PORTER)

Héritier de l'économie industrielle, Michael Porter présente un schéma très utile dans son ouvrage de 1980, intitulé *Competitive Strategy*. Ce schéma, dit « schéma des cinq forces », résume de manière astucieuse les dimensions utiles au diagnostic d'une industrie, c'est-à-dire d'un secteur d'activité.

Collectif, *Strategor*, Dunod, 2013.

Porter fait deux hypothèses : d'abord, l'état de la concurrence sur un secteur dépend de cinq forces fondamentales : les clients, les fournisseurs, les concurrents du secteur, les produits substituables et les entrants potentiels. Ensuite, plus l'intensité de ces forces est grande (ce qu'on appelle l'intensité concurrentielle), plus la rentabilité potentielle de l'activité est faible. Il est donc essentiel d'évaluer avec précision l'environnement spécifique (micro-environnement), c'est à dire les éléments qui influencent directement l'entreprise. […] L'analyse et la hiérarchisation de l'influence de ces forces doit permettre de dégager les facteurs clés de succès[1] à maîtriser pour obtenir un avantage concurrentiel[2].

T. Loilier et A. Tellier (dir.), *Les Grands Auteurs en stratégie*, EMS, 2007.

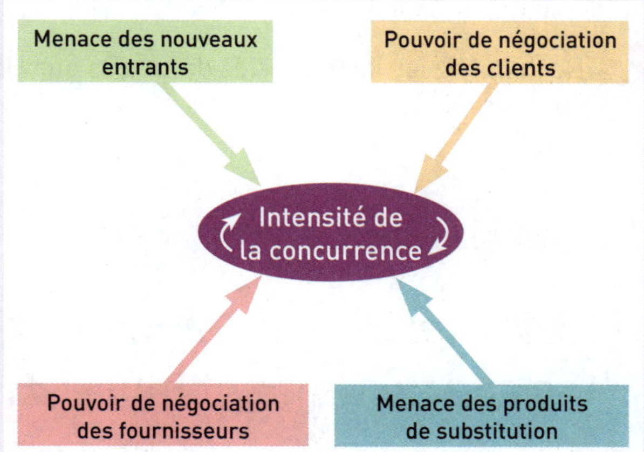

1. Éléments à maîtriser pour être compétitif sur un marché.
2. Atout stratégique par rapport à la concurrence.

14 Définissez les notions de *micro-environnement*, de *facteurs clés de succès* et d'*avantage concurrentiel*.

15 Expliquez, selon le modèle des cinq forces de Porter, le lien entre ces trois notions.

16 À l'aide d'exemples de votre choix, montrez que la prise en compte de ces cinq forces concurrentielles est essentielle pour établir un diagnostic externe d'un domaine d'activité.

Doc 10 Le marché de la restauration hors domicile a renoué avec la croissance en 2016… grâce au digital

Le secteur de la restauration hors domicile[1] renoue avec la croissance et finit à + 0,7 % en dépenses (cumul à fin novembre 2016), soit la meilleure performance du secteur depuis 2012. C'est le bilan positif dévoilé par NPD Group vendredi 20 janvier 2016 et qui constate un marché « au beau fixe, comme le confirment la hausse de la fréquentation de 0,4 % et la légère augmentation (0,3 %) de la dépense moyenne qui s'établit à 5,5 euros ». Au total, ce sont 54,6 milliards d'euros dépensés. […] « La livraison à domicile par exemple, va continuer à progresser dans le monde au cours des 10 prochaines années, s'étoffant au gré des paramètres modernes : l'urbanisation, la pression du temps et le besoin croissant de services aux personnes n'ayant pas la possibilité de cuisiner », conclut Maria Bertoch.

Les tendances 2016 en restauration

• **La multiplication des partenariats** : les nouveaux partenariats se multiplient, créant des ponts entre différents acteurs, pour aller vers une consommation de plus en plus ubérisée. Ainsi, UberEATS va proposer un service alliant le transport et la livraison, tandis qu'AlloResto s'est associé avec l'enseigne Franprix pour livrer des repas simples à réchauffer chez soi.

1. La restauration hors domicile inclut ici les circuits suivants : la restauration avec service à table, la restauration rapide, la restauration collective et la distribution automatique.

• **Le développement des applis mobiles** : bien qu'en progression, l'utilisation des applications mobiles pour commander une livraison reste encore marginale. Seulement 10 % des Français utilisent une application pour commander.

• **Le boum « santé »** : 2016 a définitivement été marquée par l'explosion de la tendance « bien dans son assiette » avec toujours plus de produits sains, locavores, de régimes « sans » (sans gluten, sans lactose, végan, végétarien…), de flexitarisme (tendance à réduire sa consommation de viande).

Aude Chardenon, www.lsa-conso.fr, 23 janvier 2017.

BTS **17** Analysez les principales forces concurrentielles sur le secteur de la livraison à domicile, selon le modèle de Porter.

18 Recherchez les facteurs clés de succès que UberEATS pourrait renforcer pour obtenir des avantages concurrentiels.

C. Les groupes stratégiques de PORTER : catégoriser les concurrents et leurs stratégies

Doc 11 L'analyse par les groupes stratégiques

Pour Porter, il est également nécessaire d'étudier la logique de la concurrence interne que se livrent les entreprises d'un même domaine. Un groupe stratégique est alors constitué par les entreprises qui ont fait des choix similaires, voire identiques par rapport à certains critères : taille, innovation, coûts, qualité perçue, champ géographique, etc. […] L'analyse des groupes stratégiques permet de dresser une véritable topographie de la concurrence au sein d'un secteur. À la condition de pouvoir conserver les mêmes paramètres, elle conduit à représenter l'évolution dans le temps de la structure concurrentielle. […] Les performances d'une entreprise s'expliquent ainsi par les caractéristiques concurrentielles du secteur, puis par celles du groupe stratégique auquel elle appartient, et enfin par sa position propre au sein de celui-ci. L'analyse est donc plus fine du positionnement par rapport aux concurrents. Mais cette topographie concurrentielle n'est jamais définitivement figée. Elle évolue plus ou moins vite en fonction de la maturité du secteur et des comportements des acteurs.

Collectif, *Strategor*, Dunod, 2013.

Doc 12 Comment Auchan Direct veut contrer Amazon

« En 2021, je veux que nous soyons le meilleur acteur des courses du quotidien en France, devant Amazon », plastronne Alexandre Mulliez. Le pari est ambitieux, car, en juin, le géant américain a lancé la livraison *express* en une heure à Paris. Auchan Direct, lui, a ouvert son entrepôt et un nouveau site Internet. Premier objectif : augmenter les références. « Il y en avait 7 500, l'équivalent d'un magasin de proximité A2pas, explique Alexandre Mulliez, directeur marketing d'Auchan Direct. Désormais, nous avons l'offre d'un hypermarché. » Dans un mois, 12 000 produits seront disponibles, puis 16 000 au printemps. Voilà de quoi rameuter les clients déçus comme Jonathan Sicsic, qui ne reviendra pas car « il y a moins de choix qu'en magasin ». Second objectif : raccourcir les délais. Une commande avant 13 heures est livrée le lendemain à partir de 7 h 30. Bientôt ce sera H + 6, puis, si possible en 2017, H +1, comme Amazon.

Claire Bouleau, www.challenges.fr, 15 octobre 2016.

19 Présentez l'intérêt du diagnostic par groupe stratégique, ainsi que ses limites.

BTS **20** Jugez si Auchan Direct et Amazon appartiennent au même groupe stratégique dans le secteur de la livraison à domicile.

Activités Environnement global et forces concurrentielles

A Testez vos connaissances

Indiquez si chacune des affirmations suivantes est vraie ou fausse en justifiant votre réponse.

	Vrai	Faux
1. L'environnement de l'entreprise se définit comme la nature qui l'entoure (faune et flore).	☐	☐
2. Une menace est un problème qui risque de dégrader la situation économique de l'entreprise.	☐	☐
3. Le macro-environnement constitue tous les éléments qui influencent indirectement l'entreprise, tandis que le micro-environnement est composé de tous les éléments qui influencent directement l'entreprise.	☐	☐
4. La méthode PESTEL est utilisée pour caractériser les forces des concurrents.	☐	☐
5. Les diagnostics qualitatifs permettent de mesurer en nombre des comportements.	☐	☐
6. Le diagnostic stratégique permet d'évaluer les forces et les faiblesses de l'entreprise.	☐	☐
7. Avant d'entamer toute démarche commerciale, il est indispensable de cerner l'importance du marché potentiel vers lequel l'entreprise oriente son action par une étude de marché.	☐	☐
8. Selon les cinq forces de Porter, plus il y a d'intensité concurrentielle, plus l'entreprise est capable d'avoir un avantage concurrentiel important.	☐	☐
9. Les entreprises faisant partie du même groupe stratégique mènent des stratégies similaires avec des ressources similaires.	☐	☐
10. Un facteur clé de succès est une caractéristique de marché qu'il faut maîtriser pour obtenir un avantage concurrentiel.	☐	☐

B Les mots du management

Reliez les outils de diagnostic aux contenus du diagnostic externe.

- **Méthode PESTEL** •
- **Modèle des 5 forces concurrentielles de Porter** •
- **Étude de marché** •
- **Analyse par groupe stratégique** •

- • Diagnostic externe global
- • Analyse qualitative ou quantitative
- • Permet de catégoriser les concurrents de manière précise
- • Lié au macro-environnement de l'entreprise.
- • Permet de connaître les facteurs clés de succès d'un secteur
- • Lié au micro-environnement de l'entreprise
- • Diagnostic externe de domaine d'activité
- • Permet d'analyser les menaces et les opportunités par rapport à l'environnement de l'entreprise

Synthèse

Environnement global et forces concurrentielles

Le diagnostic stratégique externe
Méthode utilisée pour détecter les opportunités et menaces de l'environnement de l'entreprise (micro et macro).

I L'environnement de l'entreprise : le diagnostic externe global (approche macro et « *corporate* »)

Le diagnostic externe global
Analyse des influences du **macro-environnement** de l'entreprise sur ses décisions stratégiques.

→ **Outil**
Méthode PESTEL.

II Les forces concurrentielles de l'entreprise : le diagnostic externe de domaine (approche micro et « *business* »)

Le diagnostic externe de domaine
Analyse des influences du **micro-environnement** de l'entreprise sur ses décisions stratégiques.

- Diagnostics quantitatifs et qualitatifs du marché.
  → **Outil** Étude de marché.
- Catégoriser les concurrents et leurs stratégies.
  → **Outil** Carte de groupes stratégiques.
- Identifier l'intensité concurrentielle et les facteurs clés de succès.
  → **Outil** Les 5 forces concurrentielles de Porter.

Entraînez-vous ! Le cas AIRBNB

Après avoir pris connaissance du cas AIRBNB et des ressources proposées, vous réaliserez une étude en répondant aux questions suivantes :

1 À l'aide du modèle PESTEL, justifiez le choix du domaine d'activité de l'entreprise Airbnb.

Démarche BTS
- Proposer une définition du modèle PESTEL.
- Repérer les éléments qui correspondent à chaque composante du modèle PESTEL.
- Expliquer en quoi cet environnement a influencé le choix du domaine d'activité.

2 Présentez les principaux éléments du diagnostic externe de l'entreprise (opportunités et menaces).

Démarche BTS
- Définir pour chaque élément du PESTEL si cela est une menace ou une opportunité.
- Rédiger une réponse synthétique et claire.

3 Après avoir identifié les facteurs clés de succès du marché, analysez les avantages concurrentiels de l'entreprise Airbnb.

Démarche BTS
- Proposer des définitions des facteurs clés de succès et des avantages concurrentiels.
- Repérer les facteurs clés de succès.
- Mettre en évidence le lien entre ces facteurs clés de succès et les avantages concurrentiels d'Airbnb.

4 Avec la régulation des autorités locales comme à Berlin ou San Francisco, analysez les conséquences pour l'entreprise et ses parties prenantes.

Démarche BTS
- Repérer les mesures prises par les autorités locales.
- Identifier les parties prenantes de l'entreprise.
- Évaluer pour chaque mesure s'il s'agit d'une menace ou d'une opportunité pour les acteurs.

5 Proposez, en les justifiant, des pistes pour construire ou renforcer les avantages concurrentiels, tout en montrant les avantages et inconvénients de ces axes.

Démarche BTS
- Reprendre des éléments de réponses aux questions précédentes et juger leurs forces et faiblesses.
- Imaginer des actions que Airbnb pourrait mettre en place pour améliorer ses avantages concurrentiels.
- Juger ces actions selon leurs avantages et leurs inconvénients.

Le dossier comprend le cas AIRBNB et les ressources documentaires suivantes :
- Ressource 1 : **Pourquoi Airbnb commence (vraiment) à inquiéter les hôtels**
- Ressource 2 : **Airbnb : Berlin durcit les règles pour les locations touristiques**

Le cas AIRBNB

Fondée en 2008, Airbnb est une plateforme en ligne qui vise à favoriser la location de logements de particuliers. L'entreprise ne possède aucun logement. Elle met directement en relation des propriétaires du monde entier avec des vacanciers et des voyageurs pour des séjours courts ou prolongés. Airbnb joue donc le rôle d'intermédiaire et ponctionne une commission de 6 à 12 % du tarif de nuit. En 2016, 2 millions d'annonces dans 34 000 villes et 192 pays, dont la France : rappelons que la France reste depuis 1980 le premier pays visité au monde avec 83,8 millions de touristes en 2014, loin devant les États-Unis (74,8 millions) et l'Espagne (65 millions). Ce qui fait la force d'Airbnb, c'est de proposer une offre de location large et diversifiée, des descriptions détaillées et annonces vérifiées.

Pourtant, Airbnb connaît des pertes en 2015, aux alentours de 150 millions de dollars, notamment à cause d'une baisse de l'offre de logement due aux problèmes judiciaires de nombre de propriétaires avec les autorités locales. Par exemple, pour enrayer la montée des prix de l'immobilier, la ville de San Francisco a déjà instauré fin 2014 une taxe de séjour de 14 %. À Paris, Airbnb doit aussi payer comme n'importe quel hôtel une taxe de séjour de 0,83 € par jour et par personne pour toute location dans la capitale. Cela peut décourager certains propriétaires de louer sur cette plateforme.

Ressource 1 Pourquoi Airbnb commence (vraiment) à inquiéter les hôtels

Le leader de la location entre particuliers s'intéresse de plus en plus près au monde de l'entreprise. Un marché vital pour les hôteliers.

Aujourd'hui, près de 10 % des réservations passées sur le site Airbnb ont une dimension professionnelle, que ce soit en France ou dans le monde, selon les chiffres donnés par le site. C'était déjà le cas en 2014. Alors, rien de nouveau sous le soleil ? Ce serait oublier la formidable progression de la plateforme : sur les 7 millions de voyageurs qui se sont servis d'Airbnb en France depuis le lancement du site, près de la moitié d'entre eux l'ont fait en 2015. Maintenir un tel ratio pour les voyages à caractère professionnel dans ce contexte n'a rien d'anodin. Autre donnée intéressante, les voyages [professionnels] durent plus longtemps. En moyenne : 6,8 jours contre 5 normalement sur Airbnb en France. […]

En face, les hôteliers font grise mine. Car le voyage d'affaires c'est 50 % de l'offre hôtelière à Lyon et 60 % à Paris. […] Le marché des voyages d'affaires avoisine les 28 milliards d'euros en France et devrait croître de 3,4 % cette année, selon les données de la *Global business travel association* (GBTA). […]

Cette concurrence commence à peser sur les prix. En janvier, une étude de HRS, l'un des spécialistes mondiaux de la réservation d'hôtels pour les entreprises, indiquait une baisse du tarif moyen journalier d'une chambre d'hôtel (ou ADR) à Paris de 0,7 % sur un an, tandis que les tarifs grimpaient dans la plupart des grandes capitales européennes. « La concurrence d'Airbnb n'est pas le seul facteur de cette baisse mais c'est un élément à prendre en compte », analyse Emmanuel Ebray, directeur de HRS France.

Jean-Louis Dell'Oro, www.challenges.fr, 5 février 2016.

Ressource 2 Airbnb : Berlin durcit les règles pour les locations touristiques

À compter du dimanche 1er mai, les habitants de Berlin ne pourront plus louer leur habitation entière pour des séjours de courte durée sur Airbnb, à moins d'obtenir une autorisation des autorités. Les propriétaires ne pourront désormais proposer à la location qu'une pièce de leur appartement ou de leur maison. […]

Le secrétaire d'État au logement de Berlin, Engelbert Lütke Daldrup, interrogé par *Le Parisien*, évalue à 10 000 le nombre de logements qui ont ainsi été retirés du marché traditionnel. Selon lui, « dans certains immeubles, on trouve plus de touristes que de locataires. Nous avons construit 12 000 logements neufs en 2015. Ce n'est pas pour qu'Airbnb réduise nos efforts à néant », souligne-t-il. Les propriétaires qui ne respectent pas cette nouvelle législation risquent une amende allant jusqu'à 100 000 euros.

[…]

Paris

Avec environ 60 000 offres de logement, la capitale française est la première ville d'Airbnb dans le monde. Mais la municipalité entend veiller au respect de la législation, qui impose que les particuliers ne peuvent louer leur appartement que quatre mois par an. […]

Paris effectue des contrôles pour faire la chasse aux locations illégales, vérifiant chaque année entre 400 et 500 appartements. Les contrevenants s'exposent à une amende de 25 000 euros par logement – une somme que Paris voudrait quadrupler. Les condamnations restent toutefois plutôt rares : il y en a eu vingt en 2014, représentant 560 000 euros d'amende. Par ailleurs, depuis le 1er octobre, Airbnb collecte la taxe de séjour [83 centimes par nuitée] et la reverse à la Ville de Paris.

www.lemonde.fr, 26 avril 2016.

8 Ressources et compétences de l'entreprise

Compétences

- Étudier les ressources et compétences propres à l'entreprise.
- Mettre en œuvre les outils de diagnostic stratégique.
- Réaliser un diagnostic ou une partie de diagnostic.

Plan du cours

I. Le diagnostic interne : approche par les ressources et les compétences

II. Le diagnostic interne : approche par la chaîne de valeur

Notions

- Diagnostic stratégique interne, ressources tangibles et intangibles, compétences générales et distinctives, chaîne de valeur, avantage concurrentiel.

→ Auteurs Édith Penrose, Gary Hamel, Coimbatore Krishnarao Prahalad, Michael Porter

La recette bien huilée de Thermomix

Avec 1,4 million d'exemplaires vendus en 2016, dont 280 000 rien qu'en France, ce robot cuiseur de marque allemande mais fabriqué en France écrase la concurrence. Et ce malgré son prix de 1 140 euros et l'impossibilité de l'acheter en magasin ou en ligne. [...]

Comment expliquer un tel engouement ? [...] La notoriété et le système de vente.

« On est à contre-courant de ce qui passe sur le marché, reconnaît Bertrand Lengaigne, le directeur de la marque Thermomix en France. On s'inscrit dans un mode relationnel unique avec nos clients, chacun a un suivi particulier. »

La société compte en France 60 agences réparties sur le territoire et 8 000 conseillers de terrain qui constituent la force de vente du groupe. Il s'agit pour la plupart d'indépendants (seuls 10 % sont des salariés de Vorwerk) constitués de clients qui ont déjà acheté un robot et qui veulent arrondir leurs fins de mois en touchant une prime sur chaque vente effectuée (aux alentours de 10 % du prix de vente).

Des conseillers très encadrés par la firme (ils sont réunis tous les mois dans les directions régionales) et qui ont droit à 390 heures de formation par an. « Ce sont des experts du Thermomix, explique Bertrand Lengaigne. Ils doivent savoir tout faire avec l'appareil pour convaincre le client. »

BFM Business, 15 janvier 2017.

Le succès Thermomix en quelques chiffres
www.ressources.hachette-education.com/Action-BTS/Management.html

1 Présentez brièvement le document (thème, sources, formats, idées principales).

2 Quelles sont les principales ressources et compétences de Vorwerk, société qui produit le Thermomix ?

3 En quoi ces ressources et ces compétences peuvent-elles être sources d'avantage concurrentiel pour cette entreprise ?

I. Le diagnostic interne : approche par les ressources et les compétences

A. Étudier les ressources tangibles et intangibles pour mieux les gérer

Doc 1 L'alchimie entre ressources tangibles et intangibles

Issue des travaux de Penrose (1959), une nouvelle perspective rappelait que le développement de la firme ne dépend pas seulement de son positionnement externe et du jeu des forces auquel elle est soumise, mais qu'une bonne part de son succès dépend aussi des ressources qu'elle a à sa disposition et qu'elle mobilise à sa façon au service de son offre pour ses clients.

Il y a d'un côté des éléments tangibles ou intangibles qui peuvent s'acquérir et s'échanger sans nécessairement faire appel à des transferts de ressources humaines (c'est-à-dire les « actifs et ressources élémentaires » : les équipements, les bâtiments, les produits, les logiciels, les marques, etc.), et, de l'autre, ce qui relève d'une sorte d'alchimie organisationnelle beaucoup plus intangible, *a priori* plus difficilement imitable et encore moins achetable (les savoir et savoir-faire, les processus et routines, la structure organisationnelle ou l'identité).

C'est dans ces éléments intangibles que se niche probablement l'essence même des compétences-clés. En reprenant l'argument de Porter (1991), toute ressource tangible est par nature identifiable et donc achetable, c'est-à-dire imitable et par là même non clé, au sens de Prahalad et Hamel (1990). S'il y a avantage concurrentiel durable, c'est qu'il y a difficulté à imiter et donc des ressources intangibles.

Durand Thomas, « L'alchimie de la compétence », *Revue française de gestion*, janvier 2006.

1 Expliquez la phrase « S'il y a avantage concurrentiel durable, c'est qu'il y a difficulté à imiter et donc des ressources intangibles ».

Doc 2 Reflets de France : quand le terroir se mondialise

En vingt ans, Reflets de France, la marque de produits régionaux de Carrefour est devenue un label de qualité. Son parrain, le chef Joël Robuchon, garde sur elle un œil attentif et sévère. Le groupe veut désormais en faire une arme de séduction à l'international.

En ce matin maussade de novembre, une PME joue un peu son avenir dans les locaux de Reflets de France, la marque de Carrefour spécialisée dans les produits du terroir. Chaque mois, une équipe de l'enseigne se réunit dans le laboratoire du « chef aux 28 étoiles », dans le XVe arrondissement de Paris, pour évaluer de nouvelles propositions de recettes… et vérifier que les produits déjà labellisés sont bien toujours à niveau. L'ambiance autour de la table est studieuse, presque scientifique. Pas de nappe, pas de chichi.

Ce qui est en jeu, c'est la crédibilité de la marque. « Si on ne se différencie pas des autres, ce n'est pas la peine d'estampiller Reflets de France. Nos produits doivent apporter une saveur, une typicité particulière », martèle Joël Robuchon. Cette exigence paye. Riche de 550 références, la marque est devenue l'une des locomotives de Carrefour : elle affichait en 2015 une enviable croissance de presque 10 % qui a porté son chiffre d'affaires à 383 millions d'euros. Elle permet aussi à la maison mère de cultiver une image valorisante d'« enracinement régional » et de « culture artisanale ».

Stefano Lupieri, *Les Échos Week-End*, 9 décembre 2016.

Joël Robuchon, chef étoilé et ambassadeur de la marque Reflets de France
www.ressources.hachette-education.com/Action-BTS/Management.html

2 Repérez les ressources tangibles et intangibles de la marque Reflets de France.

BTS 3 Analysez pourquoi la marque Reflets de France possède un avantage concurrentiel qui repose sur ses ressources. Justifiez votre réponse.

B. Distinguer les compétences générales et distinctives pour les optimiser

Doc 3 Théorie des compétences fondamentales

Le concept de « compétence » est vaste et a donné lieu à des définitions diverses. En management, l'intérêt se porte sur les compétences organisationnelles susceptibles de fonder un avantage concurrentiel.

Trois dimensions cumulées des compétences de l'organisation conduisent à former un avantage concurrentiel soutenable (Prahalad et Hamel, 1990). Une compétence est fondamentale si elle peut être déployée sur une large variété de marchés ; si elle apporte un bénéfice majeur aux consommateurs ; et si elle est rare et difficile d'imitation.

Germain Olivier, Cadieux Louise, Denis Ugo, « Entre compétences fondamentales et paradigme organisationnel : l'impasse stratégique. Le cas Guy Degrenne », *Management & Avenir*, 5/2009 (n° 25).

Selon [Prahalad et] Hamel, la véritable nouveauté du concept tient moins à l'idée que la concurrence se fait sur les compétences qu'à celle d'une distinction entre compétences centrales et autres compétences. [...] Une distinction entre compétence et ressource. Les compétences se définissent comme le mode de coordination des ressources. Elles permettent d'accumuler et de développer les ressources et d'en créer de nouvelles (Arrègle, 1995).

Prévot Frédéric, Brulhart Franck, Guieu Gilles, « Perspectives fondées sur les ressources. Proposition de synthèse », *Revue française de gestion*, 5/2010 (n° 204).

L'analogie de l'arbre

L'entreprise peut être représentée comme un arbre, avec un tronc, des branches et des racines.

Le tronc et les branches principales sont les produits de base ; les petites branches les unités ; les feuilles, les fleurs et les fruits sont les produits vendus aux clients ; la racine qui apporte nourriture et soutien est la compétence de base [ou distinctive].

Jacques Bojin, Jean-Marc Schoettl, *L'Essentiel de la stratégie*, Eyrolles, 2005.

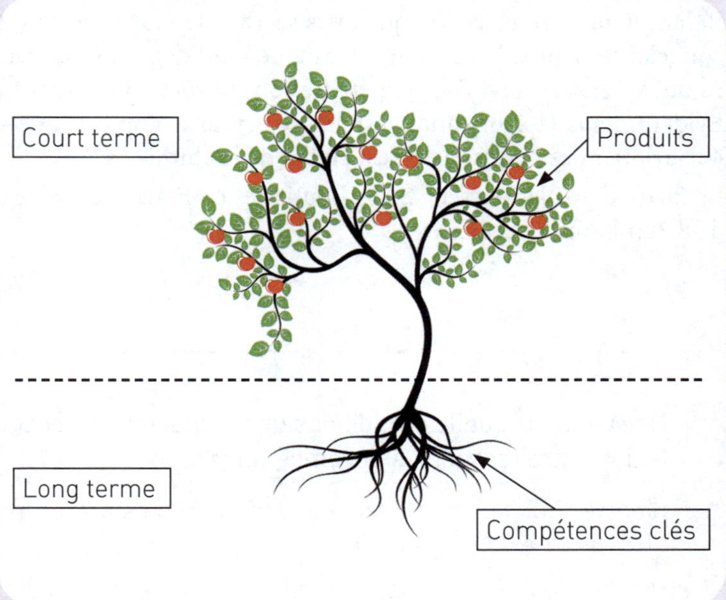

Doc 4 Les confiseries de Cruzilles : à la découverte des ateliers de fabrication

Roland Gibert, directeur général de la société des « Confiseries de Cruzilles », pose le contexte : « En cette saison, l'activité est très intense. Il y a beaucoup de demandes, et environ 80 personnes travaillent sur la fabrication en ce moment. Nous sommes les derniers représentants de notre métier, nous raconte le directeur. Nous sommes spécialisés dans le haut-de-gamme, et nous vendons nos produits aux détaillants et aux épiceries fines. »

La fabrication artisanale, qui différencie l'entreprise Cruzilles, se fait d'une manière bien précise. Prise de température de l'air ambiant, de la préparation qui boue et se mélange dans un grand bac, tout est question de précision. Des femmes très concentrées s'activent autour de l'atelier où elles aplatissent, malaxent et découpent les pâtes de fruits, à l'aide d'un peu de matériel et de leurs mains expertes.

Roland Gibert nous révèle quelques secrets de fabrication : « Pour travailler les fruits confits, nous allons congeler les fruits, à une température de – 20 degrés. Cela permet de briser les fibres à l'intérieur du fruit, ce qui va ensuite favoriser la pénétration du sucre. On stocke chez Gefa plus de 100 tonnes de produits. » Évidemment, la fabrication est un peu plus complexe que cela et, comme l'explique Roland Gibert : « Fabriquer des confiseries, c'est en fait de la chimie ! »

En 2016, Cruzilles possède 2 900 boutiques en France, exporte dans 27 pays pour un chiffre d'affaires global de 8,2 millions d'euros.

Marie Besse, *Le Journal de l'Éco*, 28 mars 2016.

Le Magazine Ultra Gourmand (MUG) à Cruzilles
www.ressources.hachette-education.com/Action-BTS/Management.html

4 Relevez sous quelles conditions une compétence devient une compétence fondamentale et expliquez le lien entre ressources et compétences.

BTS 5 Montrez que les compétences fondamentales de l'entreprise Cruzilles lui permettent de dégager un avantage concurrentiel.

BTS 6 Précisez en quoi le diagnostic interne (études des ressources et des compétences) est complémentaire du diagnostic externe (étude de l'environnement, voir chapitre 7).

II. Le diagnostic interne : approche par la chaîne de valeur

A. Identifier les grandes fonctions opérationnelles...

Doc 5 La notion de chaîne de valeur de M. Porter (1986)

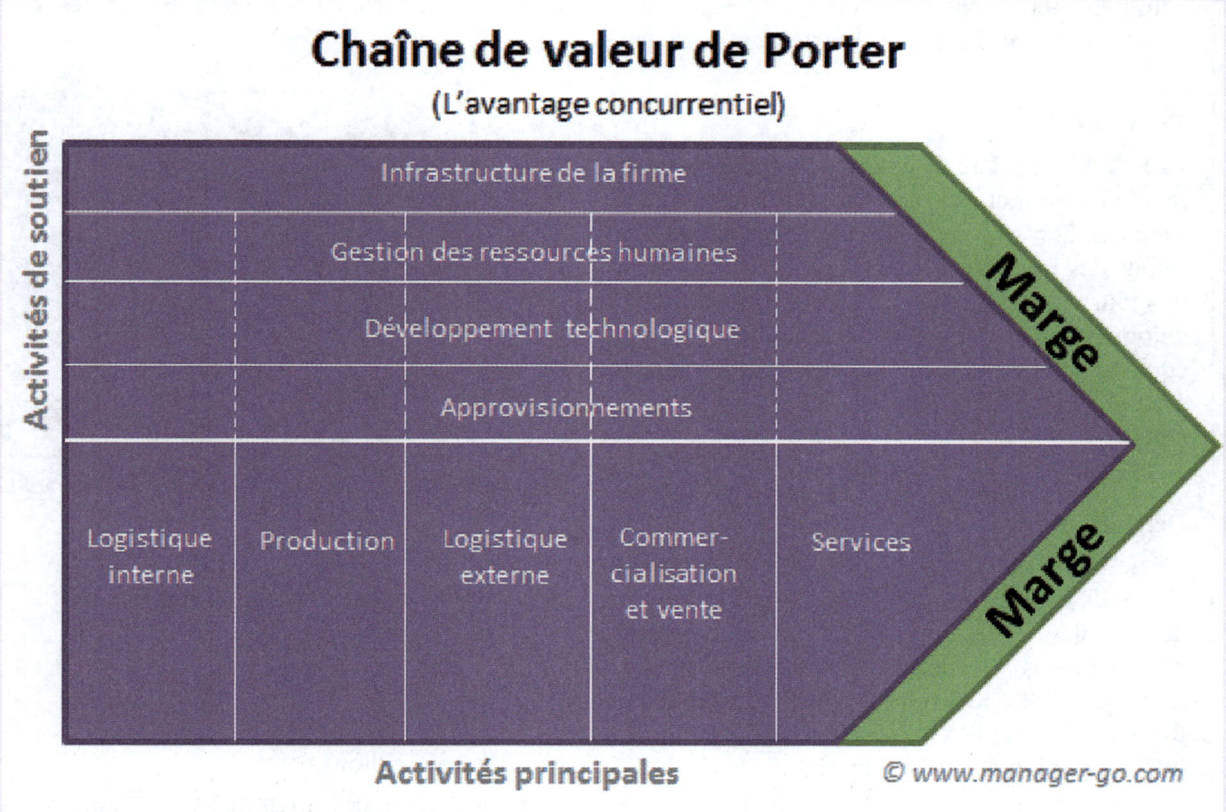

Dans son travail de 1986, M. Porter analyse de façon minutieuse toutes les activités qui constituent des sources potentielles d'avantage concurrentiel pour une entreprise. La chaîne de valeur apparaît ainsi comme un outil de diagnostic des forces et faiblesses de la firme décomposée en regroupement d'activités interdépendantes. Cet outil <u>met l'accent sur la façon dont les activités créent de la valeur (leur coordination) et sur ce qui détermine leurs coûts (l'optimisation)</u>. Elles peuvent être rangées en deux catégories :

- Les activités principales : logistique interne, production, logistique externe, commercialisation et vente, services.
- Les activités de soutien : approvisionnements, développement technologique, gestion des ressources humaines, infrastructure de l'entreprise.

Les activités énumérées sont créatrices de valeur parce qu'elles impliquent l'achat. Chaque entreprise cherche dont à différencier, à spécifier sa chaine de valeur au regard de celles de ses concurrents pour dégager son avantage concurrentiel.

B. Guilhon, P. Gianfaldoni,
« Chaînes de compétences et réseaux »,
Revue d'économie industrielle, 1er trimestre, 1990.

7 Définissez et distinguez les activités principales et les activités de soutien.

8 Expliquez la phrase soulignée. Illustrez-la par des exemples de votre choix.

BTS **9** Montrez en quoi la connaissance de la chaîne de valeur (diagnostic interne) pour une entreprise permet d'opérer des choix stratégiques.

B. ...pour construire un avantage concurrentiel

Doc 6 Les activités de Biocoop

Biocoop rassemble 431 magasins bio (au 1er janvier 2017) autour d'un objectif commun : le développement de l'agriculture biologique dans un esprit d'équité et de coopération.

Leader de la distribution alimentaire biologique, Biocoop s'illustre aussi par ses produits du commerce équitable et par un choix très étendu d'éco-produits et de cosmétiques. Plus qu'un simple réseau de commerçants, Biocoop souhaite aussi peser sur les choix de société et partage son projet avec d'autres acteurs : salariés, consommateurs, producteurs et partenaires.

Transport

La STB : La Société de Transports Biocoop est un maillon essentiel de l'activité de distribution de Biocoop. Son rôle est de livrer les magasins et au retour des tournées de ramasser les produits chez nos fournisseurs. Créée en 2006, la STB comprend aujourd'hui 71 salariés dont 55 chauffeurs. Elle est équipée de 33 véhicules à la pointe des évolutions écologiques parcourant plus de 5 millions de km par an.

Défi bio

Filiale 100 % Biocoop, la société Défi Bio a constitué un fonds qui permet de financer ou de cautionner des actions de développement de nos partenaires professionnels : atelier de transformation, silo de stockage… C'est un exemple concret du soutien que Biocoop marque aux producteurs dans un objectif de construction de filières pérennes.

Les chiffres clés du réseau Biocoop

Progression du chiffre d'affaires magasins :
- 2015 : 768 millions € ;
- 2014 : 657 millions € ;
- 2013 : 580 millions € ;
- 2012 : 535 millions € ;

soit une croissance de plus de 67 % de son activité en cinq ans.

www.biocoop.fr.

Doc 7 Biocoop, plus militant que jamais

Le réseau, né il y a 30 ans, revendique « l'agriculture biologique pour tous » notamment en maîtrisant toute la chaîne de valeur : de la production (1 300 producteurs associés), au transport, à la distribution en passant par l'aide au financement de magasins via le système des Scop (outil de financement « Défi Bio » doté de 4 million d'euros) ou encore l'Association de Consommateurs (Bio Consomm'acteurs).

Le pari de la performance au profit de chaque maillon de la chaîne de distribution: le consommateur achète un produit qui a du sens, à un juste prix, permettant au distributeur que nous sommes mais aussi au transformateur et au producteur de vivre, et d'être soutenus via nos filières d'investissement. Une chaîne de gestion intelligente de la valeur au bénéfice de tous.

Amelle Nebia, « Biocoop, plus militant que jamais », www.e-marketing.fr, 20 mars 2015.

10 Donnez une définition de la notion d'avantage concurrentiel et identifiez celui de Biocoop.

BTS **11** Identifiez et caractérisez les activités de soutien et les activités principales de Biocoop.

BTS **12** Expliquez en quoi la chaîne de valeur de Biocoop explique sa position de leader dans le marché du bio.

Activités Ressources et compétences de l'entreprise

A Testez vos connaissances

Indiquez si chacune des affirmations suivantes est vraie ou fausse en justifiant votre réponse.

	Vrai	Faux
1. La chaîne de valeur d'une entreprise permet de déterminer les activités créatrices de valeur.	☐	☐
2. Le diagnostic interne permet de connaître les opportunités et menaces de l'environnement.	☐	☐
3. Le diagnostic des ressources conduit à distinguer les ressources tangibles et intangibles.	☐	☐
4. Un savoir-faire est une ressource tangible.	☐	☐
5. Les compétences distinctives d'une entreprise sont facilement imitables par les concurrents.	☐	☐
6. Pour être unique, une compétence doit être valorisable, rare, difficile à transférer ou substituer.	☐	☐
7. L'avantage concurrentiel est une force qu'une entreprise possède sur ses concurrents et qui lui assure une position dominante sur le marché.	☐	☐
8. Selon M. Porter, l'avantage concurrentiel repose uniquement sur des coûts peu élevés.	☐	☐
9. La chaîne de valeur d'une entreprise est un outil d'analyse qui découpe les activités en « à garder » et « à supprimer ».	☐	☐
10. Diagnostic interne et diagnostic externe sont complémentaires pour établir une analyse globale de la stratégie d'une entreprise (forces, faiblesses, opportunités et menaces).	☐	☐

B Les mots du management

Reliez les notions aux contenus du diagnostic interne.

Ressources tangibles •	
Chaîne de valeur •	• Diagnostic interne par ressource
Compétences distinctives •	• Diagnostic interne par chaîne de valeur
Ressources intangibles •	• Diagnostic interne par compétence
Compétences générales •	

C Cas d'entreprise

À partir d'une recherche documentaire sur l'entreprise Carrefour Market, vous répondrez aux questions suivantes :

1. Identifiez les domaines d'activité.

2. Réalisez un diagnostic interne de l'activité de Carrefour Market en utilisant les outils de diagnostic appropriés (chaîne de valeur, analyse des ressources et compétences).

Synthèse Ressources et compétences de l'entreprise

Le diagnostic stratégique interne
Méthode utilisée pour identifier les forces et faiblesses de l'entreprise.

I Le diagnostic interne : approche par les ressources et les compétences

Approche par les ressources et les compétences

→ **Penrose, 1959**
Ressources tangibles (humaines, financières ou équipements) et intangibles (immatérielles : marque, réputation ou connaissances).
→ Obtention d'un avantage concurrentiel.

→ **Prahalad et Hamel, 1990**
Compétences générales et distinctives.
→ Éléments fondant les choix stratégiques.

II Le diagnostic interne : approche par les ressources et les compétences

Approche par la chaîne de valeur (Porter, 1986) →

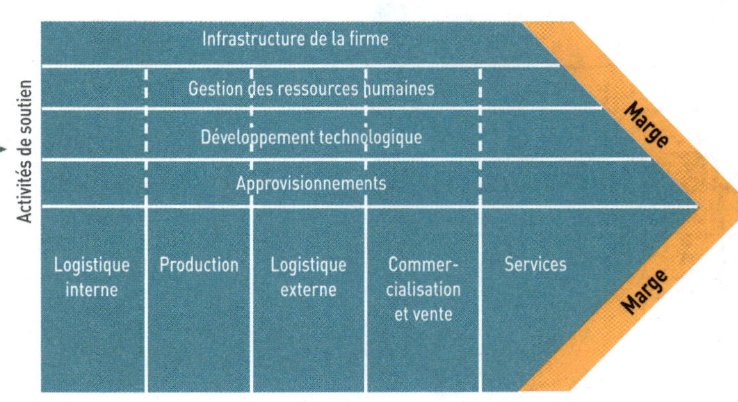

→ Identification des sources de la création de valeur et de l'avantage concurrentiel.

Entraînez-vous ! Le cas 5ÀSEC

Après avoir pris connaissance du cas 5ÀSEC et des ressources proposées, vous réaliserez une étude en répondant aux questions suivantes :

1 Identifiez et caractérisez pour 5àsec les différentes activités de la chaîne de création de valeur décrite par Porter. Précisez les activités qui ne sont pas citées.

Démarche BTS
- Proposer une définition de la chaîne de création de valeur (cf. Porter) et des différentes composantes.
- Repérer dans le cas les différents éléments constituant ses composantes.

2 Présentez les principaux éléments du diagnostic interne et externe de l'entreprise (forces, faiblesses, opportunités et menaces).

Démarche BTS
- Repérer et exposer les avantages, les inconvénients, les risques et les opportunités (chances) de l'entreprise.

3 Précisez les sources d'avantages concurrentiels de 5àsec.

Démarche BTS
- Proposer une définition des avantages concurrentiels.
- Identifier ce qui permet à l'entreprise d'obtenir des avantages concurrentiels (les déterminants/les facteurs).

4 Analysez les conséquences pour l'entreprise et ses parties prenantes de la réglementation sur le perchloréthylène.

Démarche BTS
- Repérer les mesures prises par les autorités.
- Identifier les parties prenantes de l'entreprise.
- Évaluer pour chaque mesure s'il s'agit d'une menace ou d'une opportunité pour les acteurs.

5 Proposez, en les justifiant, des pistes pour construire ou renforcer les avantages concurrentiels de l'entreprise tout en montrant les avantages et inconvénients de ces axes.

Démarche BTS
- Reprendre des éléments de réponses aux questions précédentes et juger de leurs forces et de leurs faiblesses.
- Imaginer des actions que l'entreprise pourrait mettre en place pour améliorer ses avantages concurrentiels.
- Juger ces actions selon leurs avantages et leurs inconvénients.

Le dossier comprend le cas 5ÀSEC et les ressources documentaires suivantes :
- **Ressource 1 : Le marché du pressing et du nettoyage à sec**
- **Ressource 2 : Perchloréthylène : la France fait du nettoyage dans les pressings**
- **Ressource 3 : Drive : Leclerc propose un service de pressing**

Le cas 5ÀSEC

L'entreprise 5àSec, leader mondial de la teinturerie, parie sur le numérique pour améliorer ses retours clients. La chaîne de pressings est entrée au capital d'une société de conciergerie par consignes connectées fin 2015 et a, depuis, réorganisé sa direction en confiant des postes clés aux nouveaux venus. Leur mission : piloter la mutation numérique du réseau.

Grâce au partenariat avec GroomBox, première conciergerie par consigne sécurisée française, l'idée de 5àsec est de s'appuyer sur les compétences et le savoir-faire de la start-up pour digitaliser le réseau de pressing. Parmi les problématiques sur lesquelles l'équipe travaille : les files d'attente en points de vente, la livraison à domicile ou encore le service en continu, y compris le dimanche et en soirée. Des services pour l'instant impossibles à mettre en œuvre dans un pressing traditionnel.

Pour le réseau leader du marché français en nombre de pressings, l'idée est de consolider son avantage concurrentiel, notamment vis-à-vis d'enseignes jouant la carte de l'écologie comme Baleo (qui existe depuis 2012 et approche les 20 points de vente) et Aqualogia (créé en 2000, compte aujourd'hui 65 établissements). « Bientôt, nous serons tous obligés d'être verts, cet argument ne suffit donc plus à se distinguer de la concurrence », rappelle Julien Recoing, faisant référence à l'arrêté de 2012 interdisant l'utilisation du perchloréthylène, un solvant soupçonné d'être cancérigène et utilisé jusqu'alors dans la plupart des pressings.

Pour Anne Kachaner, directrice du marketing de 5àSec, cette stratégie digitale permet de combler instantanément les lacunes de chaque point de vente et de réagir auprès des équipes locales.

Depuis le printemps 2013, le spécialiste de la teinturerie 5àSec scrute scrupuleusement ses retours clients grâce au numérique. Le groupe parie sur la solution digitale WizVille – la start-up propose la dématérialisation des formulaires de satisfaction client (e-mails, SMS, QR codes) – pour doper ses relations clients, combler les lacunes de ses points de vente et réagir en temps réel auprès de ses équipes. « Nous cherchions à faire évoluer notre système pour plus de réactivité. Jusqu'à présent, nous faisions des enquêtes classiques (appels téléphoniques, clients mystères). Mais les résultats prenaient trop de temps à analyser, rendant les actions opérationnelles sur le terrain plus difficiles, surtout localement », constate Anne Kachaner, la directrice du marketing.

Cette dernière explique en effet qu'avec cette nouvelle stratégie digitale, chaque remarque est étudiée en temps réel et que chaque insatisfaction, même légère, est prise très au sérieux par les équipes de 5àSec.

Ressource 1 Le marché du pressing et du nettoyage à sec

Le marché des pressings pèse 575 millions d'euros de chiffre d'affaires et emploie environ 15 000 personnes. Il y avait presque deux fois plus de pressings en 1997 (9 500) qu'en 2012 (4 000). Différents éléments ont fragilisé une profession qui a apparemment atteint son seuil plancher :

- l'essor des pressings et teintureries discount dans les années 2000 a fait du mal aux pressings traditionnels ;
- l'évolution des fibres textiles de plus en plus résistantes au lavage impacte fortement la profession ;
- la crise internationale de 2009 a également fait souffrir le secteur, l'entretien des textiles n'étant pas un budget prioritaire pour le consommateur ;
- les inquiétudes sur l'aspect nocif du solvant utilisé pour le nettoyage à sec (perchloréthylène) ont également affecté l'image du pressing. [...] En effet, 95 % des pressings utilisent encore le perchloréthylène alors que ce solvant, cancérigène probable, sera d'ici 2020 interdit en France (c'est déjà le cas aux États-Unis et au Danemark). [...]

Si les pressings font partie d'un secteur constitué principalement d'entreprises individuelles (61 % dont Bleu de France ou Press and co), les choses évoluent et les nouveaux entrants sur le marché rejoignent le plus souvent un réseau de franchises afin de bénéficier de l'expertise et de l'image de l'enseigne.

www.businesscoot.com.

Ressource 2 Perchloréthylène : la France fait du nettoyage dans les pressings

Le nettoyage à sec au perchloréthylène est officiellement banni en France : il est désormais interdit d'ouvrir un pressing utilisant ce solvant chloré pour laver à sec. Le ministère du Travail et de la Santé a rendu public cette disposition suite à une rencontre le 19 avril 2012 avec les associations qui se battent contre le perchloréthylène depuis des années. [...]

Toxicité pour le système nerveux, le foie, le fœtus...
Très efficace pour dissoudre les graisses, le perchloréthylène a été introduit comme solvant pour le nettoyage à sec en 1934 aux États-Unis. Cependant ce liquide incolore et volatil est toxique pour l'animal et l'homme : en cas d'exposition répétée, il peut provoquer une dépression du système nerveux central (entraînant maux de tête, pertes de conscience, détresse respiratoire et troubles cardiovasculaires). Les vapeurs de perchloréthylène (PER) provoquent aussi des irritations des yeux, des nausées et des vertiges. Ce solvant est toxique pour les reins et nocif pour les femmes enceintes (il passe la barrière du placenta et peut entraîner des malformations fœtales).

Les personnes qui travaillent dans les pressings sont exposées à de multiples occasions au PER : lors de l'ouverture du hublot si du PER est resté dans la cuve, au cours des opérations de maintenance et de nettoyage des machines, ou encore lors du repassage, le linge mal séché exposant au perchloréthylène. Cette pollution peut s'étendre dans le bâtiment aux logements voisins ; elle peut aussi contaminer l'eau.

Quels substituts pour le nettoyage à sec ?
Trois alternatives au PER : le nettoyage à l'eau, le CO_2 liquide, les solvants dérivés du pétrole ou le nettoyage aux siloxanes (dérivés du silicium). Les trois derniers posent des problèmes de stockage des produits (inflammables ou explosifs). Le premier est beaucoup moins polluant si ce n'est qu'il consomme beaucoup d'eau !

Cécile Dumas,
www.sciencesetavenir.fr, 23 avril 2012.

Ressource 3 Drive : Leclerc propose un service de pressing

En Bretagne, Leclerc enrichit son offre en drive avec un service de pressing. Le client ajoute la prestation à son panier, dépose ses vêtements en venant retirer ses achats et repasse trois jours plus tard. De 4,30 euros la chemise à 17,50 euros la couette pour deux personnes.

« Comme pour ses autres achats en ligne, explique Philippe Troadec, directeur de Leclerc Pont-l'Abbé, le client ajoute la prestation au panier. Quand le client vient retirer sa marchandise au *drive-in*, nos employés prennent en charge son dépôt. Lors de sa tournée, notre navette apporte les vêtements au pressing Leclerc de la galerie marchande de Pont-l'Abbé où ils sont traités en aquanettoyage. Le client peut récupérer ses articles 72 heures plus tard. Un SMS ou un appel l'informe de la disponibilité de sa commande au *drive-in*. C'est véritablement un service complémentaire pour nos clients. »

Patrick Bellec, adhérent à Pont-l'Abbé (29), vient d'ajouter cette nouvelle offre sur les sites de ses deux drives, à Plonéour-Lanvern et Plomeur.

B. Merlaud, www.lineaires.com, 4 janvier 2017.

9 Choix stratégiques et stratégies globales

Compétences

- Identifier et expliquer les choix stratégiques d'une entreprise.
- Déterminer les alternatives possibles pour une entreprise donnée et analyser leurs enjeux.

Notions

- Stratégies globales (spécialisation/diversification ; intégration/externalisation).

Plan du cours

I. Les choix stratégiques

II. Les stratégies globales de spécialisation et de diversification

III. Les stratégies globales d'intégration et d'externalisation

→ Auteur Igor Ansoff

Apple rachète une start-up spécialisée dans les données de santé

Apple a annoncé le rachat de Gliimpse, start-up spécialisée dans la collecte d'informations médicales [...]. La jeune entreprise, lancée en 2013, a élaboré une plateforme sur laquelle les utilisateurs peuvent renseigner leurs données personnelles de santé et les agrémenter de photos et documents variés.
Avant de les partager, éventuellement, avec des personnes tierces, qu'il s'agisse d'autres utilisateurs ou de leur médecin traitant.
Gliimpse a la particularité de s'adresser aux patients atteints de cancer et de diabète.

Cap sur la e-santé pour Apple

En pleine diversification, Apple entend faire de la e-santé un relais de croissance [...].
Son intérêt pour le secteur s'est également confirmé par le recrutement récent du docteur Rajiv Kumar, un endocrinologue pédiatrique [...] et spécialiste du diabète de type I.
En début d'année, Apple a rendu disponible un outil baptisé CareKit, qui permet aux professionnels de santé de créer des applications sur mesure, [...] permettant aux patients diabétiques d'enregistrer la teneur en glucose de leur sang, leur niveau de faim, de douleur, la présence ou non de vertiges et bien d'autres données.
Les malades peuvent ainsi obtenir un suivi quotidien de leur diabète et le communiquer à leur médecin ou à un proche.

Elsa Trujillo, www.lefigaro.fr, 23 août 2016.

Apple rachète Beats Audio
www.ressources.hachette-education.com/Action-BTS/Management.html

1. Dans quelle activité la start-up Gliimpse est-elle spécialisée ?
2. Expliquez l'enjeu stratégique du rachat de Gliimpse par Apple.
3. En vous aidant de cet exemple, par groupe, recherchez une start-up spécialisée dans une activité susceptible d'intéresser l'entreprise Apple. Expliquez son activité et sa spécialisation.

I. Les choix stratégiques

Doc 1 Les différentes stratégies de croissance selon Ansoff

Matrice d'Ansoff

	Produits actuels	Nouveaux produits
Marchés actuels	1. Pénétration du marché	3. Développement de produits
Nouveaux marchés	2. Extension de marchés	4. Diversification

La matrice de Igor Ansoff (1957) a été conçue pour classifier et expliquer les différentes stratégies de croissance pour une entreprise.

1 Expliquez les quatre stratégies globales décrites dans la matrice. Illustrez chacune d'un exemple.

Doc 2 Les choix stratégiques de Renault

TVC Renault nouvelle gamme 60
www.ressources.hachette-education.com/Action-BTS/Management.html

2 En vous aidant de cette vidéo, reconstituez la matrice d'Ansoff pour le constructeur automobile français Renault et placez les produits suivants dans les différentes stratégies :
- Logan Renault/Dacia – produit low-cost ;
- Zoé – véhicule électrique ;
- la nouvelle Mégane III ;
- SUV Koléos, exclusivement pour le marché chinois.

II. Les stratégies globales de spécialisation et de diversification

A. La stratégie de spécialisation

Doc 3 Croissance continue pour les vélos Lapierre

En 1946, Gaston Lapierre créé une entreprise de cycles à Dijon (Bourgogne – France) […].

En 1972, pour faire face à une demande exponentielle, une nouvelle usine Lapierre sort de terre à Dijon sud. […] La marque Lapierre poursuit alors sa croissance et devient une référence dans le milieu du cycle et plus particulièrement chez les spécialistes.

Au milieu des années 80, Lapierre est l'un des seuls constructeurs français à anticiper le phénomène VTT et se positionne très rapidement comme leader sur ce marché. […]

En janvier 1993, le groupe Accell Goup (Pays-Bas) se porte acquéreur de 33 % des parts des Cycles Lapierre et en 1996, de la totalité de leurs parts. […]

Le plus haut niveau sur route et VTT

En 2002, Lapierre signe un contrat de partenariat avec l'équipe professionnelle Française des Jeux, s'ouvrant ainsi les portes de l'ELITE sur route et du médiatique Tour de France. […]

Lapierre se développe fortement à l'export, avec l'ouverture des bureaux aux États-Unis, au Canada, et en Espagne. […]

Un nouveau département est créé au sein de la société afin d'optimiser l'offre « Commuting » :

- Collaboration avec JC Decaux et fabrication des fameux modèles de vélos en libre-service (Velib, Velo'v, Le Vélo…).
- Nouvelle gamme de vélos de ville Sitandgo! et de vélos à assistance électrique Startandgo!, s'inspirant de tout le savoir-faire Lapierre.

Lapierre, qui produisait 6 000 vélos par an il y a 50 ans, en produit désormais près de 90 000 […].

Chez Lapierre, les projets pour conserver cette place de leader sont nombreux et n'ont pas fini de vous surprendre…

www.cycles-lapierre.fr/lapierre.

Doc 4 Smoove, la PME qui s'attaque au marché des vélos en libre-service

La PME Smoove installée dans l'Hérault gagne du terrain sur le marché des vélos en libre-service (VLS). Créée en juillet 2008 par Laurent Mercat, elle est désormais présente dans 10 villes françaises et s'exportent même à l'étranger […]. Le but de la PME est d'assimiler complétement les vélos dans le réseau de transports urbains des collectivités.

Des technologies intégrées dans les vélos

Pour sortir du lot, Smoove mise surtout sur les innovations. Finies les stations « les pieds dans le béton », elles sont désormais sans câblage, facilement déployables et intégrables à l'environnement urbain. […] Les technologies sont également directement intégrées dans les vélos : « plus besoin de passer par la borne, l'accès aux vélos est facilité et plus rapide ». La sécurité a également beaucoup compté dans le travail de l'entreprise. […]

Un système rentable

Smoove a dégagé un chiffre d'affaires de 7 millions d'euros en 2014, avec une production à 80 % *Made in France*. Montpellier a été la première implantation. […]

Une PME développée à l'international

En terme de tarification, les usagers utilisent la même carte que celle pour les autres transports urbains. […] La PME a désormais dépassé les frontières de l'Hexagone. Présente dans 11 villes, elle a décroché en juin 2014 un contrat à Moscou, ville où elle était en compétition face à JC Decaux. […] Smoove ne compte pas s'arrêter là, avec le développement de ses vélos en Malaisie dans le cours de l'année.

Victoria Masson, www.lefigaro.fr, 16 mars 2015.

3 Identifiez le métier des entreprises Lapierre et Smoove. Pourquoi peut-on dire que ces entreprises ont fait le choix stratégique de la spécialisation ?

BTS **4** Analysez les enjeux (avantages et inconvénients) de cette stratégie globale pour chaque entreprise.

B. La stratégie de diversification

Doc 5 Les activités du groupe ALTICE

SFR mise sur la convergence entre médias et télécoms

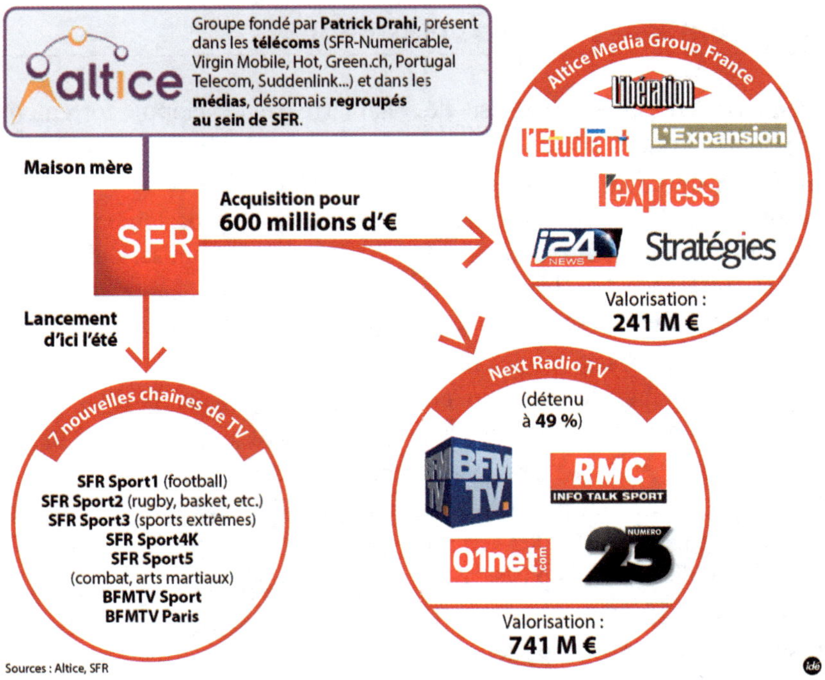

Sources : Altice, SFR

Doc 6 ALTICE récolte les premiers fruits de sa stratégie de diversification, le marché apprécie

Qu'ils soient à Paris (où est coté SFR) ou à Amsterdam, place de cotation d'Altice, les investisseurs sont euphoriques aujourd'hui à la lecture des résultats trimestriels de l'opérateur télécom contrôlé par Patrick Drahi. […] La croissance enregistrée aux États-Unis, où Altice a entrepris de se diversifier en achetant coup sur coup Suddenlink et Cablevision, notamment a soutenu cette performance. […] Cette évolution a permis à l'opérateur de compenser les difficultés rencontrées en France où […] SFR a reculé de 6,8 % […].

En termes de chiffre d'affaires aussi, l'opérateur a fait mieux que prévu au deuxième trimestre.

Agence Option Finance, http://bourse.lefigaro.fr, 9 août 2016.

5 Repérez les différentes activités du groupe Altice.

BTS **6** Expliquez la stratégie globale du groupe en nommant les domaines d'activité stratégique (DAS).

7 Analysez les avantages et les difficultés liés à la diversification.

III. Les stratégies globales d'intégration et d'externalisation

A. La stratégie d'intégration

Doc 7 Conforama sur le point de passer aux mains d'un Sud-Africain

PPR a annoncé être en négociation exclusive avec le groupe sud-africain Steinhoff International pour la cession de Conforama.

Toutes proportions gardées, Steinhoff International a sans doute aussi l'intention de concurrencer le géant suédois. D'abord parce qu'il possède des usines de meuble en Europe de l'Est, comme Ikea. « Steinhoff est déjà un fournisseur de Conforama [...]. Pour augmenter les volumes, il est probable qu'ils voudront en écouler davantage dans leur nouveau réseau. » Ensuite parce que Steinhoff a déjà une expérience de la logistique. En Afrique du Sud, où il approvisionne une chaîne de supermarchés, et en Europe, où il possède 43 dépôts, dont 22 en Angleterre et 10 en Allemagne. Enfin, parce que Steinhoff tire déjà un tiers de son chiffre d'affaires de ses réseaux de distribution, peu connus, comme Harveys, Poco, ou Sleepmaster. Avec Conforama, le groupe sud-africain entre enfin dans la cours des grands. La mutation à venir de l'enseigne inquiète déjà les sous-traitants français. « Cette dynamique d'intégration verticale suscite beaucoup de questions, averti Jean-Charles Vogley, directeur des affaires économiques de la Fédération du négoce de l'ameublement et de l'équipement de la maison. Même s'il ne faut pas céder à la panique. Conforama n'aura jamais qu'un seul fournisseur et l'offre de Steinhoff ne couvre pas toute celle de Conforama. »

Jean-Baptiste Duval, www.lsa-conso.fr.

Doc 8 Literie, le propriétaire de Conforama fait monter les enchères sur Cauval

Le Sud-Africain Steinhoff est prêt à reprendre 917 salariés sur 1 530 en France. Et à investir 76 millions d'euros pour relancer le roi du matelas.

Parallèlement à son offensive sur Darty, Steinhoff, le géant industriel sud-africain met le paquet pour reprendre les activités literie de Cauval. Connu pour ses marques Simmons, Dunlopillo et Treca. [...]

Steinhoff, qui affiche 13 milliards d'euros de chiffre d'affaires et 1,9 milliards de résultat opérationnel, est prêt à mettre 76 millions d'euros sur la table, via un apport en capital « au plus tard le 13 mai 2016, et un paiement de 9,2 millions à la procédure collective ». Des investissements destinés à relancer la fabrication, avant la saison des ventes cet été, et à moderniser l'outil industriel. Pour Steinhoff, l'enjeu est de pousser « l'intégration verticale » en France, comme c'est le cas au Royaume-Unis ou en Afrique du sud, de disposer d'usines pour alimenter ses magasins. Et donc « de sécuriser les approvisionnements de ses filiales, dont Conforma, le leader de la distribution de literie en France ». [...] Reste que la reprise des matelas Treca, Simmons et Dunlopillo, également vendus par ses rivaux, comme But ou Alinéa, pourrait poser des problèmes de concurrence. Steinhoff précise qu'il veillera « à ce que plus de la moitié de son activité soit réalisée auprès des clients extérieurs ».

Il va aussi engager des discussions avec l'américain Simmons Ce dernier a fait planer le risque dans un courrier aux repreneurs de stopper sa licence.

Dominique Chapuis, *Les Échos*, 19 avril 2016.

8 Présentez les différentes opérations ou tentatives d'intégration du groupe Steinhoff.

9 Expliquez l'intérêt d'une intégration vers l'aval du distributeur Conforama pour Steinhoff.

BTS 10 Évaluez les avantages et les risques d'une éventuelle l'intégration de Cauval par Steinhoff.

B. La stratégie d'externalisation

Doc 9 Zara, les secrets d'une mode à très grande vitesse

Décor aseptisé, open space gigantissime : bienvenue en Galice, chez le leader mondial de la confection textile. Six cent mille mètres carrés au service d'une mode qui va vite, très vite.

« Vous n'êtes pas à New York, Paris ou Madrid, mais dans la banlieue de la Corogne, en Galice. Ici, nous pratiquons l'humilité et avons une unique préoccupation : satisfaire la demande de nos clients. » Voilà comment [...] le porte-parole du géant espagnol Inditex, maison mère de Zara, plante le décor. Pas un des 4 000 salariés du siège social ne joue les vedettes. La star, c'est le client. La scène, ce sont les 6 340 magasins du groupe. Et les coulisses se trouvent sous nos yeux, dans cette véritable cité de 600 000 mètres carrés, siège d'un empire du prêt-à-porter pesant plus de 16 milliards d'euros. [...] Zara est une enseigne à deux vitesses. Un tiers des produits proposés en boutique sont des basiques (tops, chinos...). Les designers fixent la tendance des mois à l'avance, dessinent une collection pour une saison et lancent la confection dans les ateliers d'Asie ou d'Amérique du Sud. Classique. Mais pour les deux autres tiers s'applique le fameux modèle de la *fast fashion*. [...] Le mot d'ordre : réactivité maximale.

[...] Le site compte dix centres de confection pour les pièces complexes (pantalons, vestes, manteaux...). Le reste de la production *fast fashion* est confié à des usines au Portugal ou au Maroc, ou à des sous-traitants en Turquie et dans les pays de l'Est. Une fois montés, les vêtements reviennent dans les centres logistiques de la Corogne. Depuis le début du processus, quinze jours se sont écoulés.

Anne-Laure Allain, www.capital.fr, 21 janvier 2015.

Doc 10 H&M, décryptage d'une stratégie gagnante

H&M est l'une des grandes réussites du secteur du prêt-à-porter de ces dernières années. Des implantations dans toutes les grandes villes, un merchandising efficace, une clientèle jeune et active, en bref une stratégie très au point qui porte ses fruits sur un marché hautement concurrentiel. Avec un ennemi redoutable : l'espagnol Zara. [...]

Zara, ennemi numéro 1

Si la clientèle peut parfois passer de l'une à l'autre enseigne sans se poser vraiment de questions, le mode de fonctionnement est loin d'être identique. Les principales différences se situent :

– **Au niveau de la production** : H&M délocalise en grande partie sa production tandis que l'enseigne espagnole garde 65 % de sa production en Espagne.

– **Des délais** : Zara a misé le maximum sur les délais de réaction [...]. Cela signifie également que les modèles ne sont produits qu'à 15 000 exemplaires, le renouvellement est donc incessant. Ceci oblige les clients à revenir fréquemment dans les magasins pour découvrir les nouveautés. On peut dire que Zara peut mettre un nouveau modèle sur le marché en trois à quatre semaines, tandis que H&M aura besoin d'un délai minimal de deux mois, et souvent trois mois. Sur ce point en particulier, la délocalisation plus marquée de H&M implique bien évidemment des délais plus longs que son grand concurrent.

– **Rentabilité : la balle dans le camp de H&M**

Si l'entreprise de Persson réalise moins de chiffre d'affaires que Zara ou Gap, elle emporte la palme de la rentabilité haut la main. La marge opérationnelle est de l'ordre de 20 %. Une action qui se porte bien avec une croissance d'environ 1 % à périmètre comparable, avec plus de 300 ouvertures de magasins l'an dernier [...].

www.entreprendre.fr, 20 janvier 2017.

11 Différenciez les stratégies de production des deux entreprises.

BTS **12** Analysez les enjeux (intérêts et difficultés) de la stratégie d'externalisation de H&M.

Activités Choix stratégiques et stratégies globales

A Testez vos connaissances

Indiquez si chacune des affirmations suivantes est vraie ou fausse en justifiant votre réponse.

	Vrai	Faux
1. Les choix stratégiques sont issus des résultats du diagnostic.	☐	☐
2. Ces choix sont identiques quelle que soit la taille de l'entreprise.	☐	☐
3. La stratégie de spécialisation est réservée aux PME.	☐	☐
4. L'avantage de la stratégie de spécialisation est la maitrise d'un métier.	☐	☐
5. La stratégie diversification consiste à élargir l'activité de l'entreprise sur plusieurs métiers.	☐	☐
6. La diversification oblige l'entreprise à une synergie entre ses DAS.	☐	☐
7. La stratégie d'intégration correspond à la prise en charge de nouvelles activités en amont et/ou en aval de son activité principale.	☐	☐
8. L'intérêt de la stratégie d'intégration pour une entreprise est de concentrer ses compétences sur un métier.	☐	☐
9. La stratégie d'externalisation permet à l'entreprise de garder certaines activités et de confier son cœur de métier à d'autres.	☐	☐
10. La stratégie d'externalisation offre une plus grande flexibilité à l'entreprise.	☐	☐

B Stratégies d'écriture

Analysez les stratégies globales des entreprises ci-dessous.

Intermarché met en avant sa filière pêche

L'enseigne de grande distribution est le plus important sponsor de Spi Ouest-France, la compétition de voile parainée par Ouest-France depuis trois ans. Elle a installé un stand sur le village et y présente notamment sa filière pêche.

L'enseigne de la grande distribution met en avant sa filière pêche. Il y a 20 ans, le Groupement des Mousquetaires a créé la société Scapêche. La Scapêche peut s'appuyer sur une flotte de dix-sept bateaux. [...] Elle emploie deux cent vingt marins. La société compte trois sites de production dans l'Ouest : Lanester, Boulogne et Plougasnou, près de Morlaix. « On vend une partie des produits de la pêche dans nos magasins Intermarché, le reste est écoulé à Rungis. » 85 % des poissons déposés dans les rayons d'Intermarché proviennent de la Scapêche. Intermarché compte deux mille points de vente sur le territoire français [...].

David Dupré, www.ouest-france.fr, 2 octobre 2013.

Comment Babolat est devenu incontournable sur les terrains de tennis

L'entreprise familiale lyonnaise fondée en 1875 s'est diversifiée dans la balle, chaussure et raquette après être partie des cordages en boyaux. Babolat c'est un numéro 1 mondial moins connu que Djokovic, Nadal ou encore Federer. Pourtant sa suprématie ne connaît pas de répit depuis 2012. [...] L'histoire centenaire de l'entreprise est un modèle de diversification réussie. Elle s'est développée dans les années 1950 dans les machines à corder avant de fabriquer des raquettes dans les années 1990, sans oublier dans les années 2000 les balles de tennis et les chaussures des joueurs en partenariat avec Michelin. À la clé une croissance à deux chiffres dans les années 2000 pour faire passer le chiffre d'affaires de 90 millions d'euros à 144 millions pour son dernier exercice.

Adrien Schwyter, www.challenges.fr, 24 mais 2015.

Synthèse Choix stratégiques et stratégies globales

I Les choix stratégiques

Après avoir réalisé un diagnostic stratégique, l'entreprise effectue des choix stratégiques au niveau global pour définir ces modalités de développement en fonction :

→ de la **taille** de l'entreprise ;
→ des **ressources** financières ;
→ des **capacités** de l'entreprise.

II Les stratégies globales de spécialisation et de diversification

Les enjeux de la **spécialisation** pour l'entreprise

Intérêts

- Maîtrise d'un métier ;
- Effet d'expérience ;
- Économies d'échelle ;
- Simplification.

Risques

- Dépendance vis-à-vis d'un produit ou d'un marché ;
- Nouveaux concurrents ;
- Innovations technologiques ;
- Saturation du marché.

Les enjeux de la **diversification** pour l'entreprise

Intérêts

- Synergie entre les DAS ;
- Répartition des risques ;
- Orientation vers des marchés rentables et porteurs.

Risques

- Complexité de coordination et de gestion ;
- Financement des investissements.

III Les stratégies globales d'intégration et d'externalisation

Les enjeux de l'**intégration** pour l'entreprise

Intérêts

- Étendre les activités de l'entreprise ;
- Contrôler la filière ;
- Sécuriser les approvisionnements/la distribution ;
- Diminution des coûts.

Risques

- Flexibilité moindre ;
- Dispersion des compétences.

Les enjeux de l'**externalisation** pour l'entreprise

Intérêts

- Concentration sur son cœur de métier ;
- Plus grande flexibilité ;
- Réduction des investissements.

Risques

- Dépendance vis-à-vis des partenaires ;
- Perte de ressources et compétences au sein de l'entreprise ;
- Source de problèmes sociaux.

Entraînez-vous ! Le cas UBISOFT

Après avoir pris connaissance du cas UBISOFT et des ressources proposées, vous réaliserez une étude en répondant aux questions suivantes :

1 Identifiez le métier d'Ubisoft.

Démarche BTS
- Repérer et exposer les métiers de l'entreprise Ubisoft actuels (depuis sa création) et à venir.

2 D'après la matrice d'Ansoff, caractérisez la stratégie globale de l'entreprise de sa création à 2009.

Démarche BTS
- Proposer une explication de la matrice d'Ansoff.
- Nommer le choix de stratégie globale d'Ubisoft d'après la matrice d'Ansoff.

3 Expliquez ce choix stratégique.

Démarche BTS
- Mettre en évidence les avantages de ce choix de stratégie globale.

4 Repérez les risques de cette stratégie pour l'entreprise.

Démarche BTS
- Repérer et exposer les difficultés et limites de cette stratégie pour l'entreprise sur le marché.

5 Analysez les solutions mises en œuvre ou en cours et le choix stratégique.

Démarche BTS
- Nommer et justifier la nouvelle stratégie globale mise en œuvre.
- Repérer et exposer les différents choix mis en œuvre ou à venir chronologiquement.

Le dossier comprend le cas UBISOFT et les ressources documentaires suivantes :
- Ressource 1 : **Les nouveaux terrains de jeu d'Ubisoft**
- Ressource 2 : **Quand Yves Guillemot, le patron d'Ubisoft, se rêve en Disney français**

Le cas UBISOFT

Ubisoft est une entreprise française de développement, d'édition et de distribution de jeux vidéo, créée en mars 1986 par les cinq frères Guillemot, originaires de Carentoir en Bretagne.

En 2015, elle se définit comme le troisième plus grand éditeur indépendant du monde, derrière les américains Electronic Arts et Activision Blizzard. En 2013, elle est le plus gros éditeur français de jeux vidéo.

Ubisoft est détenteur de nombreuses franchises à succès telles que *Rayman, Prince of Persia, les jeux Tom Clancy, Assassin's Creed, Far Cry, Just Dance, Watch Dogs* ou les *Lapins crétins.*

La société s'est diversifiée en transposant ses franchises de jeux vidéo dans les domaines de la bande dessinée depuis 2009 avec *Les Deux Royaumes* et du cinéma et de la télévision depuis 2011 avec Ubisoft Motion Pictures.

Ressource 1 Les nouveaux terrains de jeu d'Ubisoft

L'éditeur français de jeux vidéo sortira son premier long-métrage l'an prochain. Et ouvrira dans cinq ans en Malaisie un parc d'attractions inspiré de ses productions.

Le groupe français ouvrira bien en 2020 en Malaisie un parc de 10 000 m² autour de ses marques les plus connues, Lapins crétins, Just Dance ou Assassin's Creed. [...]

Pour Ubisoft, devenu depuis sa création en 1986 un des poids lourds mondiaux dans l'industrie du jeu vidéo (112,7 millions d'euros de profits pour 1,46 milliard d'euros de chiffre d'affaires sur son dernier exercice 2014-2015), cette stratégie d'extension de marque est hardie.

En choisissant l'Asie pour monter son projet de parc d'attractions, Ubisoft choisit un continent où il souhaite développer sa notoriété et son chiffre d'affaires qui y sont encore faibles. Il vise un public très « *early adopter* », friand des dernières innovations, plus sans doute que partout ailleurs dans le monde. [...]

Pour *gamers* et grand public

En matière de parc d'attraction, Ubisoft n'en est pas tout à fait à son coup d'essai. Il avait déjà inauguré début 2014 une attraction au Futuroscope de Poitiers, « Lapins crétins, la machine à voyager dans le temps ». [...] Avec un succès surprise : le Futuroscope, en baisse de fréquentation depuis 2011, a vu ses entrées bondir de 20 % en 2015, *dixit* Ubisoft.

L'éditeur de jeux vidéo a une stratégie de diversification assumée. « Depuis nos débuts, notre objectif est de créer des marques pérennes et diversifiées pour toucher différentes cibles : les gamers avec Far Cry et le très grand public avec Rayman et Just Dance. Il s'agit ensuite de nous faire connaître, par un programme de diversification avec des produits dérivés », poursuit John Parkes. Ainsi, pour la sortie fin octobre de son prochain [...], *Assassin's Creed: Syndicate*, doté d'un budget marketing global « de 50 à 70 millions d'euros », Ubisoft va mettre le paquet côté produits dérivés : une ligne de figurines, des romans, des T-shirts, des jouets, dont un Monopoly Assassin's Creed...

Studio de cinéma

Avant l'ouverture du parc d'attractions en Malaisie, Ubisoft connaîtra une étape clé, celle du passage de la petite lucarne au grand écran. Le 21 décembre 2016 sortira en salles *Assassin's Creed* en version long-métrage, avec Michael Fassbender et Marion Cotillard. C'est pour cela qu'il avait lancé en 2011 sa filiale Ubisoft Motion Pictures. Les sorties en salles de *Splinter Sell, Tom Clancy's Ghost Recon, Watch Dogs* et des *Lapins crétins* sont aussi prévues.

Capucin Cousin, www.strategies.fr, 22 septembre 2015.

Ressource 2 Quand Yves Guillemot, le patron d'Ubisoft, se rêve en Disney français

Voici l'incroyable saga du troisième frère de la famille Guillemot, qui a fait du petit éditeur de jeux vidéo breton un géant mondial, et qui met désormais le cap sur le cinéma.

Vision internationale

Le premier jeu qui permet à la jeune entreprise de décoller, c'est *Zombi*, un titre basique mais novateur, développé pour les Amstrad CPC. Il sort en 1986 et est déjà révélateur de la patte de l'éditeur. Les ventes démarrent en France, puis en Grande-Bretagne, en Allemagne et aux États-Unis. « C'est là que nous réalisons la puissance de l'international dans ce métier », se rappelle Yves. [...] Yves Guillemot comprend très vite l'intérêt de se déployer sur les différents marchés en installant des studios partout dans le monde : Shanghai, Sofia, Abou Dhabi, Montréal, Toronto, Helsinki, Chengdu... Le groupe en compte désormais 29 dans 19 pays. « Ils ont deux rôles : créer des titres spécifiques au pays dans lequel il se trouve et participer à des produits plus gros. Un jeu comme *Assassin's Creed Unity* est fait par sept studios répartis dans le monde », explique-t-il. [...]

Prudence financière

En lançant Ubisoft Motion Pictures en 2011, une structure dédiée au portage des héros maison sur grand écran, Yves Guillemot a déjà posé un premier jalon en se plongeant dans l'univers cinématographique. Avec l'ambition de « réinventer et donner une vie illimitée à nos marques ». Là encore, tout semble calculé pour une prise de risque financier minimale et une protection maximale des franchises. Les studios d'Hollywood sont cantonnés à la production, quand Ubisoft garde la main sur les histoires.

Marco Mosca, www.challenges.fr, 6 janvier 2015.

10 Choix stratégiques et stratégie de domaine d'activité

Compétences

- Identifier et expliquer les choix stratégiques d'une entreprise.
- Déterminer les alternatives possibles pour une entreprise donnée et analyser leurs enjeux.

Plan du cours

I. La stratégie de domination par les coûts
II. La stratégie de différenciation
III. La stratégie de focalisation

Notions

- Stratégies de domaine (domination par les coûts, différenciation et focalisation).

➔ Auteur Michael Porter

Le *low-cost* de la SNCF

La SNCF joue la carte du *low-cost*
www.ressources.hachette-education.com/Action-BTS/Management.html

1 Identifiez le choix stratégique de la SNCF avec les lancements de OUIGO et OUIBUS.

2 Déterminez les avantages et les risques de cette stratégie pour l'entreprise.

I. La stratégie de domination par les coûts

A. Le principe et la mise en œuvre de la stratégie de domination par les coûts

Doc 1 Primark ou la mode toujours moins chère, prête-à-jeter

La chaîne irlandaise de vêtements très bon marché au succès fulgurant se prépare à conquérir l'Amérique. La concurrence a de quoi s'inquiéter.

En 2006, Primark ouvrait son premier magasin en Espagne. Depuis, elle s'installe à travers le continent avec des magasins aux Pays-Bas, au Portugal, en Allemagne, en Belgique, en Autriche et en France. Les ventes ont augmenté de 150 % entre 2009 et 2014, faisant de Primark une nouvelle force dans le commerce mondial de « chiffons ». […] Primark a une combinaison gagnante : des vêtements cool, des magasins attractifs et, le plus important, des prix calculés au plus bas. […]

Le prix de vente moyen des vêtements de femmes chez H&M était de 10,69 livres (16,37 dollars) entre mai 2014 et mai 2015. Chez Primark, ce prix était de 3,87 livres.

[…] Primark atteint ces bas prix grâce à une logistique bien pensée, à un budget marketing faible, et à sa taille, qui permet de bien négocier avec ses fournisseurs. L'entreprise a des marges minuscules, mais joue sur les volumes. Elle a parié avec succès que la demande pour les vêtements est aussi élastique que la ceinture d'un pantalon de survêtement taille XXL : moins ils sont chers et plus les clients les achètent. […] Chaque année, H&M vend en moyenne 3 400 livres [4 654 euros] de vêtements au mètre carré en Grande-Bretagne, quand Primark en vend 5 300 livres [7 254 euros].

www.lenouveleconomiste.fr, 10 septembre 2015.

Doc 2 Un prix moyen par article deux fois moins élevé que H&M

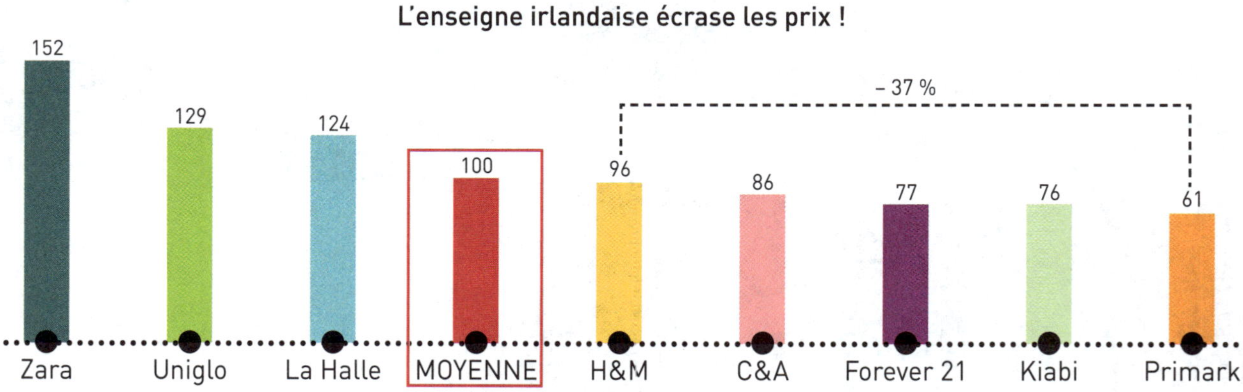

Jusqu'à présent la référence prix était H&M, positionné juste en dessous de la moyenne du marché. Que faire, maintenant que Primark vient bouleverser cet équilibre ? Accepter le combat, tel Kiabi, qui a baissé ses prix de 17 %, ou fuir le discount, comme La Halle ?

Jean-Noël Caussil, www.lsa-conso.fr, 15 septembre 2014.

1 Présentez la stratégie de l'enseigne Primark pour dominer le marché du prêt-à-porter.

2 Déduisez une définition de la stratégie de domination par les coûts.

B. Les enjeux de la stratégie de domination par les coûts

Doc 3 Comment Ikea serre la vis pour encore baisser ses prix

Pour conserver son avance, Ikea accélère sa quête d'économies. Elle lui permet d'afficher un résultat net de 3,3 milliards d'euros en 2013, en hausse de plus de 3 %, pour un chiffre d'affaires de 29,2 milliards.

Innover sans cesse permet au suédois de baisser chaque année les prix d'une bonne partie de ses produits. Sur un marché en baisse de 3 % depuis deux ans en raison de la crise de l'immobilier, où les enseignes Fly, Crozatier et Atlas sont en procédure de sauvegarde, et où près de la moitié des petits commerces ont disparu des villes moyennes en vingt ans, […] en 2013, et pour la première fois, son chiffre d'affaires hexagonal a diminué de 4 %. Il lui faut reprendre la main pour rester leader du marché, devant Conforama et But […].

Marges exceptionnelles

[…] Si le siège social est aux Pays-Bas, c'est pour des raisons fiscales. Une quête obsessionnelle et fructueuse : le groupe affiche des marges de plus de 10 % ! Un exploit dans le secteur et une réussite due à la maîtrise de l'ensemble du circuit. […] Un industriel *low-cost* se doit d'expédier et de vendre un volume maximal. […]

Radinerie écologique

[…] Le calcul est simple : en moins de quatre ans, le groupe a économisé 40 millions d'euros grâce à sa politique d'efficacité énergétique. D'ici à 2015, 1,5 milliard d'euros sera investi pour acheter des éoliennes ou équiper les magasins en panneaux solaires afin d'arriver à l'indépendance énergétique. […]

Conversion au Web

Même volonté d'économies pour le catalogue. Tiré à 208 millions d'exemplaires cette année, diffusé dans 42 pays et en 30 langues différentes, l'ouvrage gratuit le plus distribué du monde coûte cher à fabriquer. Pour limiter les dépenses de papier, il perd une trentaine de pages, sa taille s'est réduite, et même sa diffusion baisse depuis 2012.

Reprise des ouvertures

De nouveaux concurrents, tel Zôdio, l'enseigne de décoration *low-cost* du groupe Mulliez, qui compte une dizaine de magasins, bouscule le suédois sur le terrain des prix. Conforama et But ont modernisé leur image et ouvert des magasins en ville. […] Et après trois ans de répit, les ouvertures ont repris. […] L'enseigne ouvre son 30e magasin, et en vise une quarantaine à l'horizon 2020. […]

Alors que l'enseigne se cherche un nouveau souffle, la grogne monte dans les magasins et les entrepôts. La recherche du meilleur coût se fait au détriment du personnel, assure un syndicaliste. En juin, le centre de la relation clients de Lisses était en grève pour réclamer le recrutement d'une centaine de personnes. […] Pour augmenter la productivité, les clients sont mis à contribution avec le *self-scanning*, pour enregistrer les prix ou passer leurs commandes. Et les caisses automatiques se multiplient. La logique du « faites-le vous-même » poussée au maximum.

Soizic Briand, www.challenges.fr, 9 septembre 2014.

3 Listez les enjeux de la stratégie de domination par les coûts pour Ikea en complétant le tableau ci-dessous.

Avantages	Limites
•	•
•	•
•	•
•	•
•	•
•	•
•	•
•	•
•	•
•	•
•	•

II. La stratégie de différenciation

A. Le principe et la mise en œuvre de la stratégie de différenciation

Doc 4 Différenciation par le haut

www.micheletaugustin.com.

Les trublionnades de Michel et Augustin www.ressources.hachette-education.com/Action-BTS/Management.html

4 En observant les « trublionnades » de l'entreprise Michel et Augustin, caractérisez l'avantage de l'entreprise, source de différenciation.

5 Expliquez la mise en œuvre de cette stratégie de différenciation par des exemples.

Doc 5 Différenciation par le bas

Dix ans après la Logan, le *low-cost* selon Dacia trace sa route en France

Les Français plébiscitent les véhicules à bas coûts plus que n'importe qui en Europe. […] Avec 700 000 véhicules de sept modèles différents vendus sur la période, la filiale roumaine de Renault est tout simplement devenue la cinquième marque sur le marché français. […] Lors de son lancement, en 2004, la Logan était pourtant destinée aux pays d'Europe de l'Est. […] Entre 2005 et fin 2014, pas moins de 58 278 exemplaires du véhicule ont ainsi été vendus en France. La voie ouverte, la Sandero (lancée en 2008) et le Duster (en 2010) ont ensuite fait mieux avec respectivement 259 110 et 176 081 véhicules écoulés. […] Dacia en France, c'est désormais 5 % de parts de marché, quand la marque doit se contenter en Allemagne d'1,6 %, en Italie de 2,7 %, et en Grande-Bretagne, où elle s'est lancée en 2013, de 0,9 %. De fait, le *low-cost* automobile est donc une affaire essentiellement française. […] En France, le véhicule a davantage une fonction de déplacement que de plaisir […]. Chez nos voisins européens, la voiture reste bien plus que chez nous un objet social qui permet d'afficher sa réussite ou sa façon de vivre. […] Du côté de chez Dacia, on veut pourtant croire à une simple évolution. « Désormais, les consommateurs de *low-cost* cherchent un véhicule peu coûteux mais aussi qui a du look », assure Frédéric Favre. Pour accompagner ces nouveaux besoins, la marque a donc misé gros sur de nouveaux modèles élégants comme le Duster, son véhicule utilitaire sport. Une stratégie de différenciation qu'elle espère payante alors qu'un autre véhicule *low-cost*, conçu celui-ci en Inde, la Kwid, doit sortir des usines ces prochains mois. Également produite par Renault, cette voiture affichera de jolies courbes et un prix encore inférieur aux modèles Dacia. Reste à savoir si cette Kwid, promise là encore aux pays émergents, roulera un jour sur le sol français…

N. Beu, www.20minutes.fr, 9 juin 2015.

BTS 6 Analysez la stratégie de différenciation de Renault (caractéristiques, mise en œuvre).

7 Déduisez de l'analyse des documents 4 et 5, une définition de la stratégie de différenciation.

B. Les enjeux de la stratégie de différenciation

Doc 6 Surface Pro 4 ou iPad Pro : quelle est la meilleure tablette ?

Microsoft et Apple lancent en même temps une version « pro » de leur ardoise numérique. Laquelle est la meilleure ? […] Microsoft, qui a inauguré le genre en 2013, en est aujourd'hui à la quatrième version de sa Surface Pro. Apple vient de dégainer son iPad Pro. Même Google s'y met, qui s'apprête à lancer son Chromebook Pixel C, une tablette Android de 10,2 pouces avec clavier détachable. La faute peut-être à un marché en berne qu'il faut redynamiser : les ventes de tablettes ont enregistré une baisse de 8 % en 2015 selon le cabinet IDC. D'où la recherche d'un nouveau créneau, le secteur professionnel, avec des produits qui présentent des recettes comparables : grand écran en haute résolution, stylet pour dessiner et prendre des notes, clavier physique comparable à celui d'un ordinateur en option. […]

Bilan : conformément à leur ADN, les tablettes d'Apple et de Microsoft visent deux publics différents, comme autrefois le Mac et le PC. Ceux qui sont habitués à l'environnement Apple et qui veulent profiter d'un grand écran, occasionnellement pour dessiner ou taper un texte, adopteront naturellement l'iPad Pro. Qu'ils soient graphistes, créatifs ou simples utilisateurs… Ils devront quand même débourser au minimum 920 euros. Ceux qui utilisent régulièrement Windows et qui veulent emporter leur bureau et leurs applis avec eux ne se poseront pas de question : ils choisiront évidemment la Surface Pro 4, véritable alternative au PC portable. Dommage qu'elle soit vendue si cher : 1 000 euros en version de base (que l'on déconseillera, au profit d'une version avec un Core i5 au minimum) et jusqu'à 2 500 euros en version musclée… sans compter le clavier.

Didier Sanz, www.lefigaro.fr, 11 décembre 2015.

Doc 7 Samsung suspend la production du Galaxy Note 7… et annonce de bons résultats

L'agence de presse Yonhap a annoncé le 10 octobre 2016 que Samsung suspendait la production de ses Galaxy Note 7. Malgré les prévisions et les défaillances de son smartphone, Samsung devrait enregistrer un bon 3e trimestre 2016.

Certains des modèles dits « sûrs » du smartphone ont pris feu la semaine dernière. […] L'entreprise d'électronique grand public avait lancé un programme de remplacement à la suite d'une défaillance sur son nouveau smartphone, le Galaxy Note 7, sorti début août 2016. La batterie des smartphones produites par un sous-traitant de Samsung avait tendance à prendre feu sans raison apparente. Samsung a finalement décidé de suspendre la production du Galaxy Note 7, alors qu'un modèle remplacé a pris feu lors d'un vol commercial aux États-Unis la semaine dernière. […] Avant l'arrêt de la production, Samsung devait procéder au rappel de 2,5 millions d'appareils pour un préjudice estimé entre 800 millions et 1 milliard d'euros d'après les spécialistes. Le Galaxy Note 7 devait soutenir la croissance du Sud-coréen sur la fin de l'année face à Apple et à la montée en puissance des marques chinoises. […]

Une tuile qui ne se reflète pas (encore) dans les résultats de l'entreprise.

Pourtant, Samsung a présenté le 7 octobre 2016 des pré-résultats positifs pour son 3e trimestre 2016. […] L'entreprise affiche des ventes en progression de 2 % entre juillet et septembre. Les autres divisions de Samsung portent la croissance du groupe avec un profit opérationnel estimé à 6,3 milliards d'euros.

Charlène Lermite, www.lsa-conso.fr, 10 octobre 2016.

8 Caractérisez la stratégie de différenciation pour Apple, Microsoft et Samsung.

BTS **9** Analyser les avantages et les limites de cette stratégie pour les trois entreprises.

III. La stratégie de focalisation

A. Le principe de la stratégie de focalisation

Doc 8 La définition de la focalisation

La stratégie de focalisation (ou de niche) consiste, d'après M. Porter (1980), à se concentrer sur un segment de marché spécifique (zone géographique, clientèle, produits), pour éviter une confrontation directe avec la concurrence.

Doc 9 Jestocke.com, leader français

C'est une nouvelle ère qui s'ouvre pour cette start-up bordelaise lancée en 2013 et devenue leader français de la location de garde-meubles entre particuliers. Objectif : tisser sa toile dans toute la France […].

Créée il y a trois ans, la start-up s'est imposée sur un marché émergent, celui de la location de garde-meubles entre particuliers. Sa fondatrice, Laure Courty, issue de la région parisienne […] a eu l'idée tout simplement en déménageant à Bordeaux. Cette mère de famille manquait de place pour stocker une partie de ses affaires, notamment ses vélos. Or, nombre d'échoppes bordelaises disposent d'une cave, dont la capacité est sous-utilisée.

L'essor du stockage de meubles chez les particuliers

[…] Jestocke.com séduit les clients, grâce à des prix inférieurs de 60 % par rapport aux concurrents traditionnels. Les tarifs varient en fonction des sites et des villes, de 4 euros par mois le m² à Lille à 14,40 euros à Aubervilliers, par exemple. […]

Pour l'heure, Jestocke.com n'est pas encore rentable, mais elle pourrait le devenir d'ici un an et demi en développant le marché des entreprises pour diminuer l'effet de saisonnalité de son activité.

Nicolas César, www.sudouest.fr.

10 Caractérisez l'objectif de l'entreprise Jestocke.com.

BTS **11** Analysez le segment spécifique de la stratégie de focalisation de l'entreprise et sa différence.

B. Les enjeux de la stratégie de focalisation

Doc 10 Ces business qui surfent sur la crise

Avec la crise, les préoccupations et les modes de consommation ont changé. Baisse du pouvoir d'achat, flambée des prix de l'immobilier... beaucoup de start-up ont épousé ces problématiques dans l'air du temps. Et celles qui ont su se lancer au bon moment affichent des croissances insolentes, créent des emplois. […]

Location : redonner du pouvoir d'achat en facilitant la location entre particuliers

« Chaque année, nous multiplions notre activité par cinq », assure Alexandre Woog, cofondateur d'E-loue, un site proposant des objets à louer dans 700 catégories. […] Désormais, on réduit ses achats à l'essentiel et, pour le reste, on consomme « à l'usage » : on n'achète plus un bien, mais on paie son temps d'utilisation, en évitant au passage de s'encombrer d'objets dont on ne se sert pas tous les jours. […] Cette tendance touche aussi les biens les plus chers et considérés comme les plus personnels, telles les automobiles. À Paris, par exemple, 60 % des actifs n'ont pas de voiture. D'où le succès du service Autolib' (66 000 abonnés). Mais c'est à Marseille, en voyant trois familles se partager les frais d'un véhicule à l'aide d'un fichier Excel, que Paulin Dementhon a eu, en 2010, l'idée de créer Voiturelib, un site de location de voitures entre particuliers. Un an plus tard, les fondateurs de BlaBlaCar lui proposent une place dans leurs bureaux parisiens. Un coup de pouce bienvenu : son site (rebaptisé Drivy en 2013) démarre en trombe. « Je triple mon chiffre d'affaires tous les ans », dit-il.

Bruno Askenazy, www.capital.fr, 1er juin 2015.

BTS **12** Analysez les avantages et les limites de la stratégie de focalisation à travers les exemples ci-dessus.

Activités Choix stratégiques et stratégie de domaine d'activité

A Testez vos connaissances

Indiquez si chacune des affirmations suivantes est vraie ou fausse en justifiant votre réponse.

	Vrai	Faux
1. Les stratégies de domaine s'appliquent à toutes les activités de l'entreprise.	☐	☐
2. Les stratégies de domaine sont également appelées stratégies concurrentielles par M. Porter.	☐	☐
3. M. Porter décrit trois stratégies concurrentielles : la diversification, la focalisation et la domination par les coûts.	☐	☐
4. La stratégie de domination par les coûts consiste à vendre à bas prix en maîtrisant les coûts.	☐	☐
5. La domination par les coûts s'appuie uniquement sur les économies d'échelle.	☐	☐
6. La stratégie de différenciation consiste à proposer une offre standard.	☐	☐
7. La différenciation peut se faire par le haut (pour lever les barrières à l'entrée) ou par le bas.	☐	☐
8. La stratégie de focalisation consiste à se concentrer seulement sur une zone géographique.	☐	☐
9. La focalisation permet de se développer sur un segment non occupé par les autres entreprises.	☐	☐
10. La limite de la focalisation est la dépendance à un segment trop étroit.	☐	☐

B Les mots du management

Rattachez chaque expression à sa définition. Vous donnerez un exemple d'entreprise pour chacune de ces stratégies.

1. Stratégie de domaine. **2.** Avantage par les coûts. **3.** Différenciation.
4. Différenciation par le haut. **5.** Différenciation par le bas. **6.** Focalisation.

a. L'entreprise sélectionne un segment ou un groupe de segment et construit une stratégie sur mesure.

b. L'entreprise proposer une offre plus élaborée que l'offre de référence qu'elle va vendre à un prix plus élevé.

c. « Une firme obtient un avantage si elle parvient à exercer ses activités créatrices de valeur à un coût cumulé inférieur à celui de ses concurrent. » Michael Porter, *L'Avantage concurrentiel*, Dunod, 1999.

d. On la définit comme « la création d'une position exclusive et avantageuse, mettant en jeu un ensemble d'activité spécifique. » Michael Porter, *L'Avantage concurrentiel*, Dunod, 1999.

e. L'entreprise se singularise, choisit une ou plusieurs caractéristiques (le produit lui-même, le système de distribution, l'approche marketing…) et se pose comme la seule capable de satisfaire ces besoins.

f. Une entreprise propose une offre moins élaborée que l'offre de référence, qu'elle va vendre à un prix moins élevé.

Synthèse Choix stratégiques et stratégie de domaine d'activité

I La stratégie de domination par les coûts

Elle est fondée sur :

→ l'atteinte de **la taille critique** pour bénéficier **d'économies d'échelle** ou **d'effet d'expérience** ;

→ l'optimisation de l'organisation (réduction des coûts).

Les enjeux de la domination par les coûts pour l'entreprise

Intérêts	Risques
• Établir des barrières à l'entrée sur le marché ; • Augmenter la rentabilité ; • Augmenter les ventes et la part de marché.	• Guerre des prix ; • Entrée de nouveaux concurrents ; • Limiter les innovations.

II La stratégie de différenciation

Elle propose une offre spécifique (technique ou commerciale).

Les enjeux de la différenciation pour l'entreprise

Intérêts	Risques
• Éviter la confrontation directe avec les concurrents ; • Pratiquer des prix élevés avec de fortes marges.	• Une différenciation significative pour les consommateurs ; • Coûts liés à la différenciation.

III La stratégie de focalisation

Elle se concentre sur un segment du marché spécifique : une clientèle, une zone géographie ou un segment de la gamme de produit.

Les enjeux de la focalisation pour l'entreprise

Intérêts	Risques
• Éviter la concurrence des grandes entreprises ; • Maîtrise du segment.	• Segment trop étroit ; • Protection de la niche vis-à-vis des concurrents.

Entraînez-vous ! Le cas ACCORHOTELS

Après avoir pris connaissance du cas ACCORHOTELS et des ressources proposées, vous réaliserez une étude en répondant aux questions suivantes :

1 Identifiez les domaines d'activités stratégiques du groupe AccorHotels.

Démarche BTS
- Repérer et exposer les DAS du groupe à l'aide de l'image et de la **ressource 1**.

2 D'après M. Porter, repérez les stratégies concurrentielles des différents DAS.

Démarche BTS
- Définir les 3 stratégies concurrentielles selon Michael Porter.
- Montrer que les caractéristiques d'une stratégie concurrentielle se retrouvent dans chaque DAS du groupe AccorHotels.

3 Repérez les avantages et les risques de la stratégie du segment économique pour l'entreprise.

Démarche BTS
- Identifier et exposer les enjeux (points positifs et négatifs) de la stratégie choisie par l'entreprise.

4 Analysez les solutions mises en œuvre pour maintenir son avantage concurrentiel.

Démarche BTS
- Reprendre des éléments de réponses aux questions précédentes et montrer que le groupe AccorHotels a intérêt à mettre en œuvre cette stratégie car elle lui procure des avantages concurrentiels.

Le dossier comprend le cas ACCORHOTELS et les ressources documentaires suivantes :
- **Ressource 1 : Les segments et leurs objectifs**
- **Ressource 2 : La machine AccorHotels : un nouvel hôtel chaque jour**
- **Ressource 3 : Les stratégies concurrentielles de Michael Porter**

Le cas ACCORHOTELS

AccorHotels, l'hôtelier mondial de référence

Une présence dans 95 pays, près de 4 100 hôtels et 570 000 chambres. Un large portefeuille de marques, allant du luxe à l'économique : Raffles, Fairmont, Swissôtel, Sofitel Legend, SO Sofitel, Sofitel, Pullman, MGallery by Sofitel, Grand Mercure, The Sebel, Novotel, Suite Novotel, Mercure, Mama Shelter, Adagio, Ibis, Ibis Styles, Ibis budget, HotelF1. […]

Notre ambition : être l'acteur hôtelier mondial de référence. Pour proposer à nos clients, collaborateurs, partenaires, une expérience unique.

Chacune des marques du Groupe offre à ses clients une expérience hôtelière unique. Celles-ci sont dès à présent organisées en trois segments, Luxe, Milieu de gamme et Économique. L'objectif étant de permettre

au groupe
ses leaderships

Ressource 1 Les segments et leurs objectifs

Chaque segment est animé par des objectifs clairs :

• **Luxe :** amélioration continue de l'excellence de service et développement d'hôtels *flagships* dans les villes clés afin d'augmenter la valeur des marques. Au sein de ce segment : Raffles, Fairmont, Swissôtel, Sofitel […].

• **Milieu de gamme :** développement et innovation pour renforcer l'offre et la différenciation des marques. Au sein de ce segment : Novotel, Mercure, Mama Shelter.

• **Économique :** poursuite du succès de la famille de marques Ibis pour renforcer son leadership. Depuis septembre 2011, le Groupe a organisé ses marques économiques de façon plus cohérente, plus lisible et plus attractive en capitalisant sur Ibis, une marque forte, dotée d'une notoriété élevée à travers le monde. Ainsi, All seasons est devenu Ibis Styles et Etap Hotel Ibis budget.

La nouvelle famille Ibis représente 1 929 hôtels à fin décembre 2015. Elle bénéficie de nouveaux espaces communs totalement repensés, déployés chez Ibis et Ibis budget, garantis d'une expérience hôtelière inédite, et de services tournés vers le confort et l'innovation. Un confort ultime particulièrement important puisque la famille Ibis a également complétement revisité sa literie en 2012 et offre à ses clients une expérience unique de sommeil heureux dans un lit haute technologie, fruit du travail d'experts au sein du Groupe.

www.accorhotels-group.com.

Ressource 2 La machine AccorHotels : un nouvel hôtel chaque jour

Après des années agitées, le management du numéro 1 français de l'hôtellerie (Sofitel, Pullman, Mercure, Novotel, Ibis, HotelF1…) s'est stabilisé. Et la marche en avant a repris : les investissements pleuvent et les ouvertures se succèdent. […]

Ibis Styles ? C'est la dernière trouvaille du cador français de l'hôtellerie, le groupe Accor, pour séduire les hôteliers. « On bénéficie de cette marque ultra-connue, mais sans avoir à entrer dans le moule. On peut exprimer notre créativité, on est libres », s'enthousiasme encore Roberto Okura-Martinez, qui exploitait auparavant ce même établissement sous l'enseigne concurrente Best Western. […] Et ce, alors que les bons vieux Ibis – et leur version très économique Ibis Budget (ex-Etap Hotel) – continuent de se multiplier comme des champignons partout sur la planète : un jour à Séoul (Corée du Sud), le lendemain à Manaus (Brésil).

Emmanuel Andreani, www.capital.fr, 2 février 2015.

Ressource 3 Les stratégies concurrentielles de Michael Porter

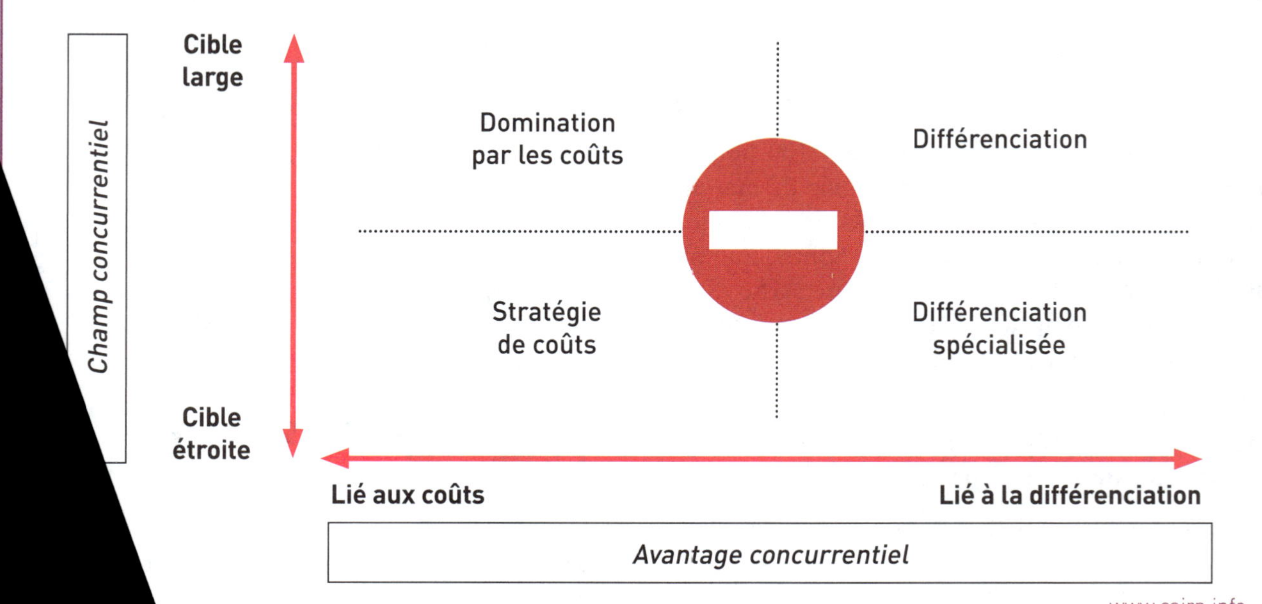

www.cairn.info.

11 Développement stratégique et modalités de croissance

Compétences

- Repérer et justifier les modalités de développement stratégique choisies par une entreprise donnée.
- Proposer des modalités de développement pertinentes pour une entreprise afin d'apporter des éléments de réponse à une situation donnée.

Plan du cours

I. Les différents modes de développement de l'entreprise et leurs facteurs

II. L'internationalisation

Notions

- Modalités de développement stratégique, croissances organique, croissance externe, croissance conjointe, partenariat, alliance, internationalisation.

Essilor-Luxottica, le nouveau géant mondial

Coup de tonnerre. Le Français Essilor, déjà n° 1 mondial de l'optique ophtalmique, et l'Italien Luxottica, premier fabricant de montures de lunettes, ont annoncé une fusion pour créer le nouveau leader incontesté du secteur. Techniquement, c'est Essilor qui prendra le contrôle de son concurrent [...] tandis que l'actuel dirigeant de Luxottica prendra la tête du nouvel ensemble.

	Essilor	Luxottica	EssilorLuxottica (avant synergies)
Chiffre d'affaires	6,7 M€	9 M€	15,7 M€
Marge brute opérationnelle	1,6 M€	1,9 M€	3,5 M€
Résultat net	0,8 M€	0,8 M€	1,6 M€
Collaborateurs	61 000	80 000	141 000
Capitalisation boursière	25 M€	26 M€	51 M€

Essilor (marques Varilux, Crizal, Transitions...), dédié principalement aux verres (ophtalmiques et solaires), et Luxottica (marques Ray Ban, Oakley [...] Dolce & Gabanna), qui fabrique surtout des montures, sont de tailles comparables [...]. La nouvelle entité afficherait un chiffre d'affaires de presque 16 milliards d'euros, pour des bénéfices de près de 2 milliards, avec pas moins de 140 000 collaborateurs ! Essilor se propulsera, avant fin 2017 (la fusion doit être finalisée d'ici là, sous réserve du feu vert des autorités de la concurrence) du 21e rang au 7e rang des capitalisations boursières du CAC 40. La logique du rapprochement entre Essilor et Luxottica est celle d'une « intégration verticale », les verres plus les montures. Luxottica apporte au groupe français un vaste réseau de distribution couvrant plus de 150 pays. [...] Avec l'Italien, Essilor va presque tripler de taille en Amérique du Nord [et] dans les pays émergents. Des perspectives qui ont fait bondir le cours de l'action Essilor.

Nicolas Gallant, www.capital.fr, 12 janvier 2017.

Essilor-Luxottica, une noce à 46 milliards
www.ressources.hachette-education.com/Action-BTS/Management.html

1. Présentez brièvement les documents (thème, source, format, idées principales).
2. Indiquez quel est le mode de développement choisi par l'entreprise.
3. Exposez les avantages et les inconvénients de ce choix stratégique.

I. Les différents modes de développement de l'entreprise et leurs facteurs

A. Croissance organique (ou interne) et croissance externe s'opposent

Doc 1 Croissance interne ou externe ?

Pour assurer son développement, une entreprise peut choisir d'accroître son capital productif en achetant des actifs nouveaux (machine, recherche-développement, formation de salariés, etc.). On parle alors de croissance interne ou organique. *A contrario*, elle peut prendre le contrôle d'actifs disponibles dans d'autres entreprises. Elle fait alors de la croissance externe.

Dans la mesure où les actifs contrôlés sont déjà prêt à être productifs, la croissance externe permet à l'entreprise d'accroître rapidement sa capacité de production, et lui économise ainsi les longs délais de maturation de l'investissement productif.

Selon Bavay et Beau (1990), il existe trois types de croissance externe : les fusions-acquisitions, la prise de participation dans le capital d'autres entreprises ; les accords d'union qui se traduisent par exemple par la création de filiales communes.

Jean-Luc Bricout, Béatrice Colin-Sédillot, « La croissance externe des entreprises françaises à la fin des années quatre-vingt », *Économie et statistique*, 1993.

Doc 2 Faut-il miser sur la croissance interne ou externe pour grandir ?

Racheter son fournisseur italien pour mieux prendre la main sur l'ensemble de sa chaîne de production. Tel est le parti pris, en 2012, par Stark Industries, équipementier agricole, à la suite de la faillite de son sous-traitant. « Nous nous sommes positionnés illico comme repreneur pour renforcer nos positions sur le marché des cueilleurs à maïs en disposant désormais de notre propre site de production », raconte Nicolas Bloudeau, dirigeant de la PME. Et d'ajouter : « Au-delà de notre capacité à proposer désormais un contrôle du cahier des charges encore plus poussé à nos clients, cette opération nous a permis d'épauler un partenaire qui nous a toujours satisfait. »

À l'instar de Stark Industries, bon nombre de PME misent sur la croissance externe avec différents avantages : « Absorber un concurrent pour renforcer sa position sur son marché, acheter une technologie développée par une autre entreprise afin de l'utiliser pour son compte, acquérir une société pour se diversifier, intégrer verticalement une filière via l'acquisition de son fournisseur pour mieux contrôler ses approvisionnements… », développe Denis Dauchy, professeur en management stratégique à l'Edhec Business School. Cependant, « la croissance externe apparaît souvent comme plus risquée, d'un point de vue financier, que la croissance interne ». De plus, la croissance externe s'avère brusque et bruyante tandis que la croissance interne est linéaire et discrète. La croissance interne serait-elle, donc, dépourvue de toutes difficultés ? « Non, répond Denis Dauchy, car développer un projet de façon organique en s'appuyant sur ses propres actifs comporte une contrainte de taille : son aspect chronophage. »

Diamétralement opposées, ces deux techniques gardent toutefois des vertus semblables, notamment au niveau de l'interne, en renforçant le sentiment d'appartenance à votre entreprise. « En effet, dans le cadre d'une croissance interne, de nouveaux projets sont confiés aux collaborateurs, ce qui booste bien souvent leur motivation, affirme Anne Tolila. Idem pour la croissance externe, une opération de rachat suscite, en général, la fierté du personnel. »

Charles Cohen, www.chefdentreprisecom, 16 janvier 2014.

Doc 3 Sénégal : le groupe de transfert d'argent Wari rachète l'opérateur mobile Tigo

Au Sénégal, le rachat annoncé le 7 février 2017 du deuxième opérateur téléphonique, Tigo, par la plateforme sénégalaise de services financiers, Wari, a suscité l'engouement.

Créée en 2008, la plateforme Wari est devenue en l'espace de quelques années une entreprise incontournable, utilisée au quotidien par de nombreux Sénégalais pour payer leurs factures, recevoir et envoyer de l'argent. Cette société qui offre des services financiers à faibles coûts a, dès le départ, eu pour objectif d'investir dans le secteur des télécoms, explique son PDG, Kabirou Mbodj : « Nous avons créé cette plateforme Wari pour permettre d'initier cette inclusion financière, mais il manque le dernier maillon : la connectivité pour que quel que soit l'endroit où on est, on puisse avoir accès aux services et aides inclues financièrement ou économiquement. C'est pour cela que nous avons acquis Tigo. Et maintenant avec Tigo on va créer une communauté Wari qui va permettre aux gens de bénéficier d'encore plus de services et d'être encore plus confortables dans leur vie au quotidien ». De plus, cette acquisition pourrait séduire de nouveaux clients pour des raisons de patriotisme.

Deuxième opérateur téléphonique du Sénégal, Tigo reste cependant loin derrière la filiale locale du groupe français Orange, qui réagira probablement en proposant de nouvelles offres à leurs clients et une baisse des tarifs.

Lou Garçon, www.rfi.fr, 13 février 2017.

1. Distinguez les notions de croissance interne (organique) et de croissance externe.
2. Identifiez le modèle de croissance qu'a utilisé l'entreprise Wari dans son rachat de l'entreprise Tigo.
3. Dans un tableau, indiquez les principaux avantages et risques de chacune de ces deux modalités de croissance.
4. Envisagez si Wari devrait privilégier un type de croissance plutôt qu'un autre.

B. Le choix de la croissance conjointe

Doc 4 Alliances entre petites et grandes entreprises : échecs ou succès ?

David avec Goliath : tout est dans le titre. L'étude publiée par Raise (société de capital-investissement créée en 2013) mardi 1er mars, en collaboration avec le cabinet de conseil Bain & Company, fait le bilan du monde de l'entreprise français en s'intéressant particulièrement aux alliances entre grands groupes et petites entreprises françaises.

« En France, il est facile de créer une entreprise, mais moins facile de la faire grandir » affirme Gonzague de Blignières, cofondateur de Raise et président de Raise Investissement, pour qui « en France, le monde de l'entreprise connaît un effet sablier ». L'« effet sablier » désigne la présence de nombreuses grandes entreprises et de nombreuses petites entreprises en France, mais avec un relatif déficit d'entreprises intermédiaires. Les entrepreneurs semblent néanmoins de plus en plus nombreux à surmonter cette difficulté. « Les partenariats entre grandes et jeunes entreprises connaissent depuis quelques années une forte accélération », soulève ainsi l'étude.

« De la prise de participation directe dans le capital à la mise en place d'incubateurs, du développement de politiques de mécénat au lancement de diverses initiatives RH, les différents types d'alliance instaurés servent des objectifs multiples. Pour la grande entreprise, il peut par exemple s'agir de *business development*, de veille technologique, de transformation culturelle, de communication, d'investissement ou d'impact sociétal. Pour la jeune entreprise, ces partenariats peuvent faciliter un gain de notoriété ou l'accès au financement et à de nouveaux marchés. »

Pour autant, ces collaborations séduisantes sur le papier ne sont pas toujours simples à mettre en place : les *process* des grandes entreprises ne conviennent pas toujours aux petites, les contraintes financières et la relative lenteur avec laquelle les grandes entreprises élaborent de nouveaux projets peuvent poser des problèmes aux petites entreprises qui apprécient généralement la souplesse dans ces domaines. « L'état d'esprit et la culture d'entreprise » peuvent également différer entre entreprises de taille très différente, et « le pilotage de projets avec les petites entreprises est donc quelque chose qui s'apprend ».

X. Bargue,
www.boursorama.com, 1er mars 2016.

5 Indiquez le troisième mode de croissance existant mis en avant dans cette étude.

6 Mettez en évidence les avantages et les inconvénients d'un tel mode de développement, notamment pour les PME.

II. L'internationalisation

A. Les raisons de l'internationalisation : techniques, commerciales et financières

Doc 5 Ponthier, une belle histoire de famille

Les premiers vergers en Limousin ont été plantés par son père, André. Yves Ponthier l'a appris très tard. « Mes parents ont énormément travaillé pour faire leur place. Ils étaient expéditeurs à l'époque. Ils collectaient les fruits et les légumes de la région d'Objat et ils les vendaient sur les marchés. Après-guerre, il y avait plus de 100 expéditeurs à Objat. » Puis le couple se met à vendre les premiers fruits surgelés aux grandes surfaces. Puis la concurrence s'est faite rude dans ce secteur. [...]

Thibault Ponthier entre dans l'entreprise en 2012, très intéressé par l'ambition internationale de la maison familiale. L'entreprise exporte dans 60 pays et a installé sept bureaux de représentation dans le monde entier (Paris, Londres, Barcelone, Cologne, Tokyo, Séoul et New York depuis peu). « Être sur place, c'est fondamental pour prendre le pouls du marché, comprendre que l'Asie du sud-est n'est pas l'Asie pacifique. Cela nous permet aussi de développer des logiques de réseau avec des leaders d'opinion. »

Selon Thibault Ponthier, « c'est l'image de marque qui a le plus évolué. Pour les 70 ans de l'entreprise, des chefs, champion du monde de pâtisserie vont nous faire des recettes. Nous venons de nouer un partenariat mondial avec le chef Joël Robuchon. Il y a cinq ans, on en rêvait mais on ne l'aurait jamais fait ». Ponthier n'a pas fini d'étonner.

Émilie Auffret,
www.lamontagne.fr, 19 octobre 2016.

Doc 6 L'export, levier de croissance des PME

L'international n'est pas l'apanage des grands groupes. Pourtant, moins de 5 % des entreprises françaises commercent hors de France alors qu'elles sont attendues et reconnues à l'étranger.

« Celles qui s'internationalisent ont en moyenne une croissance deux fois plus importante que celles qui ne le font pas et une rentabilité supérieure », indique Pierre Gattaz, président du Medef. Dans un contexte de croissance française faible, l'export est un réel levier de compétitivité. Y compris pour mieux vendre en France : une hausse de 10 % des exportations crée en effet la même année un accroissement des ventes intérieures de 1 % à 3 %. Avec 125 000 entreprises exportatrices, la France a retrouvé en 2015 son plus haut niveau depuis 2003, s'est réjoui Matthias Fekl, secrétaire d'État chargé du Commerce extérieur.

« Les PME françaises n'exportent pas assez. Il y a le feu au lac », alerte Alain Renck, directeur de Bpifrance Export. De fait, les PME ne représentent que 15,7 % des exportations, à côté des ETI qui en réalisent un tiers (34,1 %) et les grandes entreprises plus de la moitié (50,2 %), selon le service des Douanes.

Pourtant, les PME tricolores sont attendues et ont un potentiel énorme Les pays émergents offrent des perspectives de croissance majeures et constituent des marchés attractifs.

Trois raisons majeures expliquent la frilosité des entreprises. Le risque d'impayé reste leur principale préoccupation : 59 % des entreprises craignent que leurs clients n'honorent pas leurs engagements, selon le dernier baromètre Euler Hermes, réalisé auprès de 900 PME et ETI. Elles redoutent aussi le risque de change, et les aléas géopolitiques.

Marie-Cécile Renault, www.lefigaro.fr, 6 juillet 2016.

7 Indiquez le modèle de croissance suivi par Ponthier et présentez les informations principales.

8 Indiquez les raisons qui poussent une PME, comme Ponthier, à s'internationaliser.

BTS **9** Précisez les risques auxquels les PME peuvent faire face en choisissant cette stratégie.

B. Les modalités de l'internationalisation : exportations, partenariat et investissements directs à l'étranger

Doc 7 Stratégie export : grâce à son partenariat avec Accor, Passman exporte ses solutions à travers le monde

Pas facile de miser sur l'export pour une petite PME. [...] Passman, spécialiste des solutions internet dans les hôtels, petite PME lyonnaise de 40 personnes (12 millions d'euros de CA), vend ses solutions internet sur les 5 continents sans y avoir de présence physique. Son secret ? Avoir noué un partenariat technologique avec un de ses clients historiques français, le groupe Accor qui l'a choisi pour équiper ses hôtels dans le monde entier.

Grâce à ce partenariat, la start-up s'est implantée dans 42 pays : États-Unis, Thaïlande, Suède, Nouvelle-Zélande, Chine, Allemagne...

« Depuis 2007, nous travaillons avec Accor et installons nos solutions de connexion (borne Internet, Business Center...) dans les différents hôtels du groupe comme Novotel, Ibis, Pullman, Hôtel F1... En 2010, Accor nous a proposé un contrat de partenariat, sous forme de licence, pour équiper ses hôtels à l'étranger » explique Frédéric Lévy, co-fondateur de l'entreprise. Le bonus ? Pas de frais de prospection, ni de coût d'implantation ou de recherche de distributeurs. « C'est la solution idéale car une stratégie export coûte très cher et les retours sur investissement sont longs. Ce partenariat nous permet de vendre notre savoir-faire à l'étranger et de disposer d'une belle vitrine en termes de référence » poursuit le dirigeant. [...]

Le marché semble florissant pour la petite entreprise, qui souhaite capitaliser cette expérience réussie à l'export. Elle espère dans les prochaines années doubler le nombre de chambres équipées, et passer de 550 000 à un million d'installations.

Valérie Froger, www.business.lesechos.fr, 16 mai 2013.

Doc 8 Trois solutions pour mettre un pied à l'étranger

Filiales, succursales, joint-ventures, distributeurs locaux, bureaux de représentation : pour choisir la structure juridique idéale pour s'implanter à l'étranger, quels sont les critères à prendre en compte ? [...]

Une succursale pour se renforcer

L'entreprise peut ouvrir une succursale, qui constitue un établissement secondaire, pour faciliter l'extension géographique de ses activités ainsi que ses relations avec la clientèle. Pour autant, une succursale n'est pas dotée de la personnalité juridique mais dispose cependant d'une certaine autonomie de gestion.

La filiale, pour gagner en autonomie

Personne morale à part entière, la filiale doit faire l'objet de formalités de création auprès des organismes du pays d'implantation. Si la plupart des pays ont l'équivalent de nos SA et de nos SARL, il sera indispensable de bien réfléchir en amont à la stratégie de partenariat – ou non – avec des associés locaux.

La *joint-venture*, pour la légitimité

Dans certains pays, la *joint-venture* s'impose car elle permet à l'investisseur d'accéder à un marché national relativement fermé. L'entreprise française peut s'associer à un partenaire local – une société privée ou une personne publique. « Le recours à une *joint-venture* confère une légitimité à l'entreprise, qui bénéficie alors d'un traitement plus favorable que celui réservé aux étrangers. Dans certaines régions du monde (en Chine, par exemple), il est presque obligatoire d'avoir un associé local », explique Gabriel Attias (Deloitte). L'entreprise peut, en outre, bénéficier de la connaissance qu'a son partenaire local du marché, des pratiques de l'administration et de la concurrence. Ce dernier va jouer un rôle de facilitateur.

Manon Sandrini,
www.chefdentreprise.com.

10 Présentez les différentes modalités de l'internationalisation des PME à partir des documents 5 à 8.

BTS **11** Expliquez en quoi ces différentes stratégies permettent d'atteindre des objectifs différents mais complémentaires.

Activités

Développement stratégique et modalités de croissance

A Testez vos connaissances

Indiquez si chacune des affirmations suivantes est vraie ou fausse en justifiant votre réponse.

	Vrai	Faux
1. La croissance externe permet à l'entreprise d'acquérir de nouvelles technologies.	☐	☐
2. L'internationalisation n'est réservée qu'aux grandes entreprises et exclue les PME.	☐	☐
3. La croissance conjointe est un mode de croissance interne.	☐	☐
4. La croissance interne et la croissance organique sont différentes.	☐	☐
5. La croissance interne est basée sur l'investissement en capital physique ou humain.	☐	☐
6. L'internationalisation ne peut se réaliser que par l'exportation de produits.	☐	☐
7. La fusion-acquisition est un mode de croissance externe.	☐	☐
8. Les principaux freins à l'internationalisation sont les différences culturelles.	☐	☐
9. La croissance interne se réalise grâce aux bénéfices réinvestis dans l'entreprise.	☐	☐
10. Créer une filiale, c'est s'internationaliser.	☐	☐

B Les mots du management

En binôme, jouez au jeu du pendu.
1) L'élève 1 choisit un mot-clé du chapitre, et trace autant de tirets qu'il y a de lettres dans le mot.
2) L'élève 2 doit deviner le mot en donnant des lettres.
3) Si la lettre est contenue le mot, l'élève 1 la place au bon endroit.
4) Si la lettre n'est pas contenue dans le mot, l'élève 1 commence à dessiner le pendu.
5) L'élève 2 gagne s'il trouve le mot avant que le dessin du pendu ne soit terminé.

C Cas d'entreprise par les outils numériques

À partir d'une recherche documentaire sur l'entreprise coopérative « Chèque Déjeuner », vous répondrez aux questions suivantes :

1. Caractérisez l'entreprise « Chèque Déjeuner ».
2. Exposez la spécificité de cette entreprise en termes de statut juridique et mode de gouvernance.
3. Présentez sa stratégie d'internationalisation.
4. Analysez les opportunités et les risques de cette stratégie pour « Chèque Déjeuner ».

Synthèse Développement stratégique et modalités de croissance

I Les différents modes de développement de l'entreprise et leurs facteurs

Pour assurer son développement, une entreprise peut choisir différents modes de croissance :

- **Croissance interne ou organique** (investissement en capital physique ou humain)
- **Croissance externe** (rachat, prise de participation)
- **Croissance conjointe** (alliance)

... présentant chacune des avantages et des inconvénients spécifiques.
Une entreprise peut suivre plusieurs modes de croissance pour renforcer son posititionnement.

II L'internationalisation

Développement des activités à l'étranger

Différents objectifs :
- Technique ;
- Commercial ;
- Financier.

Différentes modalités :
- Exportation ;
- Partenariat ;
- Investissement direct à l'étranger (IDE) : filiales par exemple.

Entraînez-vous ! Le cas GARNIER-THIEBAUT

Après avoir pris connaissance du cas GARNIER-THIEBAUT et des ressources proposées, vous réaliserez une étude en répondant aux questions suivantes :

1 Caractérisez l'entreprise Garnier-Thiebaut.

> **Démarche BTS ←**
> - À partir des éléments de caractérisation d'une entreprise (finalité, nature de l'activité, taille, type d'organisation, ressources, statut, champ géographique), identifier chaque composant.

2 Identifiez les modes de croissance choisis par l'entreprise depuis sa création. Justifiez.

> **Démarche BTS ←**
> - Proposer une définition des différents modes de croissance d'une entreprise (interne, externe, internationalisation).
> - Présenter celui qui est le plus adapté et expliquer votre réponse en lien avec le cas.

3 Précisez les différentes modalités et les différents objectifs suivis par Garnier-Thiebaut dans son internationalisation.

> **Démarche BTS ←**
> - Présenter à l'aide des ressources le type d'internationalisation que l'entreprise a développé.
> - Expliquer les raisons et les buts de cette internationalisation.

4 Avec l'internationalisation de l'entreprise, analysez les potentiels risques pour l'entreprise et ses parties prenantes.

> **Démarche BTS ←**
> - Identifier les parties prenantes de l'entreprise.
> - Présenter les différents éléments néfastes avec l'internationalisation pour les acteurs.

5 Proposez, en les justifiant, des pistes pour pallier ces risques tout en montrant les avantages et inconvénients de ces axes.

> **Démarche BTS ←**
> - Reprendre des éléments de réponses aux questions précédentes.
> - Imaginer des actions que l'entreprise pourrait mettre en place pour éviter ou contourner les risques liés à l'internationalisation.
> - Juger vos propositions selon leurs avantages et leurs inconvénients.

Le dossier comprend le cas GARNIER-THIEBAUT et les ressources documentaires suivantes :

- Ressource 1 : **Chiffres clés 2015 Garnier-Thiebaut**
- Ressource 2 : **Ces PME françaises qui veulent conquérir le monde**
- Ressource 3 : **Vosges : la renaissance du textile à la française**

Le cas GARNIER-THIEBAUT

Créée en 1833, la société Garnier-Thiebaut construit sa première usine en 1870 à Gérardmer. Après une succession de propriétaires, les deux sociétés Centrale Linière et Garnier-Thiebaut sont rachetées en 1986 par HDM Finances (actuel propriétaire). En 1995, les deux sociétés fusionnent pour devenir la société STG (Société de Tissage de Gérardmer). Présent dans 85 pays, Garnier-Thiebaut équipe les plus beaux palaces et les plus grands noms de la restauration à travers le monde : le Royal Monceau, Paul Bocuse, Georges Blanc, les casinos Cosmopolitan, Caesars Palace à Las Vegas… pour ne citer qu'eux !

Mais, le spécialiste du linge de maison Garnier-Thiebaut souffre d'un manque de notoriété. « Nous ne réalisons que 30 % de notre chiffre d'affaires auprès du grand public, le reste auprès des professionnels de l'hôtellerie et de la restauration, et paradoxalement sommes plus connus des particuliers à l'exportation que sur le marché intérieur », note Paul de Montclos, directeur général de l'entreprise familiale implantée depuis cent quatre-vingts ans à Gérardmer dans les Vosges. Pour pallier ce handicap et se rapprocher des consommateurs, il vient d'engager un programme d'ouverture de boutiques, la première devant prochainement ouvrir, symboliquement, au cœur de la station vosgienne, avant d'être suivie d'une seconde dans l'Ouest parisien.

Pour croître également, Garnier-Thiebaut a restructuré son service commercial export. En Chine, un collaborateur développe depuis mi-2012 le marché des professionnels. « Notre référencement comme fournisseur du groupe hôtelier Four Seasons nous ouvre des portes dans ce pays au potentiel énorme », assure Paul de Montclos. Son groupe contrôle depuis trois ans une filiale aux États-Unis, spécialisée dans la confection. Et Garnier-Thiebaut annonce un chiffre d'affaires consolidé de l'ordre de 33 millions d'euros en 2012, pour un effectif global de 250 salariés.

L'entreprise investit chaque année près de 10 % de son chiffre d'affaires dans la modernisation de son parc de métiers à tisser, l'amélioration de son « *process* » d'ennoblissement ou l'informatique, afin de rester compétitif. Car l'entreprise revendique des productions 100 % locales. Toujours à la pointe de l'excellence technologique, Garnier-Thiebaut a lancé fin 2010 un traitement antitache innovant qui garantit une utilisation simple et économique du linge au fil des jours : Green Sweet.

Pascal Ambrosi, *Les Échos*, 4 janvier 2013.

Ressource 1 Chiffres clés 2015 Garnier-Thiebaut

- 20 millions d'euros de chiffre d'affaires annuel
- 40 % du chiffre d'affaires à l'export
- 200 collaborateurs
- 12 boutiques en nom propre
- 2,2 millions de mètres de tissus fabriqués
- 1 filiale aux USA

www.vosgesterretextile.fr

Ressource 2 Ces PME françaises qui veulent conquérir le monde

À condition de bien sélectionner sa cible et de déterminer une stratégie d'ouverture pertinente à l'international, s'exporter peut être une opportunité pour les PME et les ETI, au même titre que les grands groupes qui possèdent certes une bien plus forte capacité d'investissement et des facilités organisationnelles pour intégrer des nouveaux marchés. « Face à un marché domestique insuffisant ou saturé, les PME qui souhaitent se développer n'ont pas d'autre choix que d'exporter leurs produits ou leurs activités. Le pari est souvent gagnant pour les PME innovantes qui, à condition de ne pas sous-estimer la dimension culturelle, peuvent percer sur des marchés où la concurrence est faible. Par ailleurs, cet effort d'adaptation à de nouveaux marchés renforce les capacités de création, d'innovation et d'optimisation logistique de ces entreprises », souligne Christine Nicolino, présidente de l'Atelier Compétences internationales (ACI). À l'image de l'entreprise Garnier-Thiebaut. Créée en 1833, cette firme vosgienne spécialisée dans le linge de maison haut de gamme était au creux de la vague au milieu des années 90 au plus fort de la crise du textile. En misant sur l'international (marchés nord-américains, moyen-orientaux, asiatiques, européens du Sud), qui pèse aujourd'hui 45 % de son chiffre d'affaires (contre 5 % il y a vingt ans), elle a pu revenir dans le peloton de tête, en évoluant vers une culture de la qualité et en élargissant son offre.

Enjeux – Les Échos, 12 juin 2014.

Ressource 3 Vosges : la renaissance du textile à la française

Le textile, c'était près de 30 000 emplois dans les Vosges. C'était il y a trente ans. La crise est passée par là et les usines ont fermé, les unes après les autres. Au pire de la crise, seules 2 000 personnes travaillent encore dans ce secteur. Pourtant, aujourd'hui, on assiste à une véritable embellie. À l'image de l'entreprise Garnier-Thiebaut, qui connaît une véritable *success story*.

Un label « *made in* Vosges »

Mécanisation, innovation, haut de gamme... c'est ainsi que l'entreprise reste compétitive et que le chiffre d'affaires croît année après année. « On exporte aux États-Unis, on exporte en Russie, on exporte en Asie, en Chine. Ça représente 40 % du chiffre d'affaires environ », témoigne Isabelle Parmentier, responsable marketing de Garnier-Thiebaut. Et pour lutter contre la concurrence internationale, un label a vu le jour « Vosges, terre textile ». Puisque l'union fait la force, les entreprises vosgiennes réunies sous ce label ont désormais pris le parti de travailler ensemble.

www.francetvinfo.fr, 10 novembre 2015.

Le cas STG

Dans le cadre de la rédaction des réponses, le candidat est invité à mobiliser les concepts et les références d'auteurs dès lors qu'ils sont pertinents et que le lien avec le contexte est argumenté.
Après avoir pris connaissance du cas STG et des ressources proposées, vous répondrez aux questions suivantes :

1re partie : Analyse de la situation de l'entreprise

1 Identifiez le métier et les domaines d'activité stratégique du groupe STG.

Démarche BTS
- Repérer l'activité du groupe STG.
- Citer les domaines d'activité stratégique du groupe STG.

2 Réalisez un diagnostic stratégique du groupe STG.

Démarche BTS
- Analyser les forces et faiblesses de l'entreprise STG.
- Identifier les opportunités et menaces de l'environnement de STG.

3 Identifiez les stratégies globale et de domaine adoptées par le groupe STG. Justifiez ce choix par rapport au contexte dans lequel s'insère le groupe.

Démarche BTS
- Analyser les stratégies choisies, au sens d'I. Ansoff et M. Porter, par le groupe STG.

4 Analysez les modalités de croissance choisies par le groupe STG.

Démarche BTS
- Démontrer que le groupe STG a su croître en ayant recours à plusieurs modalités de développement.

2e partie : Identification du problème de management et proposition de solutions

5 Identifiez les contraintes que rencontre STG dans le développement de son activité.

Démarche BTS
- Repérer les difficultés majeures que rencontre actuellement STG.

6 Proposez des solutions susceptibles de résoudre le problème de management de STG.

Démarche BTS
- Présenter des solutions qui permettraient à STG de poursuivre son développement.

Le dossier comprend le cas STG et les ressources documentaires suivantes :
- Ressource 1 : **La France, une position de choix sur le marché de la logistique**
- Ressource 2 : **Dossier température dirigée, trop de règles tuent le marché**

Le cas STG

Créée en 1949, la Société des Transports Gautier est une entreprise familiale actuellement codirigée par la deuxième génération, Jean-Yves et Antoine Gautier. Spécialisée notamment dans le transport frigorifique en froid positif (entre 0 et 3 degrés), STG a su anticiper l'évolution du marché de l'agroalimentaire. L'entreprise est passée du transport de carcasses de viande à celui de plats préparés qui garnissent aujourd'hui les rayons des supermarchés, ou encore de la livraison de matière première pour de grandes chaînes de restauration rapide. Aujourd'hui, STG réalise 370 millions d'euros de chiffre d'affaires, et emploie 3 500 collaborateurs dont 1 700 conducteurs. Parti de rien dans les années 1950, Rémy Gautier a donc hissé son entreprise implantée en Ille-et-Vilaine au 3e rang national.

En 2015, le groupe STG a lancé des investissements en série afin de se développer. Pour assurer sa position sur le plan national, l'entreprise basée à Noyal-sur-Vilaine depuis 1974 a étendu largement son parc immobilier. Pour son activité frigorifique (85 % du chiffre d'affaires), STG a démarré des travaux de construction d'un nouveau bâtiment sur son site de Maromme, en Seine-Maritime, qui intègre une cellule surgelés de 500 m^2. Elle a également doté son site de Villars-les-Dombes, dans l'Ain, de 12 000 m^2 supplémentaires afin de satisfaire les besoins dans la logistique des produits frais. Les dirigeants de STG viennent aussi de prendre possession d'un bâtiment de 10 000 m^2 à Châteaubourg, près de leur siège rennais. Objectif : élargir l'offre de logistique à température ambiante. « En entrée et sortie de Bretagne, notre implantation nous offre à présent une capacité de 15 000 m^2 en stock ambiant », souligne Jean-Yves Gautier. Le groupe de transports et de logistique STG a développé en parallèle une stratégie d'acquisitions, la société a en effet repris les Transports Renaud en 2011, entreprise située à Pons en Charentes. Cette dernière travaille avec STG depuis des années dans l'échange de fret frigorifique. La force de STG réside dans son réseau, qui lui permet de proposer une offre sur le territoire national de logistique frais, température, contrôlée, ambiant et aussi surgelé.

Sur un marché en forte croissance, STG s'est donc lancée en parallèle dans le transport alimentaire. Connu comme logisticien frigorifique, le groupe STG a ainsi entamé sa diversification dans le transport alimentaire et a commencé pour cela par les pizzas. Plus précisément, le transporteur logisticien vient de signer un contrat avec Pizza Hut pour livrer ses 140 points de vente en matières premières. Ce partenariat permet à la chaîne de pizzas à l'américaine d'alléger ses contraintes de gestion. De son côté, STG Solution ouvre une nouvelle plate-forme de 12 000 m^2 à Orly et crée une filiale dédiée, STG Solution Restauration. Le transporteur dispose de deux autres plates-formes à Lille et Avignon, signe qu'il ne souhaite pas s'arrêter au contrat avec Pizza Hut.

Ces infrastructures ciblent la livraison par porteur des points de vente de la grande distribution en centre-ville. « STG Solutions doit porter les stocks de nos clients et nous permettre d'assumer également la facturation des destinataires », indique Jean-Yves Gautier.

En parallèle de cette diversification dans le transport alimentaire, le groupe STG teste de nouvelles solutions de transport par gaz liquéfié. Le groupe indique tester actuellement un véhicule fonctionnant au DUAL Fuel (gaz liquéfié et diesel) élaboré par Volvo. Il est probable que ces véhicules à Gaz Naturel Liquéfié (GNL) constitueront, à terme, un avantage certain pour acheminer des marchandises dans des centres-villes toujours plus encombrés et pollués et dont les autorités menacent sans cesse les véhicules les plus polluants de fortes restrictions de circulation.

STG investit dans de nouveaux équipements correspondants aux normes les plus récentes, afin de proposer un service efficace et qualitatif. Le groupe a notamment renouvelé sa flotte de véhicules avec le remplacement d'environ 150 tracteurs aux normes EURO VI.

En accord avec l'Union Nationale du Transport Frigorifique (UNTF), dont il est adhérent, STG participe avec d'autres acteurs de la profession à la révision du process de livraison des plateformes GMS de produits frais et se dote d'un outil de suivi TRACK and TRACE.

STG travaille en partenariat avec Michelin depuis plusieurs années et va continuer à livrer les pneus dans l'Ouest. STG collabore depuis 18 ans avec le fabricant de pneus pour effectuer des livraisons dans l'Ouest, à partir de sa plateforme de Chateaubourg. Fin 2014, Michelin a annoncé la fermeture prochaine de six magasins généraux en France, dont celui de Chateaubourg pour recentrer son stockage sur les dépôts de Clermont Ferrand et de Valenciennes. Le groupe renouvelle cependant sa confiance à STG pour assurer la livraison de pneus dans le Grand Ouest au départ de Valenciennes et pour les quatre ans à venir.

Pour ses flux à l'export, STG s'appuie sur la filiale commune constituée avec l'Allemand Nagel (STG-Nagel – 40 M€ de CA). Les ventes du groupe ont atteint 350 M€ en 2015, pour un effectif de 3 500 salariés. STG exploite une flotte de 1 600 véhicules et un réseau de 35 plateformes. Ses dirigeants ont l'intention d'effectuer l'acquisition, sur l'Île-de-France, de véhicules porteurs fonctionnant au gaz et dotés de groupes frigo répondant aux normes Piek.

Ressource 1 La France sur le marché de la logistique

En Europe, le marché de la logistique est estimé à 710 milliards d'euros soit 8 % du PIB Europe. C'est un secteur très large qui regroupe plus d'un million d'entreprises employant plus de 5 millions de salariés. Globalement, on estime que le marché de la logistique représente 120 milliards d'euros en France. Avec un marché unique de plus de 450 millions de consommateurs au sein de l'Union, la France bénéficie d'une position géographique stratégique pour les échanges avec les pays de l'Europe du nord, le Benelux et l'Europe du sud. Sa position est décisive tant à l'échelle européenne avec la constitution d'euro-régions logistiques, transfrontalières que sur le marché domestique où 60 millions de consommateurs ont un niveau de vie élevé relayé par un puissant appareil de distribution (il faut noter que le Bassin parisien est plus peuplé que la Belgique ou que la Suède). Les groupes étrangers contrôlent 33 % du marché français de la prestation logistique.

En Europe, les principaux groupes français sont les suivants :

- Géodis (secteur électronique et haute technologie, automobile, informatique, pharmacie).
- Premium Logistics (automobile, cosmétique, pharmacie et textile).
- XPO (automobile, cosmétique, boissons et textile).
- STEF – TFE (produits frais et surgelés, boissons).
- FM Logistics (grande consommation, électronique).

La logistique regroupe une grande diversité d'acteurs recouvrant toute la chaîne d'activités : entreposage, manutention, emballage, gestion de stocks, préparation de commandes, *post manufacturing*, maintenance, logistique de retour, *tracking*, *supply chain management*. Les transporteurs regroupent de nombreuses PME qui travaillent souvent en étroite liaison avec de grands groupes internationaux. L'apparition de nouveaux acteurs logisticiens intégrateurs a entraîné une croissance rapide de l'externalisation de cette fonction au sein des entreprises. Aujourd'hui on estime que 30 % des entreprises en France ont externalisé leur logistique. La France connaît le meilleur taux d'externalisation d'Europe continentale.

Agence française
pour les investissements internationaux.

Ressource 2 Dossier température dirigée, trop de règles tuent le marché

Représentant environ 10 % du trafic routier français, le transport sous température dirigée (TSTD) de produits frais ou surgelés est à l'origine de véritables *success story* pour certains acteurs historiques du marché tels que Stef, STG, Olano, le groupe Antoine, etc. Mais l'heure de gloire du TSTD est passée et le marché se réduit de plus en plus, à mesure que se concentrent les acteurs et que le contexte de crise économique s'aggrave. Si, pour les grands comptes internationaux, le transport sous température dirigée représente des opportunités de croissance, à l'image de DHL qui a lancé un service ColdChain dédié ou Norbert Dentressangle qui a récemment signé un contrat avec Leader Price pour l'approvisionnement en produits surgelés de 65 magasins du sud-ouest de la France, les PME spécialisées dans le transport sous température dirigée souffrent aujourd'hui d'une concurrence féroce et d'une réglementation de plus en plus contraignante. Autrefois, un marché de niche sur lequel les transporteurs se concentraient, le TSTD ne semble plus aujourd'hui offrir les mêmes perspectives, bien au contraire, et ce, malgré la monté en puissance du marché des produits pharmaceutiques ou médicaux. Un patron d'une PME de Lyon spécialisée dans le TSTD, sous couvert d'anonymat, confie sa détresse : « Les beaux jours du TSTD sont derrières nous ! Entre le contexte économique peu favorable à la consommation avec un pouvoir d'achat réduit qui modifie les habitudes des consommateurs en matière de nourriture [migrant du frais vers le surgelé, NDLR], une concurrence farouche pour ne pas dire déloyale d'acteurs étrangers ou même de grands groupes français mais implantés partout en Europe et, pour finir, des réglementations sociales et techniques régulièrement modifiées impliquant des investissements que les plus petits acteurs ne peuvent assumer et c'est quasiment la mort du TSTD ! En outre, nous devons en permanence gérer des pics d'activité aléatoires, alors même que les volumes baissent, entraînant d'importantes contraintes organisationnelles pour une rentabilité moindre au final. » Des propos certes véhéments mais confirmés par Hervé Street, de la société Biotrans. « Les marges sur le TSTD se réduisent à peau de chagrin, les donneurs d'ordres essayant de toujours tirer les prix vers le bas. La réglementation tant sociale que technique en termes d'hygiène et de respect de la chaîne du froid vient en outre alourdir les charges, voire même nécessiter des investissements. Mais bon nombre de transporteurs sont à bout de souffle et ne peuvent satisfaire à ces nouvelles exigences notamment de traçabilité des produits et des températures ! » Et les perspectives de croissance ne sont pas bonnes, même sur les marchés spécifiques et pourtant porteurs, comme pourrait l'être celui des produits pharmaceutiques, puisqu'il nécessite d'importants investissements mêmes pour les entreprises les mieux équipées, afin de satisfaire aux exigences d'une réglementation toujours plus stricte.

www.transportinfo.fr.

Présentation de l'épreuve de management

PRÉPA EXAM

1. Présentation générale de l'épreuve

Durée de l'épreuve	Coefficient de l'épreuve
3 heures	1 ou 2 selon les sections

Le management est une discipline qui est fondamentalement multidimensionnelle et couvre donc plusieurs aspects qui permettent de comprendre de manière synthétique le fonctionnement d'une entreprise.

De l'entrepreneuriat à la gestion des hommes au sein de l'organisation, de la conception de la stratégie à la prise en compte des contraintes de l'environnement, le programme de management intègre donc un nombre important de thèmes.

a. Nature de l'épreuve

L'épreuve de **Management des entreprises** repose sur une étude et une résolution de cas mettant en scène une société devant faire face à plusieurs problèmes de management. Cette épreuve est commune à 8 BTS :

- Assistant de gestion PME-PMI ;
- Assistant de manager ;
- Commerce international ;
- Communication ;
- Comptabilité et gestion ;
- Management des unités commerciales ;
- Négociation et relation client ;
- Transport et prestations logistiques.

b. Objectif de l'épreuve

L'épreuve de management est une véritable **étude de cas**, l'objectif étant, après une analyse du contexte, de déceler un problème de management et de proposer ou analyser des solutions selon les contextes.

Le candidat doit être capable :

- d'**analyser** le fonctionnement, les modes de management et les choix stratégiques et opérationnels d'une entreprise ;
- d'**établir** un diagnostic préparant une prise de décision ;
- d'**identifier**, **expliquer** et **caractériser** le(s) problème(s) de management ;
- de **proposer** des solutions et envisager leur mise en œuvre dans le contexte présenté ;
- d'**argumenter** son analyse et ses propositions.

2. Les différentes étapes

Étape 1 : Découverte du sujet

1. 1. Le cas

Lisez attentivement le cas pour vous imprégner du contexte de l'entreprise, de son problème de management, des questions posées et du contenu du dossier documentaire.

Cette phase de lecture est essentielle et doit aboutir pour le candidat à une réflexion synthétique lui permettant d'identifier le problème de management.

1. 2. Les questions

La lecture et la compréhension des questions constitue une autre étape essentielle dans la découverte du sujet. L'objectif est d'étudier précisément ce qui est attendu de vous. Pour cela concentrez-vous sur :

- **Le ou les verbes formulés dans la question**.

Par exemple :
– les verbes *indiquer, identifier, repérer* sont des verbes d'observation : l'objectif est donc de lire le dossier documentaire et d'y piocher les informations demandées, sans avoir recours à une analyse ou une argumentation ;
– les verbes *analyser, expliquer, montrer* attendent, au contraire, un apport personnel et l'utilisation selon le contexte d'auteurs en management permettant d'éclairer l'analyse (cf. **Fiche méthode 1 Comprendre les verbes de compétences**).

- **Les mots clés** : ils vous permettent d'identifier la partie du programme à laquelle la question fait référence, autrement dit les connaissances théoriques que vous devez mobiliser.

1. 3. L'analyse des documents

De nombreuses informations essentielles pour répondre aux questions sont contenues dans les documents, c'est pourquoi il est nécessaire de les extraire de manière pertinente et efficace. Vous pouvez par exemple utiliser la méthode suivante pour synthétiser les informations contenues dans les documents :

Document	Idée principale	Informations utiles pour comprendre
Le contexte	Le problème...	Les solutions...
Document I	...	...
Document II	...	...
...	...	...

Voir aussi les **fiches méthode 2, 3, 4 & 5** pour l'analyse et l'exploitation de documents (texte, tableau, graphique, schéma).

Étape 2 : Analyse de la situation de l'entreprise

Les questions vont vous aider à comprendre la situation de l'entreprise concernée par le cas, ainsi que les évolutions ayant conduit à cet état. Vous devez donc établir un **diagnostic**. La lecture des questions doit se faire de façon linéaire, car elles sont progressives, il est donc fortement conseillé de répondre aux questions **dans leur ordre**, pour fournir un travail ordonné et structuré.

Les connaissances acquises au cours des deux années de BTS doivent être mises en perspective avec le cas de management qui vous est soumis. Il s'agit donc d'exposer vos connaissances **en relation avec le contexte** du cas. Il faut aussi mobiliser les **outils** d'analyse et les **auteurs**. Pensez à noter au brouillon les notions et les outils d'analyse que vous pensez devoir utiliser.

Par exemple :
- Schumpeter pour une question sur la logique entrepreneuriale.
- Pestel quand un diagnostic externe est demandé.

Étape 3 : Identification du problème de management

Cette étape est cruciale. Le ou les problèmes de management possibles appartiennent en général à trois types :
- **planification :** fixation des objectifs et de la stratégie ;
- **direction :** coordination des actions et orientation de l'action ;
- **organisation :** pertinence des moyens employés.

La différence entre une étude de cas et de simples réponses aux questions tient dans ce repérage du schéma général, du problème repéré et à résoudre.

Étape 4 : Proposition de solutions

Les solutions peuvent être nombreuses, il s'agit donc en priorité de les **justifier**. Toute solution correctement justifiée peut être acceptée, l'objectif n'est donc pas l'exhaustivité.

Le cas MARCHEGAY

Dans le cadre de la rédaction des réponses, le candidat est invité à mobiliser les concepts et les références d'auteurs dès lors qu'ils sont pertinents et que le lien avec le contexte est argumenté.
Après avoir pris connaissance du cas MARCHEGAY et des ressources proposées, vous répondrez aux questions suivantes :

1. Montrez en quoi Franck Champain poursuit une logique entrepreneuriale.
2. Caractérisez les finalités de l'entreprise Marchegay.
3. Réalisez un diagnostic stratégique de l'entreprise Marchegay.
4. Présentez la(les) stratégie(s) choisie(s) par Marchegay pour assurer son développement.
5. Identifiez le problème de management qui a conduit l'entreprise Marchegay vers le placement en redressement judiciaire.
6. Repérez les parties prenantes concernées par le projet de sauvetage de Marchegay et leurs intérêts respectifs.
7. Justifiez les stratégies mises en œuvre par Franck Champain lors du sauvetage.
8. Montrez que la culture d'entreprise est un facteur déterminant de succès de la reprise de l'entreprise.

Le dossier comprend le cas MARCHEGAY et les ressources documentaires suivantes :

- Ressource 1 : **La PME Marchegay évite la faillite grâce à Xavier Niel et aux entrepreneurs vendéens**
- Ressource 2 : **Le fabricant de verrières repris grâce à un élan de solidarité**
- Ressource 3 : **MTech, constructeur de verrières, revoit le jour**
- Ressource 4 : **Luçon : Marchegay Technologies dans les confins de la Chine**
- Ressource 5 : **La serre de la Ferme du Marais Girard**

Le cas MARCHEGAY

Créée en 1948 à Luçon par un ferronnier agricole, l'entreprise Marchegay est une PME vendéenne spécialisée dans le domaine de la construction de structures métalliques, charpentes et serres en verre. L'entreprise a été rachetée par le groupe Richel[1] en 2001, opération qui lui permet de développer ses activités à l'étranger. Elle exporte notamment à partir de 2003 des serres vers la Chine, les États-Unis, la Colombie, le Brésil, l'Italie, le Qatar et l'Australie. À partir de 2007, l'entreprise accélère son processus de R&D et intègre des systèmes photovoltaïques à ses toitures. Mais en 2012, alors que Marchegay réalise un chiffre d'affaires de 25 millions d'euros et emploie 130 personnes sur un site de 45 000 m^2, l'entreprise voit son volume d'affaires chuter sur ses marchés historiques : le photovoltaïque et les serres de jardin. En effet, à partir des années 2000, le marché du photovoltaïque s'est très fortement développé et la concurrence est entrée rapidement sur le marché, ce que Marchegay n'avait pas anticipé. En outre, la construction de jardineries a reculé, alors que Marchegay détient 45 % de parts de marché sur ce segment très mature où les marges de progression sont très limitées. Marchegay n'était donc plus en capacité de dégager des flux de trésorerie suffisants pour honorer l'achat de matériel pour d'importants contrats. En 2015, les carnets de commandes assuraient ainsi une année de travail et 17 millions d'euros de chiffre d'affaires pour de grands comptes comme Vinci, Bouygues, Eiffage... Mais aucun chantier n'a pu être démarré, l'entreprise a donc été placée en redressement judiciaire avant l'été 2016.

Franck Champain, l'actuel dirigeant de l'entreprise, a fait une offre de reprise, qui prévoit la poursuite de l'activité sur le site de Luçon en conservant 75 des 105 salariés, appuyée par plusieurs banques. Mais quelques jours avant l'audience, l'une des banques, la BPI, n'a pas donné son accord définitif, il a donc manqué 400 000 € sur 2,5 millions d'euros prévus dans le plan de reprise. C'est alors que le maire de Luçon, Pierre-Guy Perrier est intervenu en proposant à Franck Champain de s'adresser aux réseaux des entrepreneurs vendéens. Une sorte de souscription, pour une avance de trésorerie remboursable en trois mois. 32 souscripteurs ont prêté à l'entreprise Marchegay 1 000 à 150 000 €, permettant ainsi d'obtenir la validation du plan de redressement judiciaire. Marchegay est devenue MTech à l'issue de cette reprise.

Cette souscription a aussi motivé plusieurs clients à signer de nouveaux contrats, l'un des plus importants étant celui signé avec Xavier Niel pour construire 6 000 m^2 de verrières aux Halles Freyssinet. Autre chantier phare : les verrières de la Cité musicale de l'île Seguin pour 10 millions d'euros. Le plan de charge de 2016 fut donc à nouveau rempli. Et MTech mise actuellement sur un chiffre d'affaire d'un million d'euros par mois. Ce plan de redressement judiciaire a néanmoins comme prévu débouché sur un plan de licenciements économiques, associant des départs volontaires. L'objectif étant pour Franck Champain de redresser rapidement l'entreprise, et espère permettre un retour à terme des salariés licenciés.

1. Groupe qui conçoit et produit des serres et équipements pour l'agro-alimentaire.

Ressource 1 La PME Marchegay évite la faillite grâce à Xavier Niel et aux entrepreneurs vendéens

Lundi midi, la BPI, que nous avons sollicité pour cette avance de trésorerie, m'annonce qu'elle ne dispose pas des outils financiers pour répondre favorablement à cette demande, ma dernière piste « classique » est donc définitivement abandonnée...
Mardi matin à la première heure, le maire de Luçon Pierre-Guy Perrier, qui termine sa garde de nuit (il est pharmacien), m'envoie un SMS : « J'ai peut-être une idée, appelez-moi ». Lui voudrait faire appel à la solidarité des entreprises locales.
Mais encore fallait-il disposer d'un cadre juridique adapté pour une telle opération. C'est chose faite le mardi soir à 23 h 30, grâce à la mobilisation d'une avocate, d'un expert-comptable et d'un notaire.
Mercredi midi, je sollicite Sylvestre Olgiati, le président du club d'entreprises local Pays de Luçon Entreprises[1] pour lui expliquer la situation. À partir de là tout s'accélère ! Mon mail est relayé en début d'après-midi aux membres du club, puis de façon « virale » aux autres réseaux locaux, notamment Réseau Entreprendre Vendée et APM[2]. Rapidement c'est une *hot line* qui doit être mise en place...
Les propositions affluent, on fournit les RIB de la société, une réunion est programmée à l'entreprise à 19 h 30. Plus de vingt chefs d'entreprises y participent. Et chacun sort son chéquier ! On fait les comptes, 35 participants ont apporté plus que les 400 000 euros attendus, en quelques heures. Quelques-uns me connaissent personnellement, beaucoup connaissent l'entreprise, inscrite sur le territoire de Luçon depuis 1948, d'autres enfin connaissent quelqu'un qui me connaît...
C'est un vaste élan de solidarité qui s'exprime, fondé sur la proximité et la confiance. Les conventions qui garantissent le remboursement de l'avance sont signées deux jours plus tard. Cette journée un peu folle se termine dans la convivialité autour d'un pot improvisé sur place.
Jeudi 29 octobre 15 h 30, j'apporte au tribunal de commerce, deux lettres de soutien – l'une de Xavier Niel, l'autre de Bouygues Construction –, et la preuve du dépôt des fonds. Le plan de reprise est validé !

www.chefdentreprise.com.

1. Club de dirigeants d'entreprises ayant un statut associatif.
2. Réseaux d'accompagnement d'entrepreneurs par des chefs d'entreprise.

Ressource 2 Le fabricant de verrières repris grâce à un élan de solidarité

Plus que jamais, la nouvelle société MTech a les yeux rivés aux verrières, aujourd'hui sa principale activité, dont la construction est aujourd'hui plébiscitée pour des raisons « esthétiques et énergétiques ». « *A contrario*, on pèse à peine 10 % de ce marché. Or, la verrière reste un segment qui, certes faiblement, à continuer de croître malgré la crise du bâtiment. Et quand le bâtiment repartira, il devrait augmenter de deux à trois points de plus que le marché global... », assure Patrick Champain.

Florent Godard, 29/10/2015, www.lejournaldesentreprises.com.

Ressource 3 MTech, constructeur de verrières, revoit le jour

Car elle est bien là, l'originalité de cette entreprise luçonnaise, qui surfe aujourd'hui sur la rénovation des friches industrielles de grandes villes. Des sites, abandonnés un temps, qui se retrouvent aujourd'hui au cœur des villes, où souvent les architectes laissent libre court à l'imagination. « Tant mieux pour nous, les verrières sont dans l'air du temps. »

Fort de ce beau rétablissement, M Tech se positionne aussi dans la rénovation de palace. « Il y a là, un vrai marché aujourd'hui, souligne Franck Champain. Nous allons commencer prochainement la rénovation du Lutetia, un hôtel cinq étoiles du 6e arrondissement de Paris, situé boulevard Raspail. » Un bâtiment de la fin XIXe siècle-début XXe à structure métallique qui sera rénové dans « l'esprit du Pavillon Baltard. » L'autre bonne nouvelle vient aussi du marché des jardineries. L'activité historique de l'entreprise. « On note une vraie relance dans ce secteur, qui était, à nos débuts, le cœur de notre métier. » Même s'il reconnaît que les savoir-faire ont considérablement évolué. À l'image de l'auditorium de la Cité de la musique, un œuf en verre posé sur une charpente en bois tressé. « Mais on ne renie pas notre histoire. »

Le traumatisme vécu, il y a un an, a engendré du changement. « Ce n'est plus la même entreprise. On travaille dans la transparence avec les représentants des salariés, indique Franck Champain. Transparence sur l'avancement des chantiers, dans l'organisation et aussi sur le plan financier. » Un renouveau que Franck Champain tient à partager avec ses salariés. Rappelant au passage que « si nous en sommes là aujourd'hui, c'est bien grâce à ce fameux prêt de 400 000 € ». Un prêt que l'entrepreneur a remboursé comme prévu le 31 décembre 2015. À cette occasion, une soirée avait été organisée pour remercier les donateurs. Un mouvement de solidarité qui marquera à vie, celui qui, « retrouve enfin le sommeil ».

Alain Dufresne, 17/11/2016, www.ouest-france.fr.

Ressource 4 Luçon : Marchegay Technologies dans les confins de la Chine

Après 70 ans d'existence, l'entreprise Marchegay Technologies, à Luçon, défriche le territoire chinois grâce à China Association Végépolys : soutenue par la Région des Pays de la Loire, l'association permet à cinq entreprises d'apporter leur expertise et leur savoir-faire dans l'empire du Milieu.

Créée en 1948 à Luçon, l'entreprise Marchegay Technologies a démarré la conception et la fabrication de serres en verre au début des années 1960 pour un Hollandais producteur de tulipes. Intéressant les horticulteurs, les serres sont peu à peu devenues jardineries, avant de se transformer en de véritables espaces commerciaux à vocation horticole.

Avec l'arrivée des années 2 000 et l'entrée de Marchegay Technologies dans le groupe Richel, l'entreprise a ajouté l'intégration de panneaux photovoltaïques opaques ou semi-transparents ainsi que la création de verrières pour des projets dans le tertiaire ou l'éducation. « Le lycée de l'Île de Nantes, où deux bâtiments sont reliés par une grande verrière, en est un exemple récent », indique Franck Champain, président de Marchegay Technologies.

C'est également le moment où l'entreprise s'est tournée vers les marchés d'exportation : les serres botaniques et les jardineries Marchegay Technologies poussent en Europe, aux États-Unis, en Russie, au Qatar...

« La Chine fait aussi partie de ces nouveaux marchés grâce à une représentation commerciale à Pékin depuis 2003. Cinq grands ensembles y ont vu le jour. Ce sont d'immenses jardins botaniques de collection de 6 000 à 10 000 m^2, comme celui de Canton. Chaque serre reconstitue plusieurs climats en fonction du besoin des plantes. Les Chinois apprécient la qualité Marchegay Technologies ainsi que la « french touch » de ce savoir-faire, peu développé en Chine. » [...]

Pour continuer à développer sa présence sur ce terrain, l'idée de créer China Association Végépolys est apparue afin de promouvoir les services de cinq entreprises de pointe, adhérentes du pôle de compétitivité Végépolys. La région du Yunnan, réputée pour son agriculture, a été identifiée comme un secteur cible au sud est du pays.

« Avec quatre autres membres fondateurs[1], le soutien de Végépolys, d'UBI France et de la Région des Pays de la Loire (ndlr : 20 000 € dans le cadre du dispositif VIE), il a été décidé d'engager un commercial pour prospecter dans le Yunnan, sous la forme du volontariat international en entreprise. Cet appui nous facilite l'accès à des marchés éloignés », confie Franck Champain.

Après bientôt un an de présence, ce travail a permis de valider l'intérêt des produits mais aussi de révéler des freins, comme la difficulté de protéger intellectuellement ces mêmes produits de la contrefaçon. « Pour la seconde année de présence, l'entreprise Marchegay Technologies envisage de développer la prospection dans la région du Shandong, au sud de Pékin. »

1. *La Florentaise, Cesbron, Fleuron d'Anjou et Tribo Technologie.*

www.fildesterritoires.fr.

Ressource 5 La serre de la Ferme du Marais Girard

Un condensé de technologie

La serre a été conçue par l'entreprise vendéenne Marchegay. Cette dernière développe des gammes pour la culture, la recherche en agronomie ou encore pour les jardineries et les jardins botaniques.

La serre du Marais Girard bénéficie d'une aération optimisée, grâce à ses systèmes d'ouvrants articulés sur chéneaux, permettant à toute la toiture de s'ouvrir :

- La température intérieure est mieux contrôlée
- La ventilation reste naturelle
- La structure reste hermétique aux intempéries

lafermedumaraisgirard.fr.

Imprimé en Italie par L.E.G.O. S.p.A. Plant Lavis
Dépôt légal : Avril 2016 - Collection n°2 - Édition n° 01
73/3880/8

Fiche méthode 1

Comprendre les verbes de compétences

1. Les compétences d'observation

Les compétences d'observation s'appuient sur des capacités de **lecture**, de **repérage** et d'**identification** d'éléments d'information exprimés sous la forme de documents variés (textes, tableaux chiffrés, graphiques, schémas, etc.).

- **Caractériser** : spécifier les propriétés d'un ensemble.
- **Identifier** : repérer et désigner un élément d'un ensemble.
- **Repérer** : discerner, déceler un élément d'un ensemble.
- **Citer** : énumérer, lister à partir d'une documentation.
- **Décrire** : exposer avec précision, détailler.
- **Dégager** : mettre en évidence, isoler, distinguer un élément d'un ensemble.
- **Déterminer** : qualifier, spécifier, choisir, préciser, délimiter.
- **Nommer** : identifier, désigner par un nom.

2. Les compétences de synthèse

Les compétences de synthèse s'appuient sur des compétences d'observation auxquelles vient s'ajouter la capacité de **réunir** les éléments d'information dans un ensemble structuré et cohérent.

- **Définir** : déterminer, spécifier en donnant une définition.
- **Déterminer** : définir avec précision.
- **Étudier** : examiner de manière méthodique.
- **Classer** : ordonner, trier à l'aide de critères.
- **Comparer** : mettre en évidence les similitudes et les différences.
- **Distinguer** : différencier, séparer, dissocier des éléments.
- **Exposer** : présenter de manière structurée et cohérente.
- **Présenter** : faire connaître, exposer.
- **Relier** : établir un lien logique entre deux ou plusieurs éléments.
- **Résumer** : récapituler un ensemble d'éléments.
- **Sélectionner** : choisir un élément dans un ensemble.
- **Structurer** : ordonner, articuler logiquement des éléments.
- **Synthétiser** : rassembler des éléments de façon cohérente.

Fiche méthode 2

Analyser un texte

1. Repérer les propriétés du texte

a. Le titre

Le **titre** figure en tête du texte et fournit presque toujours une première idée du **thème** abordé ou traité dans le texte.

b. La source

La source figure en bas du texte et fournit des informations précises sur **son origine**. Elle comprend le titre de l'article ou de l'ouvrage, le nom de l'auteur, le titre du journal ou du magazine, l'année ou la date de parution, l'éditeur, etc. Ces informations permettent d'apprécier la fiabilité du contenu, son actualité, son intérêt et sa pertinence.

2. Comprendre le sens et la portée du texte

a. Comprendre le sens du texte

Il s'agit de saisir ce que l'auteur cherche à faire comprendre au lecteur ou ce qu'il veut lui faire connaître. Il faut s'aider de la structure du texte et repérer les paragraphes qui vont permettre de retrouver les **idées** de l'auteur.

b. Saisir la portée du texte

Il s'agit de mesurer l'**importance** et l'**intérêt** du texte, c'est-à-dire ce que le texte apporte en termes de connaissances permettant d'enrichir la réflexion.

3. Apporter des réponses pertinentes aux questions posées

a. Repérer le type de questions

Les premières questions s'appuient plutôt sur des capacités d'**observation** ou de repérage, tandis que les dernières questions font davantage appel à des capacités de **synthèse** et d'**analyse**.

b. Rédiger une réponse personnelle

Le style de vos réponses doit être clair et précis. Vous devez éviter, le plus possible, de recopier le texte en cherchant à rédiger vos réponses dans un style et un vocabulaire **personnels**.

Le **titre** annonce le thème (les styles de direction autoritaires) et indique l'angle de vue : ici, la vision de Rensis Likert (voir aussi la note 1).

La première question fait appel à votre capacité de **synthèse** (« Comparez »). Dans ce cas l'observation préliminaire du texte n'est pas explicite mais elle est indispensable : pour pouvoir **comparer** les deux styles de direction, il faudra d'abord **identifier** et **caractériser** chacun des styles.

DOC 1 Les styles de direction autoritaires selon Rensis Likert[1]

Le manager autoritaire exploiteur […] entretient des rapports distants et ne fait pas confiance à ses collaborateurs. Le système de motivation et d'implication des personnes est fondé sur la crainte, la menace de sanctions et la distribution de récompenses. […] La prise de décision est centralisée au sommet de l'organisation, le système de délégation se réduit à sa plus simple expression et les objectifs sont imposés sans être explicités. […]

Le manager autoritaire paternaliste […] se distingue du précédent par des relations de proximité entre le dirigeant et ses subordonnés. Le contact et les relations hiérarchiques sont directs, souvent francs et le système de motivation et de récompense, particulièrement arbitraire[2]. Pour autant, le dirigeant peut, dans certains cas et du fait de contacts directs, consulter ses collaborateurs, prendre parfois en considération leurs suggestions et leurs critiques. Dans une telle organisation, le niveau de performance de l'organisation […] dépend, pour l'essentiel, de la personnalité et de la culture du propriétaire-dirigeant de l'entreprise.

Jean-Michel Plane, *Management des organisations, Théories, concepts, performances*, Collection Management Sup., Dunod, 2016.

1. Rensis Likert (1903-1981), professeur de psychologie industrielle à l'université du Michigan (États-Unis).
2. Fondé seulement sur l'appréciation personnelle, sans esprit de justice ni d'équité.

BTS **1** Comparez les styles de direction autoritaire-exploiteur et autoritaire-paternaliste selon R. Likert.

2 Selon R. Likert, à quel style de direction se rattache celui de Jacques Brisebras (doc. p. 47) ? Justifiez votre réponse.

La deuxième question fait appel à votre capacité d'**analyse** car elle demande de mettre en relation deux documents en passant de la théorie à un cas pratique. La phase d'**observation** permettra d'identifier quel style de direction est utilisé mais une étude méthodique est nécessaire pour trouver les arguments afin de **justifier** sa réponse.

La **source** permet de confirmer qu'il s'agit d'un texte théorique sur le Management des organisations, publié par un éditeur de référence (Dunod).

3. Les compétences d'analyse

Les compétences d'analyse s'appuient sur des compétences d'observation et de synthèse auxquelles vient s'ajouter la capacité de **mettre en évidence les relations logiques** existant entre les éléments d'information.

- **Analyser** : examiner, décomposer un ensemble d'éléments.
- **Apprécier** : estimer, juger, évaluer en argumentant.
- **Évaluer** : estimer, mesurer l'importance de quelque chose.
- **Expliquer** : faire comprendre quelque chose.
- **Justifier** : montrer le bien-fondé de quelque chose.
- **Procéder** : effectuer, réaliser une action.
- **Montrer** : démontrer, prouver en argumentant.
- **Proposer** : suggérer parmi plusieurs possibilités.
- **Réaliser** : mettre en œuvre une action.
- **Commenter** : donner un avis argumenté.
- **Illustrer** : donner des exemples.

Fiche méthode 3 Analyser un tableau

1. Identifier le type de tableau et repérer les informations générales

a. Identifier le type de tableau

Le tableau à **simple entrée** est construit à partir d'un seul critère et comporte seulement deux colonnes.

Doc 1 Créateurs d'entreprises selon le diplôme en France en 2014 (en %)

Diplôme	Part de créateurs
Diplôme 2e et 3e cycle, ingénieur, grande école	30,8
Certificat d'études, brevet, CAP, BEP	24,3
Baccalauréat	17,6
Diplôme du 1er cycle supérieur	15,4
Sans diplôme	11,9
Total	100,0

www.insee.fr, février 2017.

• *Exemple : 17,6 % des créateurs d'entreprise sont titulaires d'un baccalauréat.*

Le tableau à **double entrée** est construit à partir de plusieurs critères croisés et comporte plusieurs colonnes.

Doc 2 Créateurs d'entreprises selon l'âge et le sexe en France en 2014 (en %)

Âge	Hommes	Femmes	Total
Moins de 25 ans	3,5	1,7	5,2
De 25 ans à moins de 30 ans	9,1	4,9	14,0
De 30 ans à moins de 35 ans	10,9	4,7	15,6
De 35 ans à moins de 40 ans	10,9	4,1	15,0
De 40 ans à moins de 45 ans	10,7	4,3	15,0
De 45 ans à moins de 50 ans	9,5	3,3	12,9
De 50 ans à moins de 55 ans	7,6	2,8	10,4
De 55 ans à moins de 60 ans	5,0	1,5	6,4
60 ans ou plus	4,6	0,9	5,5
Total	71,7	28,3	100,0

www.insee.fr, février 2017.

• *Exemple : 9,1 % des créateurs d'entreprises sont des hommes âgés de 25 ans à moins de 30 ans.*

Fiche méthode 4 Exploiter un graphique

1. Identifier le type de graphique et repérer les informations générales

a. Identifier le type de graphique

Il s'agit d'identifier le **type de graphique** présenté qui peut être un diagramme circulaire (en secteurs), en bâtons (ou histogramme), en anneaux, etc. pour **l'étude d'une répartition**.

Doc 1 Création d'entreprises par activité en France en 2015 (en nombre d'entreprises)

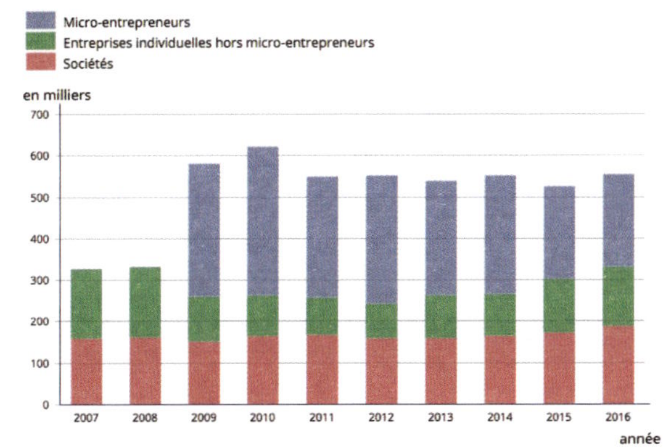

Lecture : en 2016, le nombre de créations de sociétés s'élève à 188 800.
Champ : ensemble des activités marchandes non agricoles.

www.insee.fr, janvier 2017.

Il peut s'agir également de courbes, aires, nuages de points, etc. pour **l'étude d'une évolution**.

Doc 2 Évolution des créations d'entreprises en France entre 2009 et 2015

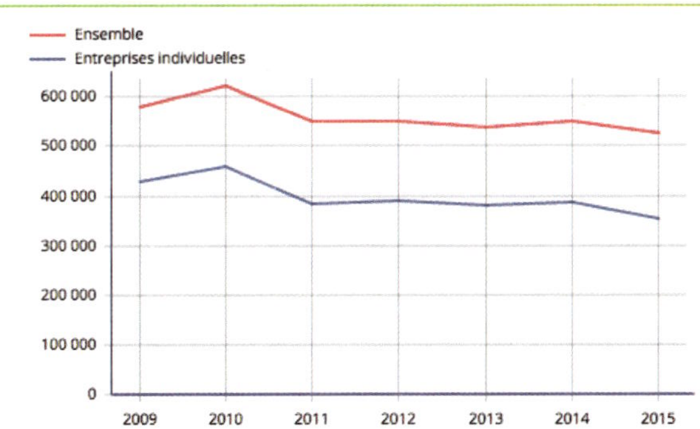

Champ : activités marchandes hors agriculture.

www.insee.fr, septembre 2016.

b. Repérer les informations générales

Il s'agit de repérer le titre, la légende, les variables étudiées, la source, la date ou l'année, l'unité de mesure et l'intitulé des axes (abscisses et ordonnées), etc.

2. Exploiter et présenter les données du graphique

Après avoir lu le graphique et compris comment les données sont organisées, il s'agit de traiter les données **significatives** et de les présenter de manière **synthétique** et **cohérente**.

b. Repérer les informations générales

Le repérage des informations générales consiste à cerner le **sujet** traité grâce au titre du tableau et à identifier sa **source** (administration, institution, entreprise, magazine, site web, etc.). Ces informations permettent au lecteur de s'assurer de la fiabilité, de la pertinence et de l'actualité du tableau.

2. Lire le tableau et analyser son contenu

La lecture du tableau consiste à comprendre comment sont répartis les **critères** (colonnes et lignes) dans le tableau et de quelle manière celui-ci a été construit.

3. Exploiter et présenter les données du tableau

L'exploitation du tableau implique un retraitement des données brutes et une présentation **synthétique** et **compréhensible** des informations. Les données à traiter seront sélectionnées en fonction de ce que l'on cherche à mettre en lumière. Dans tous les cas, les données seront exploitées pour mettre d'abord en évidence des informations générales avant de se focaliser sur des informations plus détaillées.

Fiche méthode 5 Analyser un schéma

1. Les schémas structurels et organisationnels

a. Le schéma structurel

Un **schéma structurel**, appelé également organigramme de structure, présente les services, fonctions, postes… qui composent **la structure d'une entreprise**, indique l'identité de ses salariés, montre leurs relations hiérarchiques et précise leurs relations de subordination.

Doc 1 Organigramme de la société Ikiou spécialiste de l'accueil téléphonique

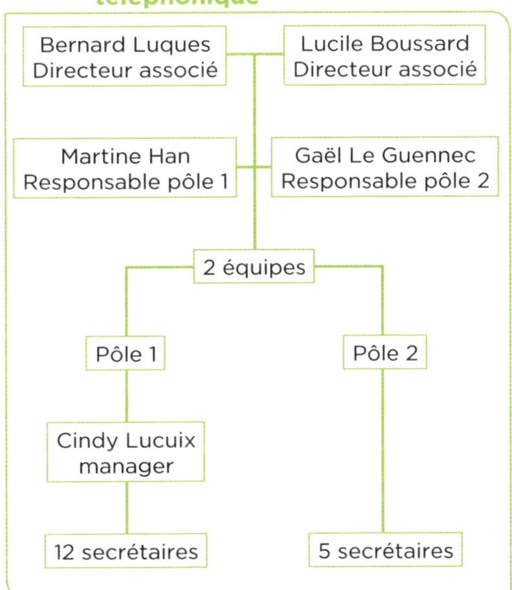

b. Le schéma organisationnel

Un **schéma organisationnel** représente l'organisation du travail dans une entité (service, groupe, atelier…), indique les missions, activités ou tâches attribuées à chacun de ses membres et précise la manière dont elles sont **réparties** avec les relations de **dépendance** entre les membres.

Doc 2 L'organisation du système ferroviaire français (SNCF)

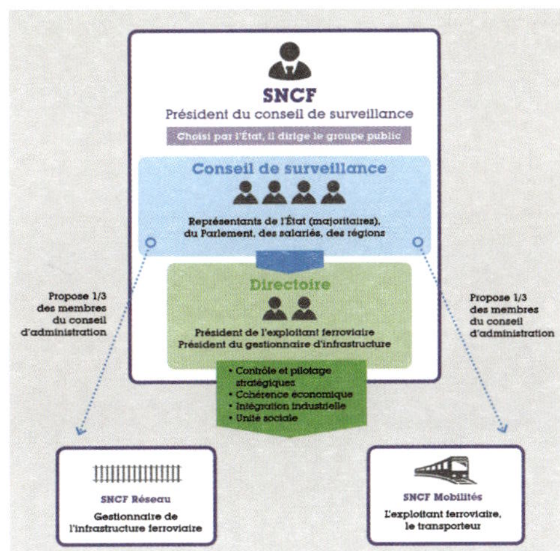

Ministère de l'Environnement, de l'Énergie et de la Mer, www.developpement-durable.gouv.fr

Fiche mémo 1

Thème 1 Entreprendre et diriger

Chapitre 1 La logique entrepreneuriale et la logique managériale

I. La logique entrepreneuriale : saisir des opportunités et réaliser un projet

Mots à utiliser
opportunité, prise de risques, entrepreneuriat, activité, innovation.

A. L'exploitation d'opportunités et la prise de risques

B. Des compétences et des qualités personnelles pour réaliser un projet

Mots à utiliser
compétence, qualité, projet entrepreneurial, contraintes, ressources.

II. La logique managériale : gérer les activités et optimiser les ressources

Mots à utiliser
allocation, optimisation, ressources.

A. La gestion des activités et l'optimisation des ressources

B. Les compétences spécifiques du manager

Mots à utiliser
compétence, exploitation ou gestion.

III. La coexistence des logiques entrepreneuriale et managériale dans l'entreprise

A. Des logiques distinctes mais indissociables

Mots à utiliser
logique entrepreneuriale, logique managériale.

B. L'articulation des compétences entrepreneuriales et managériales

Mots à utiliser
logique entrepreneuriale, logique managériale.

2. Les schémas décisionnels ou processuels

Un **schéma décisionnel** ou **processuel** permet de représenter les **étapes** successives d'un processus, d'indiquer les activités ou les tâches à réaliser à chaque étape du processus et de dégager leur articulation logique.

Doc 3 Le processus de sélection chez AxxensRH, Recrutement et Conseils

http://entreprises.axxens-rh.fr

Fiche mémo 2
Thème 1 Entreprendre et diriger

Chapitre 2 Finalité de l'entreprise et responsabilité sociétale

I. La finalité de l'entreprise

A. Définir la finalité d'une entreprise

Mots à utiliser
finalité, but, objectif, pérennité, rentabilité.

B. Définir des objectifs en cohérence avec la finalité de l'entreprise

Mots à utiliser
objectifs stratégiques, objectifs opérationnels, finalité.

C. Construire la finalité de l'entreprise

Mots à utiliser
aspirations et valeurs des dirigeants et actionnaires, attentes des salariés, statuts et histoire de l'entreprise, contraintes de l'environnement.

Fiche mémo 3
Thème 1 Entreprendre et diriger

Chapitre 3 Management de l'entreprise et performance

I. Pourquoi mesurer la performance ?

A. Mesurer la performance pour mettre en place un contrôle de gestion adapté

Mots à utiliser
performance, contrôle de gestion, mesure, décision.

B. Les caractéristiques de la performance : elle s'explique, se mesure, s'apprécie

Mots à utiliser
indicateurs quantitatifs et qualitatifs, efficacité, efficience, performance fonctionnelle (multidimensionnelle), Peter Drucker.

II. Comment mesurer la performance ?

A. Utiliser des indicateurs pertinents

Mots à utiliser
performance économique, financière et sociale, qualité, indicateurs.

B. Synthétiser les indicateurs pour obtenir une vision d'ensemble de la performance globale

Mots à utiliser
tableau de bord prospectif (*Balanced Scorecard* de David Norton et Robert S. Kaplan), axe finance, clients, processus interne, apprentissage organisationnel, indicateurs, objectifs.

III. Le management de la performance

A. Prendre en compte les différents niveaux de management

Mots à utiliser
objectifs stratégiques, objectifs opérationnels.

B. Gérer le *reporting* de la performance

Mots à utiliser
reporting, indicateurs, contrôle, actions correctives, performance.

II. La responsabilité sociétale de l'entreprise

A. Comprendre les dimensions de la responsabilité sociétale de l'entreprise

Mots à utiliser
responsabilité sociétale de l'entreprise, développement durable.

B. Établir un lien entre finalité et responsabilité sociétale de l'entreprise

Mots à utiliser
développement durable, finalité, pérennité de l'entreprise, financement alternatif, investissement socialement responsable.

Fiche mémo 4

Thème 1 Entreprendre et diriger

Chapitre 4 Styles de direction et processus de décision

I. Les caractéristiques et la diversité des styles de direction

A. Les styles de direction de type autoritaire

Mots à utiliser
autoritaire-exploiteur, autoritaire-paternaliste, confiance, contrôle, centralisation.

B. Les styles de direction de type coopératif

Mots à utiliser
consultatif, participatif, confiance, coopération, responsabilité, délégation.

C. Le style de direction adaptatif

Mots à utiliser
situation, collaborateurs, maturité, compétence.

Fiche mémo 5

Thème 1 Entreprendre et diriger

Chapitre 5 Parties prenantes et contre-pouvoirs

I. Parties prenantes et contre-pouvoirs dans l'entreprise

A. Définition et typologie des parties prenantes

Mots à utiliser
partie prenante, acteur, groupe, individu, influence.

B. Des parties prenantes aux intérêts contradictoires

Mots à utiliser
coalition, intérêt, contradiction (ou contradictoire).

C. Les parties prenantes sources de contre-pouvoirs

Mots à utiliser
contre-pouvoir, conflit, action, négociation, compromis.

II. La gouvernance : un mode d'arbitrage entre les intérêts contradictoires

A. Les sources de pouvoir dans l'entreprise

Mots à utiliser
pouvoir, source de pouvoir, autonomie, liberté, incertitude.

B. Les modes de gouvernance de l'entreprise

Mots à utiliser
gouvernance, actionnarial (*shareholders*), partenarial (*stakeholders*).

II. Les composantes et l'analyse du processus de décision

A. La nature de la décision selon Herbert Simon

Mots à utiliser
rationalité limitée, informations, capacité, conséquences.

B. La diversité des décisions dans l'entreprise

Mots à utiliser
stratégique, tactique, opérationnelle, développement, pérennité court terme, long terme.

C. Les facteurs déterminants de la prise de décision

Mots à utiliser
style de direction, taille, structure, environnement.

D. Les étapes successives du processus décisionnel

Mots à utiliser
intelligence, modélisation, choix, évaluation, solution.

Fiche mémo 6

Thème 2 Élaborer une stratégie

Chapitre 6 La stratégie et la démarche stratégique

I. Les déterminants de la stratégie

A. Une stratégie en cohérence avec les finalités et les métiers de l'entreprise

Mots à utiliser
valeur partagée, objectif, choix stratégique.

B. Les dirigeants prennent des décisions : stratégie émergente ou délibérée

Mots à utiliser
stratégie délibérée, stratégie émergente, parties prenantes.

C. Les dirigeants fixent des objectifs en fonction des finalités de l'entreprise et/ou des parties prenantes

Mots à utiliser
finalités, enjeux, succès.

Fiche mémo 7

Thème 2 Élaborer une stratégie

Chapitre 7 Environnement global et forces concurrentielles

I. L'environnement de l'entreprise : le diagnostic externe global (approche macro et « *corporate* »)

A. L'analyse de l'environnement : menaces et opportunités

Mots à utiliser
diagnostic externe, environnement, menaces, opportunités, macro environnement, micro environnement.

B. La méthode PESTEL : identifier et analyser les influences diverses

Mots à utiliser
modèle PESTEL, facteur politique, facteur économique, facteur socioculturel, facteur technologique, facteur écologique, facteur légal.

II. Les forces concurrentielles de l'entreprise : le diagnostic externe de domaine (approche micro et « *business* »)

A. Les études de marché : diagnostics quantitatifs et qualitatifs du marché

Mots à utiliser
études de marché, études quantitatives, études qualitatives.

B. Les 5 forces de la concurrence (dites de PORTER) : identifier l'intensité concurrentielle et les facteurs clés de succès

Mots à utiliser
porter, cinq forces concurrentielles, facteurs clés de succès, avantage concurrentiel.

C. Les groupes stratégiques de PORTER : catégoriser les concurrents et leurs stratégies

Mots à utiliser
Porter, analyse par groupes stratégiques, topographie de la concurrence.

II. Les étapes de la démarche stratégique

A. Les modèles (LCAG et SWOT)

Mots à utiliser
SWOT, LCAG, outil de diagnostic, faiblesses, forces, menaces, opportunités.

B. Une démarche variable en fonction de la taille, du métier et de l'activité de l'entreprise

Mots à utiliser
taille, métier, DAS, avantage concurrentiel.

III. Les contingence de la démarche et des DAS

A. Différence entre une PME et une grande entreprise

Mots à utiliser
domaine d'activité, PME/grande entreprise, mono ou multi-activité.

B. Différence entre une entreprise mono ou multiactivité : la segmentation stratégique

Mots à utiliser
segmentation stratégique, offre, demande.

Fiche mémo 8

Thème 2 Élaborer une stratégie

Chapitre 8 Ressources et compétences de l'entreprise

I. Le diagnostic interne : approche par les ressources et les compétences

A. Étudier les ressources tangibles et intangibles pour mieux les gérer

Mots à utiliser
diagnostic interne, ressources, tangibles, intangibles, Penrose.

B. Distinguer les compétences générales et distinctives pour les optimiser

Mots à utiliser
compétences, Prahalad & Hamel, fondamentales, distinctives.

Fiche mémo 9

Thème 2 Élaborer une stratégie

Chapitre 9 Choix stratégiques et stratégies globales

I. Les choix stratégiques

Mots à utiliser
taille de l'entreprise, ressources financières, capacités de l'entreprise.

II. Les stratégies globales de spécialisation et de diversification

A. La stratégie de spécialisation

Mots à utiliser
maîtrise d'un métier, effets d'expérience, économie d'échelle, dépendance vis-à-vis d'un produit ou d'un marché, simplification.

B. La stratégie de diversification

Mots à utiliser
synergie, répartition des risques, dispersion des compétences, complexité de gestion.

II. Le diagnostic interne : approche par la chaîne de valeur

A. Identifier les grandes fonctions opérationnelles...

Mots à utiliser
porter, chaîne de valeur, activités de soutien, activités principales.

B. ... pour construire un avantage concurrentiel

Mots à utiliser
avantage concurrentiel.

III. Les stratégies globales d'intégration et d'externalisation

A. La stratégie d'intégration

Mots à utiliser
contrôle de la filière, sécurité des approvisionnements et de la distribution, diminution des coûts, flexibilité faible.

B. La stratégie d'externalisation

Mots à utiliser
concentration sur son cœur de métier, réduction coûts, gain de réactivité, dépendance, perte de savoir-faire.

Fiche mémo 10

Thème 2 Élaborer une stratégie

Chapitre 10 Choix stratégiques et stratégie de domaine d'activité

I. La stratégie de domination par les coûts

A. Le principe et la mise en œuvre de la stratégie de domination par les coûts

Mots à utiliser
économies d'échelle, effet d'expérience.

B. Les enjeux de la stratégie de domination par les coûts

Mots à utiliser
barrières à l'entrée, rentabilité.

II. La stratégie de différenciation

A. Le principe et la mise en œuvre de la stratégie de différenciation

Mots à utiliser
différenciation par le haut ou par le bas, personnalisation.

Fiche mémo 11

Thème 2 Élaborer une stratégie

Chapitre 11 Développement stratégique et modalités de croissance

I. Les différents modes de développement de l'entreprise et leurs facteurs

A. Croissance organique (ou interne) et croissance externe s'opposent

Mots à utiliser
mode de développement, croissance interne/organique, croissance externe.

B. Le choix de la croissance conjointe

Mots à utiliser
croissance conjointe, alliance.

II. L'internationalisation

A. Les raisons de l'internationalisation : techniques, commerciales et financières

Mots à utiliser
internationalisation, déterminant : techniques, commerciales et financières.

B. Les modalités de l'internationalisation : exportations, partenariat et investissements directs à l'étranger

Mots à utiliser
exportations, partenariats, investissements directs à l'étranger.

B. Les enjeux de la stratégie de différenciation

Mots à utiliser
coût élevé, marge importante, concurrence moindre.

III. La stratégie de focalisation

A. Le principe de la stratégie de focalisation

Mots à utiliser
segment de marché spécifique, confrontation indirecte.

B. Les enjeux de la stratégie de focalisation

Mots à utiliser
maîtrise du segment, faible concurrence, niche, protection.